KB083361

●팔순 기념 역사 저서●

삼국 시대
국왕의 시호 의미 찾아내다

서병국 지음

明文堂

일러두는 말

　우리 동이족이 창안한 지나支那(중국) 문자〔漢字〕권에서는 한 나라의 최고 통치권자인 국왕 또는 황제의 국가통치 치적이 반드시 사망 후에 논의하고 평가하는 것이 불문율로 되어 있다. 그럴 이유가 있을까. 군주는 나라의 모든 것을 책임지고 도맡아 다스리고 있기 때문이다. 통치권자는 편중되지 않은 인격적인 하늘(하느님)을 대리하여 국가의 최고 경영인으로서 나라를 통치함으로 경영의 성패 여부는 사실대로 밝혀져야 한다.

　이들의 국정 경영에 따라 백성들은 혜택을 누리거나 재앙을 보기도 한다. 이들의 임기는 생을 마감할 때까지이므로 통치의 성패 여부는 반드시 사망 후에 공정하게 논한다. 헌데 때론 평가가 공정성을 잃기도 한다. 후임자가 전임자를 시해하는 등 부당한 방법으로 정권을 탈취해서이다. 이런 경우를 제외하면 평가는 대체적으로 공정하여 무리가 없어 보인다.

　동북아시아의 경우 최고 통치자 평가는 국정 경영의 성패 또는 치적의 유무를 기준으로 하며 표현은 간결하게 한다. 얼마나 간결할까. 묘호廟號와 시호諡號가 간결한 표현이다. 묘호의 끝자는 조祖나 종宗이며, 시호의 끝자는 왕王이나 제帝이다. 참고로, 고급 관료의 경우 시호는 국왕이 내려주는데 끝자는 공公이다.

지나에서는 시호의 사용이 일반화되었다. 우리의 경우는 어떠했을까. 지나적인 시호의 사용 이전에는 고유한 시호가 있었다. 단군왕검檀君王儉과 박혁거세 거서간居西干은 대표적인 예에 속한다. 삼국시대에는 대체적으로 지나적인 시호가 사용되었고, 고리시대와 조선시대에는 묘호와 시호가 함께 사용되었다.

이 글에서 중점적으로 알아보려는 것은 우리 삼국시대 국왕의 시호에 담겨진 의미이다. 가장 먼저 건국된 신라에서는 시호의 변화가 있었다. 치적을 중심으로 한 시호가 정착되기 이전에는 고유한 시호가 자리를 잡고 있다가 지나식으로 치적의 유무 평가에 따라 시호가 정해졌다. 고구리高句麗에서는 국왕의 장사葬事가 치러진 장소의 명칭이 시호로 정해졌다가 지나식으로 치적의 유무 평가에 따라 시호가 정해졌다. 백제의 경우는 어떠했을까. 처음부터 치적의 유무 평가에 따라 시호가 지나식으로 정해졌다.

　삼국은 존립 시대가 같으면서도 시호를 정하는 방법이 일치하지 않았다. 왜 그랬을까. 각국이 처해 있는 국내적 입장에다 지나에 대처하는 대외적인 입장이 다르기 때문인 듯하다. 삼국의 국왕 시호 중에 가장 잘 알려져 있는 것은, 신라의 태종 무열왕·문무왕, 고구리의 광개토왕·장수왕, 백제의 근초고왕·성왕에다 비운의 의자왕(백제), 보장왕(고구리), 경순왕(신라)인 듯하다. 헌데 이들이 포함된 삼국의 역대 국왕의 시호에 담겨져 있는 의미가 무엇인지 지금까지 알아보려 하지 않아 연구되고 알려진 바가 없는 상황이다.

　국왕의 시호 의미를 살펴봄으로써 각국의 국왕이 국익을 위해 국가를 어떻게 경영했는지 그 전모를 간결하고 정확하게 파악할 수 있다. 더하여 분량이 적지 않은 『삼국사기』의 골자를 이해하는데 큰 도움이 될 것이다.

신라의 빛과 어둠

만주 땅에 고구리인의 혼魂을 심은 고구리

저항심을 뿌리 깊게 심은 백제

신라의 빛과 어둠

어질고 너그러운 덕으로 나라를 세운 시조
박혁거세朴赫居世 거서간居西干

┤ 시조 ├

재위 기간	원년(기원전 57)~61년(기원후 4)
성	박씨朴氏
시호	알지거서간閼智居西干
	거슬한居瑟邯

시조의 출생 이전에 (고)조선의 유민들이 진한辰韓 땅으로 들어와 산골짜기에 나뉘어 살면서 여섯 마을이 이루어졌다. 알천양산촌閼川楊山村·돌산고허촌突山高墟村·자산진지촌觜山珍支村·무산대수촌茂山大樹村·금산가리촌金山加利村·명활산고야촌明活山高耶村이 그것이다. 후일 진한의 6부가 되었다.

양산의 기슭 나정蘿井 옆의 숲 사이에 말이 무릎을 꿇고 있었다. 고허촌장 소벌공蘇伐公이 가서 보니 말은 보이지 않고 커다란 알 하나가 있었다. 깨트려 보니 젖먹이가 나왔다. 소벌공이 데려다 길렀는데, 10여 세가 되자 뛰어나게 영리하고 지각이나 발육이 빨랐다. 6부 사람들은 그 출생이 아주 이상하여 높이 받들어 세워 임금으로 삼았다.

진한 사람들은 표주박을 '박'이라고 하는데, 큰 알이 표주박 같이 생겨 성姓을 '박朴'으로 삼았다. 알에서 태어났다는 난생설화는 각종 문헌에서 흔하게 찾아볼 수 있거니와 출생을 신비롭게 한다. 신라의 경우 박혁거세가 태어났다는 나정은 이후 신라 왕실의 성지聖地가 되어 그 자리에 시조를 모시는 신궁神宮을 세웠다.

박혁거세 이전부터 진한의 사로국斯盧國 땅은 사람들이 모여 살만한 좋은 조건을 갖추고 있어 (고)조선의 백성들이 이 지역으로 들어와 살았다. 그 이전에는 진秦나라의 사람들이 포학하고 가혹한 정치를 피해 대거 마한 땅으로 들어와 살았으나 마한의 강제 이주정책으로 이곳으로 들어와 거주했다. 진한 말 신라 건국 초에 일정한 거처 없이 이리저리 떠돌아다니는 진나라의 백성 등 이주민이 많다 보니 지나의 역사책에서는 진한辰韓을 진한秦韓이라고도 한다.

박혁거세가 6촌장의 추대를 받은 것은 출생의 신비로움 때문이기도 하지만 덕을 잘 갖췄기 때문이다. 덕을 갖춘 사람이 하늘의 명을 받아 임금이 된다는 '유덕자수명사상有德者受命思想'에 꼭 알맞은 인물임을 인정받아 임금으로 추대를 받은 것이다. 박혁거세와 왕비 알영閼英은 당시 이성二聖, 즉 두 성인聖人으로 존중을 받고 있었다.

박혁거세란 성인聖人이 나라를 통치하고 있다는 소문은 마한·낙랑·동옥저·일본까지 퍼져나가 즉위 5년(기원전 53) 왜인 호공瓠公이 신라에 들어오기도 했다. 즉위 38년(기원전 20) 마한에 사신으로 파견된 호공은 마한 왕에게 신라의 실제 사정을 그대로 알려주었다. 즉 두 성인聖人이 바르게 일어나 자연 현상이 고르며 세상일마저 잘 가다듬어지고 쌀 곳간에는 곡식이 가득 차 있다고 설명해 주었다.

박혁거세가 성인으로서의 모습을 갖추고 있다 보니, 즉위 39년(기원전 19) 마한 왕의 사망을 기회로 마한을 조용하고 평안하게 가라앉히자는 공통된 의견이 있었으나 남의 불행한 사고를 이용하는 것은 어질지 않다고 하여 물리쳤다. 즉위 53년(기원전 5) 동옥저의 사신이 좋은 말 20필을 바쳤는데 남한南韓(신라)에 성인이 있다는 소문을 듣고 바치는 거라고 했다. 박혁거세란 시호에는 어떤 의미가 있을까. 박朴은 시조가 태어난 알이 표주박같다는 것을 말하며, 거서간은 진한에서 임금 또는 존귀한 사람을 일컫는다. 시조는 성인聖人이라는 소문이 가깝고 먼나라까지 퍼져나갔으나 시호에 반영되지 않고 난생설화란 측면에서 시호가 정해졌다. 신라의 건국은 박혁거세가 성인이라는 덕목을 바탕으로 하였다.

덕으로 다스리는 정치를 훤히 안

남해차차웅 南解次次雄

┤ 제2대왕 ├

재위 기간	원년(기원후 4)~21년(24)
별호	남해거서간南解居西干
성	박씨
이름	남해南解
아버지	박혁거세
어머니	알영부인閼英夫人
왕비	운제부인雲帝夫人

    허우대가 크고 튼튼하며 성품이 침착하고 태도가 점잖으며 슬기로운 계략이 많았다.

    즉위 원년(4) 가을, 낙랑의 군사가 먼저 임금 박혁거세의 국상을 틈타 쳐들어와 금성金城을 여러 겹으로 둘러쌌다가 곧 물러났다. 임금은 자신의 부족한 덕이 낙랑의 침범을 불러들였다고 자신을 꾸짖었다. 이 말은 듣는 사람에 따라 달리 생각할 수도 있다. 임금의 성품이 침착하고 진득한데다가 부모가 덕을 갖춘 성인이라는 점에서 그 말은 거짓이 아니라고 본다.

즉위 7년(8) 임금은 다른 땅에서 신라로 흘러들어온 석탈해昔脫解를 사위로 맞아들이고 이듬해에는 대보大輔로 삼기도 했다. 석탈해가 어진 사람이라는 평판이 임금에게까지 알려졌기 때문이다. 부모의 덕성을 물려받지 않았다면 석탈해를 사위로 삼거나 대보로 삼지도 않았을 것이다.

대보란, 원래 나라의 군국 정사를 맡아보는 진泰나라의 최고 관직이다. 진나라의 북경北京 일대의 사람들이 포학하고 가혹한 정치를 피해 집단적으로 진한에 들어옴으로써 함께 전해진 정치사상에 따라 대보란 벼슬을 받은 석탈해는 나라의 기둥으로 인정을 받게 되었다. 박혁거세에 이어 임금도 나라를 통치하는 이상적인 생각을 덕치 정치에 두었다.

임금의 시호에는 어떤 의미가 있을까. 남南자에는 '임금' 이란 의미가 있고, 해解자에는 '훤히 알다' 의 의미가 있다. 남해란 '덕치' 를 훤히 안 '임금' 이란 의미이다. 거서간처럼 차차웅은 신라에서 임금을 말하는 고유한 칭호이다.

학문과 도리를 깨달은 온화한 학자로서
임금의 자리를 아들에게 물려주지 않은
유리이사금 儒理尼師今

┤ 제3대왕 ├

재위 기간	원년(24)~34년(57)
성	박씨
이름	유리儒理 · 노례弩禮 · 유례儒禮
아버지	남해차차웅
아들	파사이사금婆娑尼師今 · 일성이사금逸聖尼師今

남해차차웅의 뒤를 이을 임금으로 유리와 석탈해가 여러 사람이 우러러보는 명성과 인망에 올랐다. 남해차차웅은 아들보다 사위인 석탈해가 임금의 자리를 계승하기를 바랐다. 하지만 석탈해는 임금 자리는 성스럽고 지혜가 있는 사람이 차지해야 한다고 하여 양보하였다. 결국 유리가 임금이 되어야 한다는 여러 사람들의 의견에 따라 임금의 자리에 올랐다.

박혁거세가 성인이라는 세상 사람들의 평가에 따라 임금이 되었듯이 유리도 그런 이유로 임금이 되었다. 전제 왕정국가라면 맏아들이 임금이 되는 걸로 되어 있는데 신라의 건국 초기에는 그렇지 않았다.

유리의 즉위 후 성인聖人으로서의 모습을 보여주는 기사가 있다. 즉위 5년(28) 나라 안 여러 곳을 돌아다니는 중에 추위로 몸이 얼어 죽어가는 늙은 할미를 보았는데, 이는 자신의 죄라 하고 늙은 홀아비·홀어미·고아·늙어서 아들이 없는 사람·늙고 병들어 생활할 수 없는 사람들의 생활을 보살폈다. 이웃 나라의 백성들이 이 소문을 듣고 신라로 많이 찾아 들었다. 나라 안에서는 백성들이 즐겁고 평안하여 도솔가兜率歌[1]라는 노래가 만들어져 불리기도 하였다.

그러면 유리이사금이 당면한 대외 정책은 무엇일까. 재위 14년(37) 고구리의 대무신왕大武神王(18~44)이 낙랑을 멸망시킴에 따라 일정하게 자리를 잡고 살 곳이 없어져 이리저리 떠돌아다니는 백성 5천 명이 흘러들어왔다. 유리는 이들을 금성金城의 6부에 흩어져서 살게 했다. 전쟁으로 인한 난리로 어려운 처지에 빠진 백성이 생기는 것은 흔히 있을 수 있지만, 유리가 전쟁을 당하여 어려운 처지에 빠진 낙랑의 피난민을 지방이 아닌 수도 금성金城에서 살도록 하게 했다는 것은 유리의 지혜가 아니고서는 생각할 수 없는 일이다. 마한은 진秦나라의 포학하고 가혹한 정치를 피해 지나의 북경 일대에서 망명해 온 진나라 백성들을 식민지인 진한 땅으로 강제 이주시켰다. 이들로 말미암아 덕이 있는 사람이 하늘의 명을 받아 임금이 된다는 '유덕자수

---

1 도솔은 미륵보살이 사는 곳으로 내외內外 정원이 있는데, 내원은 미륵보살의 정토淨土이며, 외원은 하늘나라의 대중이 즐거워하는 장소라고 한다. 유리이사금의 선정으로 백성들은 마치 하늘나라에서 살고 있는 것처럼 생각하여 태평성대를 칭송하며 부른 노래가 도솔가이다.

명사상有德者受命思想'이란 정치사상이 신라에 크게 전파되었다.

유리가 성스럽고 지혜가 있다는 것은, 다음 임금 자리 문제에 대해 남긴 말에 잘 나타나 있다. 즉 "내 두 아들은 바탕이 석탈해昔脫解(매부)에 미치지 않으므로 석탈해가 임금의 자리에 오르게 하라."는 것이다. 그대로 다음 임금이 된 것은 석탈해이다.

이름 글자에는 어떤 의미가 있을까. 유儒자에는 '선비'·'학자'·'온화하다'·'너그럽다'의 의미가 있고, 리理자에는 '깨닫다'·'도리'·'이치'의 의미가 있다. 유리란 '도리와 이치를 깨달은 너그러운 선비·학자'를 말한다. 신라의 전통적인 고유한 시호에 따라 이름자가 시호로 정해졌다. 그러면 유리이사금의 이사금은 무엇을 뜻하는 걸까. 순우리말로 나이가 많은 지혜로운 사람을 말하며, 임금의 어원인 듯하다.

유리를 일명 노례弩禮 또는 유례儒禮라고 하는데, 노弩자에는 '힘쓰다'의 의미가 있고, 례禮자에는 '예절'·'예우하다'의 의미가 있다. 즉 노례는 '예절에 힘을 쓰다'이며, 유례儒禮는 '온화한 선비를 너그럽게 예우하다'의 의미이다. 임금은 이런 성품의 소유자이므로 나라를 바르게 이끌 인물이 석탈해라고 굳게 믿어 다음 임금 자리를 아들에게 물려주지 않고 매부인 석탈해에게 넘겨주었다.

알을 가르고 벗어나와 몸을 드러낸
탈해이사금脫解尼師今

┤ 제4대왕 ├

재위 기간	원년(57)~24년(80)
성	석씨昔氏
아버지	다파나국多婆那國의 왕
어머니	여국왕女國王의 딸
왕비	아효부인阿孝夫人(남해차차웅의 딸)

　탈해는 신라의 땅에서 대대로 살고 있는 백성이 아니고 외부에서
흘러들어온 사람으로 박씨 임금의 뒤를 이어 임금이 되었다. 그의 출
생은 박혁거세처럼 난생설화로 엮어져 있다. 탈해는 본래 다파나국
多婆那國에서 태어났다. 그 나라 임금은 여국왕의 딸에게 장가를 들
었는데 임신한지 7년 만에 큰 알 하나를 낳았다. 임금은 복되고 상서
로운 일이 일어날 조짐이 아니라 하여 버리라고 하였다. 하지만 그녀
는 차마 버리지 못해 보물과 함께 나무로 짠 궤짝에 넣어 바다에 띄어
가는대로 맡겼다.
　처음에는 금관국金官國의 바닷물과 땅이 서로 닿은 곳에 이르렀다.
금관국의 사람은 이를 괴이하게 여겨 거두지 않아 진한의 아진포阿珍

浦 어귀에 이르렀다. 때는 시조 혁거세 39년(기원전 19)이다. 이때 해변의 노모老母[2]가 줄로 당겨 해안에 매어놓고 궤짝을 열어보니 한 작은 어린애가 있었다. 노모가 거두어 자식처럼 맡아서 길렀다. 자라서 어른이 되자 키가 아홉 자나 되고 드러나 보이는 겉모양이 뛰어나며 마음이 넓고 생각이 깊어 보통 사람보다 뛰어났다.

어떤 이가 말하기를, "이 아이는 성씨를 모르니 처음 궤짝이 올 때까지 한 마리가 날아와 울면서 따라왔으니 마땅히 작자雀字를 줄이거나 빼어 석昔으로 성을 삼고 궤짝을 열고 나왔으니 마땅히 이름을 탈해라고 해야 한다."는 것이다.

석탈해의 처음 직업은 고기 잡는 어부이다. 탈해는 어머니에게 음식을 드리는데 얼굴에 드러나는 게으른 빛이 없었다. 어머니가 말하기를, "너는 보통 사람이 아니다. 생김새가 특별하며 색다르다. 마땅히 남을 쫓아서 배워 공을 세워 이름을 떨치어라." 이에 오로지 한 마음으로 학문에 정성을 들였으며 지리까지 알았다. 양산 밑에 있는 호공瓠公의 집을 바라보니 후손에게 장차 좋은 일이 많이 생기게 된다는 묏자리이거나 집터라고 꾀를 부려 속여 자기 것으로 만들어 가졌다. 그 후 그 땅은 월성月城이 되었다. 그의 명성은 남해차차웅에까지 알려져, 그는 남해차차웅의 사위가 되고 대보大輔에 올라 중앙의 정치 무대에서 활동했다.

유리이사금의 유언에 따라 임금의 자리를 물려받은 그는 즉위 2년(58) 왜국에서 흘러들어온 호공瓠公을 대보로 삼았다. 탈해와 호공이

---

2 신라의 70세 이상의 여자.

흘러들어온 백성임을 근거로 신라의 건국 초기에 외부에서 흘러들어온 백성이 중앙의 정치권에서 크게 활약했음이 사실로 드러났다. 흘러 들어온 백성에 관한 기사는 더 있다.

탈해이사금은 9년(65) 시림始林의 나무에서 흰 닭의 소리가 있다는 보고를 받고 새벽녘에 호공을 보내 살펴보게 했다. 임금은 보고를 받고 나뭇가지에 걸려 있던 궤짝을 가져오게 했다. 궤짝에서 자그마한 사내아이가 나왔는데 얼굴 모양이 남달랐다. 탈해는 기뻐하면서 하늘이 나에게 아들을 보내준 것이라 하고 거두어 길렀다. 자라면서 썩 영리하고 재주가 있고 뛰어난 슬기와 계략이 많아 이름을 알지閼智라 하고 금 궤짝에서 나왔다 하여 성을 김씨金氏라 했다. 나무가 있었던 시림을 고쳐 계림鷄林이라 하고, 나라 이름까지 계림이라고 하였다.

김알지는 알에서 태어나지 않아 다른 설화로 엮어졌다. 헌데 박혁거세가 호공을, 남해차차웅이 석탈해를, 석탈해가 김알지를 반겼다는 데서 공통점이 보인다. 다른 땅에서 흘러들어온 세 명은 모두 신라 사회에서 환영을 받았으며 권력을 독점하지 않고 공동으로 소유하였다. 11년(67) 탈해이사금은 박씨의 친척들에게 책임지고 맡을 중요한 사무를 맡겨 주군州郡을 다스리게 했다. 이로써 흘러들어온 사람 간에는 운명공동체적인 요소가 깊숙이 자리 잡혀있었음을 확인할 수 있다.

탈해이사금은 지나적인 시호가 아니고 역시 신라의 고유한 시호인데, 시호의 근거는 무엇일까. 탈脫자에는 '벗어나다'의 의미가 있고, 해解자에는 '가르다'·'열다'·'벗다'의 의미가 있다. 임금은 알을 가르고 벗어났으므로 시호가 탈해이사금으로 정해졌다. 당시는 설화시대이므로 임금(석탈해)의 출현이 설화적으로 표현되었다.

불교가 전래된
파사이사금婆娑尼師今

┤ 제5대왕 ├

재위 기간	원년(80)~33년(112)
성	박씨
이름	파사婆娑
아버지	유리왕
왕비	김씨金氏 사성부인史省夫人

유리이사금의 태자인 일성逸聖을 다음 임금으로 하자는 여러 의견이 있었다. 하지만 둘째 아들인 파사에게 지도력과 세상에 널리 퍼진 평판 높은 이름이 있다는 의견에 따라 임금이 되었다. 정실이 낳은 맏아들이 반드시 임금이 된다는 전통이 지켜지지 않았음을 보여준다. 파사가 임금이 된 것에 대해 투쟁이 있었을 것이라는 견해가 있지만 논쟁이 있었다고 해야 할 것이다.

파사는 즉위하면서 절약, 검소하고 재물을 잘 살피며 백성을 사랑하므로 나랏사람들은 칭찬하는 말과 글을 드렸다. 파사는 즉위한 이듬해 목을 베어 죽이는 형벌과 목을 옭아매어 죽이는 형벌에 해당되지 않는 죄수들을 모두 풀어주어 자유롭게 했다. 그러면서 즉위 6년

(85) 백제가 변경을 침범한 것을 두고 덕이 없어 백성들을 편안하게 하지 못했다고 스스로 잘못을 뉘우치고 자신을 나무랐다. 파사는 백성들이 농사와 누에치기를 권장하고 무기와 갑옷을 익혀 뜻밖의 사태에 대비케 했다.

농사를 권장한 임금은 11년(90) 실제 농사 상황을 확인하기 위해 사자使者[3] 10명을 각처로 나누어 보내 나라의 일에 힘을 쓰지 않아 논밭이 거칠어져 못 쓰게 하도록 내버려 둔 주주州主와 군주郡主의 벼슬을 낮추거나 파면케 했다. 한편 임금은 14년(93) 직접 고소부리군古所夫里郡의 여러 곳으로 돌아다녀 나이 많은 사람을 위문하고 곡식을 나누어 주었다.

탈해이사금은 11년(67) 박씨 임금의 친척들이 주군州郡을 다스리게 한 바 있다. 그런데 논밭이 거칠어져 못 쓰게 내버려 둔 주주와 군주의 벼슬을 낮추고 파면케 했다면 같은 박씨 인물 중에 잘못을 엄하게 따져서 책임을 진 사람도 있었을 것이다. 하지만 이는 어떤 종류의 정치적 보복이라기보다 농업을 장려하는 차원에서 행해진 것이라고 보는 것이 사리에 맞다.

임금은 이웃 국가와의 관계를 어떤 방법으로 이끌었을까. 백제와 가야의 침공이 있었으나 슬기롭게 대처하여 큰 사건의 실마리가 일어나지 않았다. 대내외적으로 임금이 정치적으로 일을 꾸미거나 치루는 재간이 뛰어나 23년(102) 음즙벌국音汁伐國과 실직곡국悉直谷國 간에 발생한 영토 분쟁을 화해시키는 역할을 맡았다. 하지만 벅찬 사

---

3 임금의 명령이나 부탁을 받고 심부름을 하는 사람.

건이므로 임금은 금관국金官國의 수로왕에게 의뢰했다. 음즙벌국의 손을 들어주는 걸로 판결이 났다.

이를 계기로 실직국과 압독국押督國(경북 경산)도 항복하고, 29년 (108)에는 비지국比只國(경남 창녕)·다벌국多伐國(경북 대구)·초팔국 草八國(경북 합천군 초계)이 하나로 합쳐졌다. 임금이 영토를 넓힌 것을 두고 임금을 신라 초기의 정복군주라고 표현하는데, 같은 민족이 아니라 다른 종족이나 타민족을 쳐서 복속시키는 것이 정복이다. 임금이 이웃 국가를 쳐서 복속시켰다고 해서 정복군주라고 표현하는 것은 맞지 않다.

다음에 살펴야 할 것은 파사가 이름인지, 아니면 시호인지에 대한 것이다. 파사는 이름 또는 시호로도 여겨진다. 그러면 그 의미는 무엇일까. 이와 관련하여 『삼국유사』의 탑상塔像편에 실린 금관성파사 석탑金官城婆娑石塔이란 항목의 기사를 주목할 필요가 있다. 기사는 금관金官에 있는 호계사虎溪寺의 파사석탑은 옛날 이 고을이 금관국이었을 때 수로왕首露王의 왕비 허황후許皇后 황옥黃玉이 후한後漢의 광무제光武帝 건문建文 24년(48)에 서역의 아유타국阿踰陀國에서 실어온 것이라고 한다.

파사석탑의 파婆는 범어로 'bha'이며, 뜻은 '드러내다(있다)'이고, 사娑는 역시 범어로 'sa'이며 '체諦(진실된 진리)'를 말한다. 즉 '바사'는 '진리가 모습을 드러낸다.'는 뜻이다. 김해에 탑이 들어왔다는 것은 불교가 전래되었다는 것을 의미한다. 이거야말로 기록상 우리나라 불교의 최초 전래 기록이다. 헌데 우리나라의 불교 전래는 북방의 전진前秦에서 전래된 고구리 소수림왕 2년(372)을 최초로 보고 있는 실정이다. 통념적으로 종교는 전래·수용·공인의 세 과정을 거친다. 우리나라 불교의 전래·수용·공인의 과정은『삼국사기』를 근거로 하고 있으나 가야 불교의 전래·수용·공인은『삼국유사』에 분명하다.

『삼국사기』에서 나타난 세 과정을 보면 이러하다.

① 눌지마립간訥祗麻立干(417~458) 때 묵호자墨胡子가 고구리에서 일선군一善郡(경북 구미)에 이르러 모례毛禮의 집안 굴속에 숨어살다가 지나의 양나라 사신이 가져온 향의 이름과 쓰이는 곳을 알려주었으며, 또한 왕녀의 병을 고쳐준 이후 소식이나 행방을 알 길이 없어졌다.

② 소지마립간炤智麻立干 때 아도화상我道和尙이 시종 세 사람과 함께 모례의 집에 머물렀는데, 그의 얼굴 모양이 묵호자와 거의 같을 정도로 비슷했고 여러 해 머물다가 병이 없이 죽었는데, 그를 모시며 시중드는 사람들이 남아 부처가 말한 가르침을 읽고 그 뜻을 밝히자 옳다고 믿고 받드는 사람이 나왔다.

③ 법흥왕法興王 14년(527) 귀족들의 반대로 이차돈異次頓이 신앙을 위하여 목숨을 바칠 때 흰 피가 솟구치는 기적이 일어남으로써 불교가 공인되었다.

①의 묵호자 운운 기사는 신라 불교의 전래이며, ②의 아도화상 운운 기사는 수용이고, ③의 이차돈 운운 기사는 국가가 인정하는 과정이다. 이 세 과정은『삼국사기』를 근거로 한 것이다. 파사석탑 기사는 불교가 신라보다 가야에 먼저 전래되었음을 분명히 보여주고 있지만 신라 초기에 불교가 전래되었음을 또한 생각하도록 해주고 있

다. 파사(바사)이사금과 파사(바사) 석탑의 두 파사(바사)는 분리해 서 볼 문제가 아닌 듯하다. 신라의 첫 불교 전래는 허황후가 파사(바 사) 석탑을 들여온 서기 48년(유리왕 25) 이후에서 파사(바사) 이사 금(80~112) 시기를 최초로 보아야 할 것 같다. 특히 파사이사금이 23 년(102) 음즙벌국과 실직곡국 간의 영토 분쟁을 화해시키는 역할을 맡았으나 금관국의 수로왕에게 판결을 부탁한 사실로 보아 이 무렵 금관국에 전래된 불교가 신라에 전래되었을 개연성이 많아 보인다. 이것이 신라 최초의 불교 전래라고 하면 남방계 불교인 것이다.

『삼국유사』의 파사(바사) 석탑 기사가 신라의 불교 전래를 훨씬 앞 당겨 보게 하듯이 지나의 불교 전래도 알려진 것보다 끌어올려 보아 야 한다는 견해가 있다. 지나의 불교 전래는 후한의 명제明帝(58~75) 때인 걸로 알려져 있으나 불교에 관한 정보는 그 이전부터 전해지고 있었다. 즉 명제 이전인 전한의 애제哀帝 원수元壽 원년(기원전 2) 박 사 진경헌秦景憲이 대월지국大月氏國의 사신 이존伊存한테서 『부도경 浮屠經』을 입을 통해 받았다(『魏略』의 西戎傳). 하지만 지나에서 잘 전파되지 않았다.

불교가 신라에 전래된 것이 파사(바사)이사금 이전이거나 당시였 음이 분명하다. 그러므로 이름과 시호가 파사(바사)로 정해지게 되었 다고 본다. 김부식이 가야를 비롯하여 신라에 불교가 전래되었을 가 능성을 열어놓은 『삼국유사』의 탑상편에 실린 파사(바사) 석탑 기록 을 보았다면 어떤 기록을 남겼을까.

김부식(1075~1151)은 일연(1206 ~1289)보다 먼저 시기의 인물이므 로 보거나 알 수도 없다. 그래도 보았다면 어땠을까. 김부식은 신라에서 전해지고 있는 난생설화를 『삼국사기』에 그대로 적어놓았다. 그랬듯이 신라의 불교 전래 문제에 대해 후세인들의 판단에 맡기도록 기록했을 것이다.

일연은 불교 승려이다 보니 설화라고 하더라도 빠뜨리지 않고 찾아다녔다. 알려지지 않은 사실을 샅샅이 더듬어 조사하는 그런 남다른 노력이 있어서 파사(바사) 석탑 기록을 자신의 저서에 남겨놓게 되었던 것이다.

다만 왕실과의 혼사가 깨진 허루許婁를 달랜
지마이사금祗摩尼師今

┤ 제6대왕 ├

재위 기간	원년(112)~23년(134)
성	박씨
아버지	파사이사금
어머니	사성부인史省夫人
왕비	김씨金氏 애례부인愛禮夫人

지마가 태자일 때 아버지 파사이사금과 함께 사냥을 마친 뒤에 한기부漢岐部(경남 합천)에 사는 이찬伊飡 허루許婁가 장만한 잔치에서 이찬 마제摩帝의 딸(김씨)을 보고 반해 혼인을 했다. 허루는 딸이 왕비가 되지 못해 불만을 품게 되자, 파사이사금은 이찬보다 높은 주다酒多(후일 角干)라는 벼슬을 새로 만들어주어 허루를 어루만지며 달래었다.

파사이사금 때 백제와의 관계는 좋지 않았으나 지마이사금 때에는 우호 관계를 맺었다. 가야와의 관계는 파사이사금 때처럼 우호적이지 않았다. 지마는 즉위 4년(115) 친히 보병과 기병을 이끌고 가야를 침공했다가 가야군의 포위망에서 겨우 벗어났다. 이듬해에는 임금이 역시 정예군 1만을 이끌고 침공했으나 장마 때문에 성과 없이 물러나고 말았다.

14년(125) 말갈이 북쪽 변경으로 들어와 관리와 백성을 살해, 약탈하고 대관령을 습격하고서 이하泥河(강릉시 연곡천)를 거쳐 지나가므로 임금이 글을 백제에 보내 구원을 요청했다. 백제에서 다섯 장군을 보내 도와주고 있다는 소문을 말갈이 듣고 물러났다.

대관령을 습격한 말갈은 어떤 종족일까. 지나 역사서의 표현을 빌리면 북적北狄의 일종이다. 우리나라의 함경도 이북 지방에서 만주의 흑룡강 일대에 걸쳐 분포 거주한 종족으로 읍루·물길의 후예이다. 실제 신라의 북변을 침범한 말갈은 북적의 별종인지 동예東濊 사람을 말하는 것인지 뚜렷하게 구분을 짓기가 힘들다. 말갈이 신라의 북변을 처음 침범한 것은 지마이사금 때이다.

말갈이 대관령을 침범하자, 신라가 백제에 구원을 요청했다는 것은 침범이 신라의 편안함과 위태함에 영향을 줄만한 큰 사건임을 말한다. 말갈의 침범으로 신라는 새로운 강적을 처음 맞게 되었다. 지마이사금 때 치른 가야·말갈과의 싸움에서 신라는 얻은 것이 없다. 그러면 지마이사금이란 시호에는 어떤 의미가 있을까. 지마의 지祗 자에는 '편안하다'·'다만'의 의미가 있고, 마摩자에는 '쓰다듬다'· '어루만지다·달래다'의 의미가 있다. 딸이 지마이사금의 왕비가 될 기회를 놓친 이찬 허루의 불만을 달래주기 위해 파사이사금은 '주다'라는 벼슬을 새로 만들어 줌으로써 다만 허루를 달랬다. 태자도 그러했을 거라고 여겨지며 그 역시 마음이 편안했을 것이다. 지마라는 시호에는 이런 의미가 포함되어 있다.

슬기가 뛰어난
일성이사금逸聖尼師今

┤ 제7대왕 ├

재위 기간 원년(134)~21년(154)
성   박씨
아버지   유리이사금
왕비   박씨(지소례왕支所禮王의 딸)

유리이사금의 맏아들인 임금(일성이사금逸聖尼師今)은 군사권을 휘어잡기 위하여 3년(136) 웅선雄宣을 이찬에 임명하고 중앙과 지방의 군사권을 맡아 관리하게 하였다. 이듬해 말갈이 북쪽의 변경을 침공하여 장령長嶺(대관령)에 설치되어 있는 나무 울타리 다섯 개를 불태웠다. 이로 인해 임금은 알천閼川⁴ 서쪽에서 군사를 검열하고 북방의 여러 곳을 순찰하였다.

6년(139) 말갈은 다시 장령을 습격하여 주민을 약탈하면서 침략은 겨울에도 계속되었다. 신라는 이듬해 봄에 장령에 나무 울타리를 세

---

4 경주시 황룡동에서 발원하여 중심가를 거쳐 형산강에서 합류하는 하천.

위 방어 체제를 만들었다. 9년(142) 임금은 말갈에 대한 대책으로 중신들과 함께 말갈 정벌 문제를 의논했다. 하지만 반대론에 부딪쳐 추진되지 않았다. 하지만 군사력을 강화하고 방어 체제를 단단하고 튼튼히 하기 위한 대책으로 14년(147) 장수가 될 지혜와 용맹성을 갖춘 인물이 있으면 천거하라는 명령이 내려졌다.

임금은 5년(138) 금성에 정사당政事堂을 설치했다. 이 기구의 하는 일이 무엇인지 알려져 있지 않지만 중대한 국사 문제를 논의하고 처리하는 기능을 담당한 듯하다. 임금은 말갈의 침공에 대한 방어 체제를 강화하는데 힘을 기울이면서 농민 문제에 대해서도 적지 아니 관심을 분명히 드러냈다. 12년(145) 봄과 여름에 걸쳐 가뭄이 들었는데, 남쪽 지방의 피해가 가장 커 백성들이 굶주렸다. 16년(149)에는 금성에 큰 전염병이 돌았으며, 17년(150)에는 4월부터 6월까지 비가 내리지 않아 가물었다.

이처럼 가뭄과 전염병으로 백성들의 고통이 심각하므로 임금은 11년(144) 농사와 논밭을 만드는 문제와 관련하여 명령을 내렸다. 농사가 정치의 근본이며, 식량은 백성들이 하늘처럼 여긴다고 하여 주州·군郡은 둑을 완전하게 수리하고 논밭과 들을 넓게 만들도록 하라는 것이다. 아울러 민간의 사치 풍조를 금하기 위해 금은과 구슬·옥의 사용을 금했다.

시호인 일성은 무엇을 근거로 정해졌을까. 일逸자에는 '뛰어나다'의 의미가 있고, 성聖자에는 '슬기롭다'의 의미가 있다. 치적 중에 시호를 정하는데 유력한 것으로 무엇이 있을까.

나랏일을 논의하는 정사당政事堂의 설치

말갈의 잦은 침공에 대한 국가적 방어 체제를 만듦

무인다운 인물 찾아서 특별히 채용

제방을 손보아 고치고 거친 땅을 개척허여 논밭으로 만듦

재해로 인한 농민을 도와줌

민간의 사치 풍조를 금지

이는 일성이사금의 치적으로 시호를 정하는데 근거가 되었다고 본다. 일성은 '슬기가 뛰어남'을 의미하므로, 일성이사금은 뛰어나고 슬기로운 군주라고 해도 무방하다.

북쪽으로 진출하는 산길을 뚫어 여러 곳을 돌아다닌 아달라이사금阿達羅尼師今

┤ 제8대왕 ├

재위 기간	원년(154)~31년(184)
성	박씨
아버지	일성이사금
어머니	박씨朴氏 지소예왕地燒禮王의 딸
왕비	박씨朴氏 내례부인內禮夫人

일성이사금의 맏아들인 임금은 키가 7척이고 콧마루가 두터워 인상이 별났다. 임금의 재위 시에 신라는 전쟁을 치루면서 3년(156) 영역을 경상북도의 북쪽 끝인 죽령竹嶺과 문경 새재가 있는 소백산맥까지 늘렸다. 이 산맥은 백제가 고구리의 침공을 방어하기 쉬운 지리적 조건을 갖춘 지형인데, 신라가 이 지역을 차지함으로써 나라 밖으로 진출하는데 온 힘을 기울일 수 있었다.

신라와 백제의 관계는 지마이사금 때에는 우호적이었으나 일성이사금 때에는 좋았는지 나빴는지 분명하지 않다. 아달라이사금의 재위 시에는 백제와의 관계가 나빠졌다. 사건의 발단은 12년(165) 아찬 길선吉宣이 반역을 꾀하다가 사전에 발각되자 백제로 망명하였다. 신라는 송환을 요구했으나 백제는 거부했다. 임금은 크게 분개하여 백제를 쳤으나 남은 군량이 없어 되돌아왔다.

2년 뒤 백제가 신라의 성 두 개를 습격하여 1천여 명을 붙잡아갔다. 임금은 일길찬一吉飡 흥선興宣이 2만의 군사로 치게 하고 친히 기병 8천을 거느리고 한수漢水에서 전쟁터에 다다랐다. 백제는 잡아간 신라 백성들을 돌려보내면서 화친을 청하였다. 신라의 보복이 위협적이었음을 말한다. 임금이 대규모로 군사력을 동원한 것은, 반역 세력이 백제와 마음을 합하여 서로 내통하는 것을 내버려둘 수 없었기 때문이 아닐까 한다. 3년 뒤에 백제가 신라의 변경을 노략질했으나 신라는 반격이나 보복을 하지 않은 듯하다.

22년(175)부터 30년(183)까지는 아무 기록이 없다. 이를 두고 모종의 권력 투쟁과 혼란이 있었을 것으로 여길 수 있으나 박씨와 석씨의 공동체의식이 변하지 않은 걸로 보아 권력 투쟁이 있었으리라고 보기는 어렵다. 차라리 미스터리로 남겨두어야 할 것 같다.

헌데 20년(173) 왜국의 여왕 비미호卑彌呼가 사신을 보내 예물을 바쳤다. 이는 임금의 명성이 왜국에까지 잘 알려졌음을 말한다. 임금의 치적 중에 가장 잘 알려진 것은 무엇일까. 아달라가 바로 그것이다. 아阿자에는 '언덕' · '구릉' · '끊이지 않고 죽 이어진 산길', 달達자에는 '길이 통하다'의 의미, 라羅자에는 '순행하다'는 의미가 있다. 아달라의 의미를 정리하면, '산길을 개통하여 임금이 여러 곳을 돌아다녔다.'고 할 수 있다. 계립령과 죽령을 통하게 한 것이 아달라이사금이 남긴 가장 큰 치적이다.

그러니 아달라라는 시호는 그의 치적을 가장 잘 나타냈다고 할 것이다.

신라인과 왜국인까지 편안하고 따듯하게 지낼 수 있도록 마음을 써 자랑할 만한 공적을 이룬 벌휴이사금伐休尼師今

┤ 제9대왕 ├

재위 기간	원년(184)~13년(196)
성	석씨昔氏
아버지	구추仇鄒(탈해왕의 아들)
어머니	김씨金氏 지진내례부인只珍內禮夫人

석탈해가 어진 사람이라는 유리이사금의 유언에 따라 임금의 자리에 올랐듯이, 아달라이사금이 아들을 남기지 못하고 사망하자 나랏사람들이 석씨인 벌휴를 임금의 자리에 오르게 했다. 그가 임금이 된 것은 권력 다툼의 결과가 아니고 흘러들어온 백성인 박씨와 석씨의 운명공동체 정신에 따른 것이다. 어머니의 성이 김씨라는 것은 박씨·석씨·김씨의 공동운명체 정신이 굳건함을 말한다.

임금은 바람과 구름을 보고 점을 쳐 큰물과 가뭄, 풍년과 흉년을 미리 알았으며 사람의 마음이 정직한지 아닌지 알아냄으로 사람들이 성인이라고 불렀다. 임금은 미리 자연재해의 발생을 알아내는 능력을 인정받았다.

임금의 재위 12년 동안에 자연재해가 발생했다는 기록이 하나도 없다. 이는 자연재해의 발생을 예견한 결과가 아닐까 한다. 10년(193) 여름에 왜국에 흉년이 크게 들어 먹을 것을 구하러 오는 사람이 1천 명이나 되었다. 왜인들이 식량을 구하러 왔다는 것은 신라 사람들은 흉년을 모르고 풍요롭게 살고 있다는 것을 말한다. 임금이 미리 자연 재해의 발생을 효과적으로 대비했기 때문이 아닐까.

4년(187) 3월에, 주군州郡에 명령을 내려 토목 사업을 하되 농사 시 기를 피하게 했다. 이는 백성을 보살펴주려고 마음을 쓴 조처이다.

임금은 식량을 구하러 온 왜국인들에게 분명히 식량을 제공했을 것이다. 이로써 왜국과의 관계는 나쁘지 않은 듯하다. 한데 이웃 나 라인 백제와의 관계는 우호적이질 않아 백제가 신라를 선제 침공함 으로써 공방전이 벌어졌다.

임금의 벌휴라는 시호에는 어떤 의미가 있을까. 벌伐자에는 '공적 을 자랑하다.'는 의미가 있고, 휴休자에는 '편안'·'따뜻하게 하다' 는 의미가 있다. 시호에 합당한 치적을 가장 잘 말해주는 것은 무엇일 까. 임금이 자연재해의 발생을 미리 방지하여 풍년이 들게 해서 식량 을 구하러 온 수많은 왜인들에게 식량을 제공하여 이들이 편안하게 지낼 수 있도록 마음을 썼으니 그 공적은 충분히 자랑할 만하다.

백제의 잦은 침공을 미리 대처하여 막는데 게으름을 피운
내해이사금奈解尼師今

> **┤ 제10대왕 ├**
>
> 재위 기간 원년(196)~35년(230)
> 성　　　　 석씨
> 할아버지　 벌휴이사금
> 아버지　　 석이매昔伊買
> 어머니　　 내례부인內禮夫人
> 왕비　　　 석씨昔氏 조분이사금助賁尼師今의 여동생

　　벌휴이사금의 손자인 임금은 행동거지가 씩씩하고 예의가 있으며 재주가 뛰어났다. 전 임금의 태자 골정骨正과 둘째 아들 이매伊買가 먼저 죽고 큰 손자가 어려 이에 이매의 아들을 세우니, 이가 내해이사금이다.

　　재위 시에 백제와 가야 등 이웃 나라와의 관계가 특히 많이 기술되어 있다. 4년(199) 백제의 침범, 6년(201) 가야국의 화친 요청, 8년(203) 말갈의 경계 침범이 있었다. 14년(209) 낙동강 유역에 소재한 여덟 소국이 신라에 우호적인 가야국을 공격하려 하자, 가야의 왕자가 신라에 구원을 요청하므로 임금의 명령을 받은 우로于老 등은 6부의 군사를 동원하여 8명의 장군을 죽이고 포로가 된 6천 명을 빼앗아 돌려보냈다. 이후 17년(212) 가야가 왕자를 볼모로 신라에 보냈다. 19년(214) 백제가 요거성腰車城을 침범하자, 임금이 정예병 6천을 동원하여 백제를 치게 하여 사현성沙峴城을 격파했다. 23년(218) 백제가 장산성獐山城을 포위하자, 임금이 친히 군사를 이끌고 나가 반격했다. 27년(222) 백제의 군사가 우두주牛頭州에 침입하여 신라군이 막으려 했으나 패했다.

선대에 보듯이 재위 시에 군사 사열, 자연재해 발생, 죄수 석방, 수해를 입은 주현의 세금 면제, 전염병 유행 등의 기록이 있으나 여러 기록은 주로 백제의 침공과 관련된 것이다. 따라서 임금의 시호는 백제의 침공과 분리하여 생각할 수 없다.

내해奈解란 시호에는 어떤 의미가 있을까.

내奈자에는 '어찌' 라는 의미가 있고, 해解자에는 '게으름을 피우다' 의 의미가 있다. 백제의 침공이 빈번했다는 것은 임금이 군사를 사열하긴 했으나 대비책을 사전에 충분이 마련하지 않고 게으름을 피운 탓이라고 할 수 있다. 그러므로 시호 '내해' 는 백제의 침공에 대해 '어째서 게으름을 피웠느냐' 라는 의미로 본다.

백성들과 항복한 나라의 무리를
보살펴 도와주고 왜군을 무찌른
조분이사금 助賁尼師今

┤ 제11대왕 ├

재위 기간   원년(230)~18년(247)
성   석씨
할아버지   벌휴이사금
아버지   골정骨正
어머니   김씨金氏 옥모부인玉帽夫人
왕비   석씨昔氏 아이혜부인阿爾兮夫人

내해이사금이 사망하려 할 때 유언에 따라 사위 조분이 임금의 자리를 이었다. 임금은 키가 크며 예의범절과 겉으로 드러나 보이는 인상이 아름다우며 일을 맡으면 판단을 밝게 내려 나랏사람들이 어려워하면서도 공경했다.

재위 시에 왜인 기록이 두 차례 보인다. 3년(232) 왜인이 갑자기 쳐들어와 금성을 포위했다. 임금이 친히 나가 싸우자 적들이 포위를 풀고 달아나므로 가볍게 차리고 날쌘 말을 탄 군사를 보내 추격하여 1천여 급을 죽이거나 붙잡았다. 이듬해 5월, 왜병이 동쪽 변경을 침범했다. 두 달 뒤에 이찬 우로于老가 왜인과 사도沙道(경북 영덕)에서 싸웠는데 바람을 타고 배에 불을 질러 태워 적들은 다 물에 빠져 죽었다.

백제와 고구리도 신라를 침범했다. 11년(240) 백제가 서쪽 변경을 침범했는데, 신라의 반응이 없는 걸로 보아 침범은 소규모인 듯하다. 16년(245) 고구리가 북쪽 변경을 침범하여 우로가 나가 싸웠으나 패했다. 후일 잦은 고구리 침공의 전주곡이 된다.

임금이 어질게 잘 다스린 정치로 꼽을 만한 기록이 있다. 6년(235) 임금이 동쪽을 돌아다니며 재난을 당한 백성들을 위로하고 금품을 주는 등 구제하였다. 이듬해 골벌국왕骨伐國王(경북 영천) 아음부阿音夫가 무리를 거느리고 와서 항복하자 이들에게 집과 논밭을 주어 편안히 살게 하고 그 땅을 군으로 삼았다.

임금의 치적 중에 시호를 결정하는데 합당한 사건이 무엇일까. 시호인 조助자에는 '돕는다'·'구제하다'는 의미가 있고, 분賁자에는 '무찌르다'는 의미가 있다. 이에 합당한 사건은 동쪽을 돌아다니면서 백성을 위로하며 물건을 베풀어 구제하고 항복해 온 골벌국왕 아음부와 그 무리에게 집과 논밭을 주어 편히 살도록 보살펴 도와주고 금성을 포위한 왜인을 추격하여 무찔러 크게 승리한 데 이어 동쪽 변경을 노략질한 왜병이 타고 온 배에 불을 질러 왜인들을 수장시킨 것이 그것이다.

우로于老의 왜국에 대한 경박한 말과 행동이
매우 조심스럽지 못하여 빚어진 왜국의
침공으로 치욕과 업신여김을 당해 크게 깨달은
첨해이사금沾解尼師今

제12대왕	
재위 기간	원년(247)~15년(261)
성	석씨
아버지	석골정昔骨正
어머니	김씨金氏 옥모부인玉帽夫人
왕비	아이혜부인阿爾兮夫人
형	조분이사금

　　임금의 재위 시에 신라가 눈앞에 닥친 대외 문제는 고구리·왜
국·백제에 관한 것이다. 2년(248 : 고구리 중천왕 1) 고구리에 사신을
보내 화친을 맺었다. 반면 15년(261) 백제의 화친 요청에 대해서는
거부했다. 고구리와 화친을 맺은 것은 고구리의 존재를 크게 의식해
서이며, 백제의 화친 요청을 거부한 것은 선대부터 잦은 침공에 따른
불신 때문으로 보인다.
　　왜국과의 관계는 선대부터 좋지 않았듯이 임금의 재위 시에도 마

찬가지였다. 조분이사금 때 신라를 침범한 왜병을 대파한 대장군 우로于老는 첨해이사금 때에도 왜국 문제를 혼자서 담당하였다. 3년(249) 왜국의 사신 카츠노나코(葛那古)가 신라에 들어와 사신을 접대하는 숙소客館에 머무르고 있었다. 영접을 맡은 우로가 왜국 사신에게 희롱하는 말을 했다. "머지않아 너의 국왕을 소금 굽는 종으로 만들고 왕비를 밥 짓는 여자로 만들겠다."고 했다.

왜왕이 이 말을 듣고 노하여 장군 마타도노우슈군(于道朱君)을 보내 신라를 침범하므로, 임금은 나가서 유촌柚村에 가 있었다.

우로가 임금에게 아뢰었다. "이번의 근심과 재앙은 제가 한 말이 신중하지 않은 탓이니, 제가 이 일을 능히 해내겠습니다."라고 했다. 우로는 왜군에게 가서 "전날의 말은 희롱했을 뿐인데 이렇게 군사를 일으켜 사태가 이에 이를 것이라고 생각이나 했을까."라고 했다.

왜인은 대답을 하지 않고 우로를 잡아 장작을 쌓아 놓고 불을 질러 태워 죽이고 돌아갔다. 우로의 아들은 어려서 걸을 수 없어 사람들이 안아서 말에 태워 보냈다. 그가 뒤에 흘해이사금訖解尼師今이 되었다.

우로에 관한 얘기는 미추이사금味鄒尼師今 시대에도 계속된다. 우로가 살해된 후 그의 아내는 찾아온 왜국 사신을 집으로 초대하여 술을 먹여 취하게 하고 몸이 우람하고 힘이 센 사람을 시켜 뜰로 끌어내어 불태워 죽여 전날의 원수를 갚았다. 이로 인해 왜인은 분풀이로 금성을 포위 공격하고 돌아갔다.

김부식은 우로의 피살과 관련하여 논평을 했다. "우로는 대신으로 전쟁과 나라의 일을 맡았으며, 싸우면 반드시 이기고 이기지 못해도 패하지는 않았으며, 계략은 반드시 남보다 뛰어났다. 하지만 도리에 어그러진 한마디 말로 스스로 죽임을 당하고 두 나라가 서로 싸우게 했다."

우로가 살해당한 시기에 대해 『삼국사기』(권2)의 기록과 석우로전의 기록이 다르다. 석우로전은 조분이사금 7년(236)이라 하고, 첨해이사금조에서는 3년(249)이라고 했다. 우로는 죽임을 당하기 이전, 즉 조분이사금 16년(245)에 신라의 북변을 침공한 고구리와 싸운 일이 있다(조분이사금조와 석우로전). 우로가 고구리군과 싸운 사건 뒤에 죽임을 당했으므로 그 시기는 첨해이사금 3년(249)이 맞으며, 석우로전의 조분이사금 7년(236)은 잘못된 기록이다. 첨해이사금 때에도 가뭄과 흉년으로 도둑이 많았다.

임금의 시호는 치적 중에 가장 대표적인 사건을 근거로 정해지는데, 첨해란 시호는 무엇을 근거로 정해졌을까. 시호의 첨沾자에는 '경망하다'·'경박하다'는 의미가 있고, 해解자에는 '깨닫다'는 의미가 있다. 석우로가 왜국의 사신에게 내뱉은 경망스런 말이 왜국의 신라 침공을 일으켰다. 이 사건으로 임금이 근심을 하고 재앙을 겪게 되어 크게 깨달았을 것이므로, 시호가 첨해이사금으로 정해졌던 것이다.

농민과 죄수들의 기분을 살펴 훤히 안
미추이사금 味鄒尼師今

┤ 제13대왕 ├

재위 기간	원년(262)~23년(284)
성	김씨
시조	김알지金閼智
아버지	김구도金仇道
어머니	박씨朴氏 갈문왕葛文王 이칠伊柒의 딸
왕비	석씨昔氏 조분이사금助賁尼師今의 딸

첨해이사금이 아들 없이 사망하자 나랏사람들이 조분이사금의 사위인 미추를 임금으로 세웠다. 김씨의 첫 번째 임금인 미추의 어머니는 박씨이고 왕비는 석씨인데, 이는 무엇을 의미할까. 삼성三姓(박·석·김)의 공동운명체 정신이 완전히 결실을 보았음을 말한다. 미추는 신라 김씨 임금의 시조로 숭상을 받아왔다.

임금의 치적 중에 대표적인 것은 무엇일까. 임금이 농민과 백성들의 어려운 입장을 가볍게 보지 않았다는 것이다. 3년(264) 황산黃山(충남 논산과 연산의 옛 지명)으로 거둥하여 노인과 가난한 사람들을 위문하고 구제했다. 7년(268) 가뭄이 들자, 사자를 보내 백성들의 괴로움과 어려움을 돌아다니면서 묻게 했다. 11년(272) 농사에 해害가 있는 것을 없애도록 했으며, 15년(276) 신하들이 궁전을 고쳐 다시 짓자고 청했으나 사람들에게 괴롭고 힘든 노동을 시키는 것을 무겁게 여겨 따르지 않았다. 19년(280) 가뭄으로 죄수들의 정상을 살펴 잊지 않았다.

임금의 재위 시에도 신라는 백제와 국경 문제로 계속 대립하였다. 5년(266) 백제군의 봉산성燧山城 침공, 17년(278) 백제군의 괴곡성槐谷城 포위, 23년(284) 임금의 서쪽 여러 성 시찰이 있었다. 시찰은 백제의 침공에 대한 사전 방어 체제 점검을 말한다.

임금의 시호 결정에 어떤 치적이 반영되었을까. 시호의 미昧자에는 '기분'이라는 의미가 있고, 추鄒자를 대신하는 조照자에는 '환히 알다'·'알아듣게 타이르다'는 의미가 있다. 임금의 대표적인 치적은 농사에 해가 없도록 명령을 내리고 신하들이 궁전을 고쳐 다시 짓자고 청했으나 신하들이 알아듣게 타이르고 따르지 않은 것이다. 임금은 사자를 내보내 백성들의 괴로움을 돌아다니면서 묻게 하여 죄수들의 기분을 잘 살펴 잘 알고 있었다. 이는 임금이 백성들의 괴로운 기분을 환히 알고 있었다는 것을 말한다. 이런 것들이 시호를 정하는 데 반영되어 미추이사금이 시호로 정해졌다.

예절 있는 선비처럼 나약하여
왜인을 굳세게 다스리지 못한
유례이사금 儒禮尼師今

┤ 제14대왕 ├

재위 기간   원년(284)~15년(298)
성   석씨
아버지   조분이사금助責尼師今
어머니   박씨朴氏 갈문왕葛文王 내음奈音의 딸

조분왕의 맏아들인 임금의 재위 시에 있었던 사실 또는 사건 중에 가장 자주 있었던 것은 왜인과 왜병의 침공이었다.

4년(287) — 왜인이 일례군一禮郡을 습격하여 불을 질러 태우고 1천 명을 붙잡아 갔다.

6년(289) — 왜병이 이른다는 말을 듣고 배와 노를 수리하고 갑옷과 무기를 손질했다.

9년(292) — 왜병이 사도성沙道城을 함락시켰으나 되찾았다.

11년(294) — 왜병이 장봉성長峯城을 침공했으나 이기지 못했다.

12년(295) ─ 왜인이 여러 번 우리 고을을 침범하여 백성들이 편안
　　　　　히 살 수 없어 백제와 모의하여 일시에 바다를 건너
　　　　　치려 했으나 신라인은 물에서 하는 싸움에 익숙하지
　　　　　못하며, 멀리 정벌한다면 예측할 수 없는 위험이 있
　　　　　고, 백제는 거짓이 많고 우리나라를 삼키려 하므로,
　　　　　이 문제를 함께 모의하기 어렵다는 반대론에 부딪쳐
　　　　　왜국 정벌은 실속이 없는 빈 논의로 그쳤다.

　왜인의 침공으로 인한 가장 큰 피해는 일례군을 습격하여 1천 명
을 잡아간 사건이다. 임금은 참다못해 왜국 정벌론을 제의했으나 신
라인이 물에서의 싸움에 익숙하지 못하여 서투르고 백제와의 연합이
성립될 수 없다는 반대론에 부딪쳐 빈 논의로 그쳤다.

　이렇듯 임금은 왜인·왜병에 대한 대처에서 나약함을 드러내어 14
년(297) 이서고국伊西古國의 금성 침공도 물리치지 못했다. 임금의
시호는 유례儒禮 또는 유리儒理라고 하는데, 이 둘의 의미는 다르다.
유儒자에는 '선비'·'학자'·'나약하다'는 의미가 있고, 예禮자에는
'예절'이란 의미가 있고, 리理자에는 '다스리다'는 의미가 있다. 유
례라 하면 '예절이 있는 선비'를 말하며, 유리라면 '나약하게 다스리
다'는 것을 말한다. 유례와 유리를 묶는다면, 임금은 왜인과 왜병을
대처함에 있어 예절 있는 선비처럼 나약하게 다스렸다는 데서 시호
가 유례이사금으로 정해졌던 것이다. 유례와 유리는 이름이라기보다
시호라고 보아야 할 것이다.

박혁거세 거서간 때의
나라 이름인 신라를 바로 본뜬
기림이사금基臨尼師今

┌ 제15대왕 ┐

재위 기간	원년(298)~13년(310)
성	석씨
할아버지	조분이사금助賁尼師今
아버지	석걸숙昔乞淑
어머니	석씨昔氏 아이혜부인阿爾兮夫人
왕비	미상

조분이사금의 손자인 임금은 성품이 너그럽고 마음 씀씀이나 태도가 너그러워 사람들이 모두 칭찬해 마지않았다. 전 임금 유례이사금 때에는 왜와의 관계가 나빴으나 3년(300) 왜국과 사절을 교환했다. 임금은 비열홀比列忽(함경남도 안변의 옛 이름)과 우두주牛頭州(강원도 춘천의 옛 이름)를 돌아다니면서 노인과 아주 가난한 사람을 위문하고 곡식을 차등 있게 주었으며 태백산에서 제사를 지냈다.

임금의 재위 시에도 자연 현상으로 빚어지는 재앙이 있었다. 5년(302) 봄과 여름에 가뭄이 있었으며, 7년(304)에는 지진으로 샘물이

솟구치고 금성에서도 지진이 일어나 백성들의 집이 무너지고 사람들이 사망했다.

10년(307) 나라 이름을 다시 신라라고 했다. 『삼국사기』 지리지에 박혁거세 거서간이 나라 이름을 서야벌徐耶伐이라 했는데, 사라斯羅·사로斯盧·신라新羅라고도 했다. 그러다가 탈해이사금 9년(65) 시림始林에서 닭소리가 들리는 괴이한 일이 있어 시림을 고쳐 계림鷄林이라 하고 이를 나라 이름으로 삼았는데, 기림이사금 10년에 다시 나라 이름을 신라라고 했다. 『삼국유사』에 신新은 덕업德業이 날로 새로워지고, 라羅는 사방을 망라한다 하므로 나라 이름을 다시 신라라고 한 것은 지증왕 때의 일이 아닐까 여기는 견해도 있다.

박혁거세 거서간 때의 나라 이름인 신라가 『삼국유사』에 실린 신라와 그 의미가 일치하는지 의문점으로 남지만, 지증왕 때 와서 영토를 넓힌 것을 참고하여 생각하면 기림이사금 때의 신라란 어디까지나 박혁거세 거서간 때의 신라란 이름을 다시 사용한 것이 아닐까 한다.

기림이사금의 기림을 기립基立이라고도 한다. 기基자에는 '근본'·'터'·'기초'·'토대', 림臨자에는 '본떠서 그리다'·'지키다', 립立자에는 '나타내다'·'밝히다'·'전해지다'·'바로' 라는 의미가 있다. 기림이라 하면 '나라의 근본인 신라라는 국호를 본떠 지키다'는 의미가 되며, 기립이라 하면 '신라라고 전해지는 나라 이름을 바로 본떴다' 는 의미가 된다. 이를 근거로 기림이사금 때 나라의 근본이 되는 나라 이름을 다시 신라라고 한 것은 틀림없다. 따라서 기림(립)은 이름이 아니고 시호이다.

마침내 왜국과 관계를 끊고 왜병의 침공에 따른 억울하고 응어리진 마음을 씻은 흘해이사금訖解尼師今

제16대왕	
재위 기간	원년(310)~47년(356)
성	석씨昔氏
할아버지	내해이사금奈解尼師今
아버지	석우로昔于老
어머니	석씨昔氏 명원부인命元夫人(조분이사금助賁尼師今의 딸)

우로는 아들(흘해)의 얼굴 생김새가 빼어나게 아름답고 정신이 총명하며 판단이 빨라 일을 다스리는 것이 보통 사람보다 뛰어남을 보고 권력이 있는 여러 사람들에게 말하기를, "우리 집을 일으킬 사람은 오로지 이 아이이다."라고 했다.

이때에 기림이사금이 사망했는데 아들이 없었다. 여러 신하들은 흘해가 어리지만 많은 경험을 쌓아 어른 티가 나는 덕이 있다고 의논하여 그를 받들어 임금으로 세웠다.

내해이사금의 손자인 임금의 재위 시 외교의 상대국은 백제와 왜이다. 28년(337) 백제에 사신을 보내 우호 관계를 맺었으나 왜국과의 관계는 좋은 편이 아니었다. 3년(312) 왜국의 임금이 사신을 보내 청혼하자, 아찬 급리急利의 딸을 보냈다. 35년(344) 다시 사신을 보내 청혼했다. 이때는 딸이 출가하여 거절을 하고 이듬해 왜왕에게 국서를 보내 국교 단절을 알렸다. 37년(346) 왜병이 갑자기 풍도風島에 이르러 백성들의 집을 노략질하여 빼앗고 또 금성을 급하게 쳤다. 신라는 왜인들의 식량이 떨어질 때까지 방어만 하다가 이들이 철수할 때 추격하여 도망가게 하였다.

임금의 재위 시에 자연현상으로 빚어지는 재앙이 자주 있었다. 임금은 어려움을 겪고 있는 백성들을 외면하지 않았다. 4년(313) 가뭄이 들고 메뚜기 떼로 피해가 발생하자, 임금은 사자를 보내 백성들을 구제하게 했다. 이듬해에는 궁궐이 낡고 헐어 손질하며 고치다가 가뭄으로 중단하고, 8년(317) 봄과 여름에 가뭄이 들자, 임금이 직접 죄수들을 살펴 풀어주고, 이듬해에는 가뭄 직후 농사를 장려하기 위해 백성들이 짊어질 괴롭고 힘든 일을 중지시켰다. 35년(344) 큰 나무가 뽑힐 정도의 폭풍이 있었으며, 41년(350)에는 큰 비가 열흘이나 퍼부어 관청과 백성들의 집이 떠내려가 없어지고 산사태가 발생했다.

21년(330) 처음 1천 8백 보步의 벽골 연못을 팠다. 그런데 『삼국유사』에는 을축년(329)으로 기록되어 있으며 벽골 연못은 백제의 관할하에 있었다. 따라서 잘못 기록된 임금의 치적이다.

시호에는 어떤 의미가 있을까. 흘訖자에는 '마치다'·'그만두다'·'마침내'의 의미가 있고, 해解자에는 '원한을 씻다'는 의미가 있다. 이런 의미에 해당하는 사건은 어떤 것일까. 왜왕에게 국서를 보내 마침내 국교를 단절하고 금성까지 침공한 왜인이 철수할 때 추격하여 패퇴시킨 사건이다. 국교의 단절은 왜국과의 관계를 그만두고 멈춘 것이며, 금성을 침공한 왜군을 패퇴시켰다는 것은 왜병의 침공으로 인한 원한을 씻었음을 말한다. 흘해는 이름이 아니고 임금의 치적을 말하는 시호이다.

백제와 왜의 세력연합에 대처하여
고구리에 군사 지원을 요청하느라 분주한
내물이사금奈勿尼師今

┌─ 제17대왕 ├─────────────────────────────
│ 재위 기간 원년(356)~47년(402)
│ 성   김씨
│ 할아버지   구도갈문왕仇道葛文王
│ 아버지   김말구金末仇
│ 어머니   김씨金氏 휴례부인休禮夫人
│ 왕비   김씨金氏 보반부인保反夫人(미추왕味鄒王의 딸)
│ 아들   눌지마립간訥祇麻立干 · 복호卜好(둘째) · 미사흔未斯欣(셋째)
└─────────────────────────────────────

    흘해가 사망하였는데, 아들이 없어 내물이 임금의 자리를 이어 받았다. 『삼국사기』에는 시호가 이사금으로 기록되어 있으나 『삼국유사』에는 마립간麻立干으로 표기되어 있다. 내물왕 때 마립간을 처음 사용한 걸로 알려져 있어 일반적으로 『삼국유사』의 설을 따르고 있는 입장이다. 이사금이 마립간으로 바뀐 것은 왕권이 보다 강화됨에 따라 건드릴 수 없는 높고 엄숙한 면이 필요했음을 말한다. 석씨 성의 흘해이사금에 이어 내물이사금이 임금의 자리에 올라 김씨의 왕위 계승이 확립되어 임금의 권력이 강화되는 토대가 마련되었다.

내물이사금은 김씨를 왕비로 삼았다. 이에 대해 김부식은 논평의 글을 남겼다. "신라에서 같은 성을 얻지 않는 것은 갈래를 두터이 하기 때문이다. 신라에서 같은 성을 취하는 걸로 그치지 않고 형제의 자식, 고종姑從이나 이종姨從의 자매에까지 장가를 들어 아내로 삼았다. 외국은 각기 풍속을 달리 하더라도 지나(중국)의 예속禮俗으로 이를 못마땅하게 여기면 크게 어그러지지만 흉노에서 어머니와 몰래 서로 정을 통하고 아들과 간통하면 이보다 더 심하다."고 했다.

내물이사금 이후 박·석·김의 세 성姓이 교대로 임금의 자리를 계승하는 관습이 그치고 김씨만이 임금의 자리를 세습하여 체제 정비가 대외적으로도 알려졌다. 내물이사금 26년(381) 지나의 전진왕前秦王 부견符堅은 사신으로 온 신라의 사신 위두衛頭와의 대담에서 "해동의 사정이 옛날과 다르다고 한 것이 어찌된 것이냐."고 물었다. 위두는 "중국에서 시대가 바뀌고 겉으로 내세우는 이름이 바뀌는 것과 같으니 어찌 같을 수 있겠느냐."고 했다.

이는 신라의 국가 체제가 고대국가로 바뀌었음을 보여준다. 신라는 전진과의 접촉을 기회로 지나 북부의 문물이 수입되는 계기가 마련되었을 것이다. 그러면 내물이사금 때 고대국가로서의 체제가 이루어진 계기가 있었을까. 백제 근초고왕이 마한을 합침으로써 낙동강 유역 진출이 신라에 자극제가 된 듯하다.

백제와 왜국의 연합 세력을 혼자의 힘으로 막을 수 없는 신라는 우호적인 고구리에 군사 지원을 요청했다. 내물이사금 45년(400) 고구리의 광개토왕은 5만의 병력을 동원하여 백제군과 연합한 왜군을 크게 격파했다. 고구리의 군사 지원으로 신라는 위기에서 벗어났지만 고구리의 영향에서 벗어나기가 힘들게 되었다. 내물이사금 37년(392) 임금은 고구리의 전투적인 성격을 두려워하여 이찬 대서지大西知의 아들 실성實聖을 고구리에 볼모로 보냈다.

내물이사금 46년(401) 고구리에 볼모로 가 있던 실성이 귀국하고 이듬해 임금이 사망하자, 아들이 임금의 자리를 계승했다. 내물이사금의 아들 실성이 임금의 자리에 오른 배경으로 고구리의 압력이 작용했을 것이라는 지적도 있다.

내물이사금은 재위 시에 전국에 관계자를 보내 경제적 약자를 위문하고 흉년이 든 하슬라(강릉) 지방의 굶주린 백성들의 토지세와 집집마다 거두는 세금을 1년 동안 면제해 민심을 거두었다. 백제의 독산성주禿山城主가 주민 3백 명을 이끌고 투항해 와 6부에 흩어져 거주하게 했다. 이로 인한 백제의 송환 요구에 슬기롭게 대처하여 외교적 다툼을 가라앉혔으며 말갈의 북쪽 변경 침범을 실직悉直(삼척)에서 잘 막아냈다.

내물이사금이 가장 신경을 썼던 것은 무엇일까. 백제와 왜국의 연합 세력을 혼자의 힘으로 막을 수 없어 고구리에 군사적 지원을 요청하는 문제였을 것이다. 시호의 내㮎자에는 '대처하다' · '대응하다'는 의미가 있고, 물勿자에는 '분주하다' · '근심하다'는 의미가 있다. 내물이사금은 백제와 왜의 세력 연합에 대처하여 고구리에 지원을 요청하느라 근심하며 분주했을 것이다. 뿐만 아니라 고구리의 지원 후 그 압력과 영향을 물리칠 수 없어, 또한 근심하며 대책 마련에 몹시 분주했을 것이다.

드디어 왜국과 고구리에 볼모를 보내면서 선수를 쳐서 쓰시마를 공격하려 한 슬기로운 실성이사금實聖尼師今

┌ 제18대왕 ├

재위 기간   원년(402)~16년(417)
성   김씨
아버지   이찬伊飱 대서지大西知
어머니   아간阿干 석등보昔登保의 딸인 이리부인伊利夫人
왕비   김씨金氏 아류부인阿留夫人(미추이사금味鄒尼師今의 딸)

　　실성은 키가 일곱 자 다섯 치나 되었으며, 지혜롭고 이치에 밝으며 먼 앞일까지 헤아리는 학식과 견문이 있다. 내물이 사망하자, 그 아들은 나이가 어려 나랏사람들이 실성을 세워 임금의 자리를 이어받았다.

　　임금의 재위 시에 외교적인 문제가 국내 문제보다 몹시 급하였다. 그것은 왜·고구리와의 관계이다. 왜에 대해서는 겉으로는 평화를 말하며 속으로는 전쟁을 준비하는 정책을 펼쳤다. 원년(402) 왜국과 서로 통하여 우정을 맺어 내물왕의 아들인 미사흔未斯欣을 볼모로 보냈다. 헌데 4년(405) 명활성明活城을 침공한 왜병을 임금이 기병을 거느리고 독산獨山의 남쪽에 드러내지 않게 숨어있다가 격파했다.

왜병이 2년 뒤에는 동쪽 변경을 침범하고 또 남쪽 변경을 침범하여 1백 명에게 폭력을 써서 재물을 무리하게 빼앗아갔다. 7년(408) 임금은 왜인이 쓰시마에 군영을 설치하고 무기와 식량을 쌓아두어 우리를 습격하려고 꾀하고 있다는 정보에 따라 그들이 일을 일으키기 전에 우수하고 강한 군사를 뽑아 적의 병력을 격파하려고 했다.

군사에 관한 일과 나라의 정치를 맡은 서불한舒弗邯 벼슬의 미사품未斯品은 "큰 바다를 건너 적을 치다가 만일 손해를 보면 후회한들 소용이 없으며, 험준한 곳에 의존하여 성문을 설치하고 적이 오면 이를 막아 쳐서 어지럽게 하지 못하게 하며 편안하면 나가 이를 잡는 것만 못하다."고 했다. 이에 임금은 선수를 쳐서 왜인을 공격하기로 바꿨다.

임금은 고구리와의 관계를 유지하려 하여 11년(412) 내물왕의 아들 복호卜好를 고구리에 인질로 보냈다. 인질은 양국의 화평 관계를 확인하는 절차이다. 임금의 재위 시에 있었던 사건 중에 잦았던 것은, 왜인의 침공이지만 우정을 맺으면 볼모를 보내 화평 관계를 도탑고 성실히 하기도 했다. 볼모를 보내면서 선수를 쳐서 쓰시마를 공격하기로 정책을 바꾼 것은 임금의 슬기로운 판단이라고 생각된다.

시호의 실實자에는 '참으로'·'드디어'라는 의미가 있고, 성聖자에는 '걸출한 임금'·'총명하다'·'슬기롭다'라는 의미가 있다. 임금의 슬기로운 대외 판단력을 근거로 하여 정해진 시호가 참으로 슬기로운 임금이라는 것이다.

고구리의 변두리 땅을 지키는 장수가
살해된 사건에 대해 다만 잘못을 인정하고
장수왕에게 말을 더듬거리며 용서를 빈
눌지마립간 訥祇麻立干

┤제19대왕├

재위 기간   원년(417)~42년(458)
성   김씨
아버지   내물마립간
어머니   김씨金氏 보반부인保反夫人(미추왕味鄒王의 딸)·내례길포內禮吉怖
왕비   실성이사금의 딸

눌지는 내물마립간의 태자이지만 어린 탓에 아버지의 사촌인 실성이 임금이 되었다. 실성이사금은 내물이사금의 아들인 복호卜好를 고구리에 볼모로 보내고 눌지까지 고구리인을 시켜 죽이려 했다. 이런 사실을 고구리인을 통해 알게 된 눌지는 실성이사금을 시해하고 임금이 되었다. 『삼국유사』에는 고구리 병사들이 실성이사금을 죽이고 눌지를 임금으로 받들어 모시고 돌아간 걸로 되어 있다.

417년 임금의 자리에 오른 임금(눌지마립간)은 왜와 고구리에 볼모로 가 있던 미사흔과 복호가 신라로 돌아오게 했다. 임금은 아우들을 다시 만난 기쁨으로 술을 마시며 즐겁게 노는 잔치를 베푼 그 자리에서 춤을 추며 노래를 지어 불렀다. 이 노래를 일러 우식곡憂息曲[5]이라 한다.

임금은 초기에 전대처럼 고구리에 사신을 보내 관계를 맺어 우호적인 관계를 유지했다. 그러다가 17년(433) 백제의 화친 요청을 받아들인 후 고구리와의 관계가 나빠졌다. 34년(450) 실직悉直(삼척)에서 사냥하던 고구리의 장수가 하슬라何瑟羅(강릉)의 성주인 삼직三直의 기습으로 살해되자, 고구리의 장수왕은 화를 내고 사신을 통해 변경의 장수를 죽인 사건을 들고 나와 신라의 서쪽 변경을 침공했다. 이에 임금은 말을 낮춰 사과하자 고구리군은 물러났다. 4년 뒤인 38년(454) 고구리가 신라의 북쪽 변경을 침공한 데 이어 이듬해 고구리가 백제를 침공하자 임금이 백제에 구원병을 파견했다.

임금의 재위 시에도 왜인의 침략은 여전했다. 15년(431) 왜병이 동쪽 변경의 명활성明活城을 포위하다가 물러났으며, 24년(440) 왜인들이 남쪽과 동쪽으로 쳐들어와 건방지게 약탈을 행하였다. 28년(444) 왜병이 금성을 열흘이나 포위하다가 식량이 떨어져 퇴각하자, 임금은 신하들의 권고를 무시하고 추격했으나 독산獨山 부근에서 크게 패했다.

임금의 재위 시에는 자연현상으로 인한 재앙이 자주 발생하여 식량이 부족하고 백성들이 사는 집과 농작물의 피해가 컸다. 그래서인지 임금은 농업을 장려하기 위해 13년(429) 시제矢堤란 둑을 쌓았고,

---

5 근심을 삭이는 노래.

22년(438) 소 달구지법(제작·사용)을 백성들에게 가르쳤다.

시호 눌지에는 어떤 의미가 있을까. 눌訥자에는 '말더듬거리다' 란 의미가 있고, 지祗자에는 '마침'·'다만'·'크다' 라는 의미가 있다. 이와 관련성이 있는 사건은 아무래도 하슬라의 성주가 고구리의 장수를 살해하여 고구리의 장수왕이 살해 사건을 빌미로 신라의 서쪽 변경을 침공하자, 눌지마립간이 장수왕에게 겸손한 태도로 사과하였다. 이해하기 쉽도록 설명을 덧붙여 자세히 말하면, 눌지왕은 다만 장수왕에게 말을 더듬거리는 투로 크게 사과했음을 나타낸 것이 눌지마립간이라는 시호이다.

장수왕의 남침으로 어려운 형편에 놓인 백제를 사랑하고 가엽게 여겨 구원병을 파견한
자비마립간 慈悲麻立干

┤ 제20대왕 ├

재위 기간   원년(458)~22년(479)
성   김씨
아버지   눌지마립간
어머니   김씨金氏 아노부인阿老夫人(실성왕의 딸)
왕비   김씨金氏 미사흔未斯欣의 딸

임금의 재위 시에 잦은 사건은 왜와 고구리의 침공이다. 2년(459) 왜인이 병선兵船 100여 척으로 동쪽 변경을 습격하고 왕성인 월성月城을 공격했으나 이를 잘 지켜낸 임금은 물러가는 왜적을 추격하여 크게 승리했다. 5년(462) 왜인이 활개성活開城을 공격하여 1천 명을 잡아가고, 이듬해에는 삼량성歃良城을 침범했으나 벌지伐智와 덕지德智가 이끈 신라군이 몰래 숨는 작전으로 왜인을 크게 격파했다.

왜인의 침공은 19년(476)에 이어 20년(477)에도 계속되었으나 오히려 손실을 입거나 헛수고로 그쳤다. 신라가 왜인의 침공을 자주 받은 것은, 신라인이 물 위에서의 전투에 익숙하지 못했다는 지적이 자주 보인다. 그렇다고 해서 대비를 하지 않은 것은 아니다. 10년(467) 전함戰艦을 수리하도록 명한 것이 이를 말해준다.

앞의 눌지마립간 때 고구리와의 관계가 우호 상태에서 교전 상황으로 바뀌다 보니 임금의 재위 시에 고구리와의 관계는 악화되었다. 11년(468) 고구리의 장수왕이 말갈의 군사 1만과 함께 북쪽 변경인 실직성悉直城(삼척)을 습격했다. 실직은 신라와 고구리의 동해안 경계 지점이므로 눌지마립간 때 치렀던 실직 사건의 연장선상에서 고구리의 침공을 받았지만 고구리가 실직성을 습격한 것은, 실직이 신라의 수도인 금성을 침공하기 위한 중요한 지점이기 때문이기도 하다. 신라 역시 실직의 전략적 가치를 잘 알고 있으므로 같은 해 15세 이상의 하슬라(강릉) 사람을 동원하여 이하泥河(강릉시 連谷川)에 성을 쌓았다. 실직을 방어하려면 실직 북쪽에 축성하는 것이 불가피하다.

백제의 개로왕은 나제동맹을 배경으로 15년(469) 고구리의 남쪽 지방을 침공했다. 장수왕은 63년(475) 친히 군사를 이끌고 백제를 침공했다. 이에 자비마립간은 나제동맹羅濟同盟에 따라 원군을 파견했다. 하지만 신라의 원군이 이르기 전에 이미 한성漢城이 함락되고 개로왕은 전쟁 현장에서 처형되는 슬픈 운명을 맞았다.

자비마립간은 한성의 함락과 개로왕의 더할 수 없이 슬프고 끔찍한 운명에 자극을 받아 같은 해 명활성으로 거처를 옮겨 이곳에 머물렀다. 한편 신라의 안전을 한층 강화하기 위해 전국에 성을 쌓기도 했다. 이때 만든 성들은 이후 진흥왕 때 영토를 확장하거나 이후 백제의 침공 때 한몫을 했다. 임금은 국방 강화에 힘을 기울이는 한편 재위

12년(469) 정월 금성의 방坊, 리里의 명칭을 확정하였다. 이는 금성의 행정이 기존의 부족연합 상태에서 고대국가의 형태로 바뀌었음을 보여준다.

시호 자비慈悲에는 어떤 의미가 있을까. '사랑하고 가엽게 여기다' 는 의미가 있다. 자비마립간의 치적 중에 이런 모습이 두 차례 보인다. 임금이 12년(469) 4월에, 나라 서쪽에 장마로 내와 강에 크게 불은 물, 즉 홍수로 백성들의 집이 떠내려가거나 허물어지기도 했다. 7월에 임금은 홍수로 수재를 겪은 주군州郡을 돌아다니면서 백성들의 마음을 위로하고 달랬다. 또한 18년(475) 장수왕이 친히 군사를 이끌고 백제를 침공했을 때 임금이 원군을 파견하였다.

이처럼 수재를 겪은 백성을 위로하고 달래었다거나 또한 고구리의 남침으로 어려운 처지에 놓인 백제에 원군을 파견한 것은, 그야말로 백성과 백제를 사랑하고 가엽게 여기는 임금의 자비심에서 나온 것이다.

젊고 아름다운 여인을
쓸데없이 짝으로 사귀고 보살핀
소지마립간 炤智麻立干

┌─ 제21대왕 ├─

재위 기간   원년(479)~22년(500)
성   김씨
아버지   자비마립간
어머니   김씨金氏 미사흔未斯欣의 딸
왕비   선혜부인善兮夫人(이벌찬伊伐飡 내숙乃宿의 딸)

임금은 어린 시절에도 부모를 정성으로 섬기며 겸손하고 몸을 삼가는 등 자신을 소중히 보호함으로 사람들이 모두 그를 따랐다.

임금의 재위 시에도 고구리의 잦은 침공이 있었다. 2년(480) 말갈이 북쪽 변경을 침범한 데 이어 이듬해에 호명성狐鳴城 등 7개 성을 점령한 고구리와 말갈은 미질부彌秩夫(경북 興海)까지 남하했다. 신라는 백제·가야와 연합하여 이를 막는 걸로 그치지 않고 추격하여 이하의 서쪽에서 크게 승리했다.

6년(484) 고구리가 재차 침범했으나 백제와 연합하여 모산성母山城 아래에서 쳐부수었다. 11년(489)에도 고구리가 북쪽 변경을 기습하여 과현戈峴에 이르고 호산성狐山城을 함락시켰다. 16년(494)에는 견아성犬牙城(경북 문경 서쪽)을 포위했다. 신라는 역시 백제의 도움을 받아 포위에서 풀려났다. 17년(495) 고구리가 백제의 치양성雉壤城(황해도 배천군 치악산 소재)을 포위하자, 임금은 장군 덕지德智로 하여금 군사를 거느리고 가서 구원하게 했다. 18년(496) 고구리가 우산성牛山城(충남 청양읍 소재)을 공격했으나 이하의 상류에서 격파했는데, 19년(497)에는 고구리가 우산성을 함락시켰다.

왜인의 침략은 임금의 재위 시에도 있었다. 4년(482) 왜인이 변경을 침범하면서 8년(486)과 19년(497)에도 침범했으며, 22년(500)에는 장봉진長峯鎭(부산 동래 고읍성)이 왜인에 의해 함락되었다. 고구리와 왜의 잦은 침략으로 임금은 백제, 가야와 동맹을 강화하고 여러 곳에 성을 쌓아 국방을 강화했다. 7년(485) 구벌성仇伐城을 쌓았고, 8년(486)에는 일선一善(경북 善山)의 장정 3천 명을 동원하여 삼년산성三年山城(충북 보은군 소재)과 굴산성屈山城(충북 옥천군 소재)을 고쳐 쌓았다. 10년(488)에는 도나성刀那城을 쌓았고, 12년(490)에는 비라성鄙羅城을 쌓았다. 15년(493)에 백제의 동성왕이 사신을 통해 혼인을 청하자, 이벌찬 비지比智의 딸을 보내 동맹이 단단하고 튼튼해졌다. 왜적의 침공을 대비하여 임해진臨海鎭(경남 창녕시 소재)과 장령진長嶺鎭을 설치했다.

임금은 고구리와 왜의 침공에 적극적으로 대처하면서 행정체제를 정비하고 민생문제를 소홀히 하지 않았다. 9년(487)에는 사방에 벼슬아치가 여행하거나 부임할 때 말을 공급하는 장소를 두고 역말을 바꿔 타고 통하는 길을 수리했다. 12년(490) 금성에 처음 시장을 열어 사방의 물품이 지장 없이 유통되었다. 19년(497) 여러 관리에게 명해

지방관으로서의 자질이 있는 사람을 한 명씩 천거하게 했다.

임금은 직접 각 지역을 돌아다니며 민생문제를 주의 깊게 살폈다. 2년(480) 가뭄으로 굶주린 백성들에게 창고를 열어 곡식을 내주고, 3년(481) 비열성卑列城에 행차하여 군사들을 불쌍하게 여겨 어루만지며 전투복을 내렸다. 5년(483) 일선군에 행차하여 재앙으로 피해를 보게 된 백성들에게 곡식을 내리는 등 위문하고, 10년(488)에도 일선군에 행차하여 늙은 홀아비·과부·고아·자식 없는 노인에게 차등 있게 곡식을 내리고 중죄인 이외 죄인의 형벌을 면제하였다.

11년(489) 놀고먹는 백성을 권하여 농사일을 짓게 했으며, 14년(492) 가뭄이 들자, 그 책임이 자신에게 있다 하여 평상시에 먹는 음식을 줄였다. 18년(496) 임금은 남쪽 교외에 행차하여 곡식을 주의 깊게 살폈다.

당시 신라인은 임금을 성인聖人, 즉 지혜와 덕이 매우 뛰어나 길이 우러러 본받을 만한 사람으로 여기고 있었다. 그러면 그의 시호에 그런 면모가 있을까. 시호의 소炤자에는 '환히 보이다'의 의미가 있고, 지知자에는 '배우자'·'짝'이란 의미가 있다. 소지를 비처毗處라고도 하는데, 비毗자에는 '쓸모없이 되다'란 의미가 있고, 처處자에는 '사귀다'·'보살피다'·'차지하다'의 의미가 있다. 소지炤知와 비처毗處의 의미에 부합되는 사건으로 어떤 것이 있을까.

22년(500) 임금이 행차한 날이군捺已郡에 열여섯 살 된 벽화碧花라는 이름의 미인이 있었다. 아버지 파로波路는 딸에게 아름답고 화려한 옷을 입혀 수레에 태워 얇고 성기게 짠 무늬 없는 비단을 덮어서 임금에게 바쳤다. 임금은 선물로 보낸 음식이라 생각하고 이를 열어 보니 탐이 나는 어린 계집아이이므로 이상야릇하게 여겨 거두지 않았다. 궁궐로 돌아온 임금은 그리워하는 생각을 다스릴 수 없어 여러 번 남루한 옷을 입고 남몰래 다니다가 그 집에 가서 사랑을 나누고 즐겼다.

돌아오는 길에 고타군古陀郡[6]을 지나다가 어느 할멈의 집에 묵게 된 임금은 할멈에게 묻기를, "지금 세상 사람들이 나라 임금을 어떤 임금이라고 생각하느냐?"고 했다. 할멈이 대답하기를, "많은 사람들은 성인이라 여기고 있지만 저만은 믿지 않습니다. 왜냐하면 듣자오니, 임금께서는 날이란 곳의 여인을 사랑하고 여러 번 남의 눈을 피하려 남루한 옷차림을 하고 왔다 하니, 무릇 용이 물고기 복장을 하면 고기잡이에게 잡힙니다. 지금 임금이 임금의 자리에 있으면서 스스로 조심스럽지 않으시니, 이러고서도 성인된다면 누군들 성인이 아니겠습니까."라고 했다.

임금은 이 말을 듣고 크게 수치스럽게 여겨 몰래 그 여인을 맞아들여 다른 방에 두어 아들 한 명을 낳기에 이르렀다.

소지炤知와 비처毗處를 하나로 묶어 그 의미를 찾아보면 '짝으로 환히 보여 사귀다'·'쓸데없이 사귀어 차지하고 보살피다'라고 할 수 있다. 임금이 남긴 치적을 근거로 하면 성인이라는 평가를 받을 수 있다. 헌데 그의 시호에는 나라 발전에 이바지한 모습이 시호를 정하는데 전혀 반영되지 않고 쓸데없이 한 아름다운 여인을 그리워하더니 차지하여 보살펴주었다는 것이 시호로 나타났다. 이는 무엇을 말하는 걸까. 결국 잠깐 임금의 부도덕한 행위가 성인으로서의 면모를 덮어버렸다는 것이다.

---

6 경상북도 안동군으로 비정.

지혜를 깨달아 알린
지증마립간 智證麻立干

┤ 제22대왕 ├

재위 기간	원년(500)~15년(514)
성	김씨
이름	지대로智大路 · 지도로智度路 · 지철로智哲老
증조부	내물마립간
할아버지	김복호金卜好 갈문왕葛文王
아버지	김습보金習寶 갈문왕葛文王
어머니	김씨金氏 조생부인鳥生夫人(눌지마립간訥祇麻立干의 딸)
왕비	박씨朴氏 연제부인延帝夫人(이찬伊湌 박등흔朴登欣의 딸)
아들	법흥왕法興王(장남)·입종갈문왕立宗葛文王(차남)·진종전군眞宗殿君(삼남)
손자	진흥왕眞興王(526~576)

임금은 몸이 썩 크며 겁이 없고 용감한 기운이 보통 사람보다 뛰어났다. 소지마립간이 아들 없이 사망하는 바람에 6촌간인 지대로가 64세에 임금의 자리를 이었다.

신라는 율령제에 의한 통치가 고구리나 백제보다 뒤졌으나 지증마립간·법흥왕 때 개혁의 추진 속도가 빠르게 진행되어 두 나라의 통치 체제를 따라잡을 정도였다. 지증마립간 이전까지 고구리의 남진 정책으로 전쟁이 해마다 일어나다 보니 국내 정치를 개혁할 여유가 없었으나 지증마립간 때에는 전쟁이 일어나지 않아 국내 정치 개혁에 힘쓰게 되었다. 지증마립간과 아들 법흥왕은 국내 정치 개혁·국력 증강·왕권 강화에 힘을 기울여 진흥왕의 영토 확장이 순조로워 큰 성과를 보게 되었다.

지증마립간은 즉위 시에 나이가 많아 치적의 대부분은 태자가 국정을 주동적으로 이끈듯하다는 평가가 있다. 태자가 즉위하면서 이룬 많은 치적은 국정에 참여하여 경험한 것이 토대가 되었을 것이다.

지증마립간이 국정 초기에 개혁한 것은 3년(502) 순장殉葬[7]을 금지시킨 것이다. 역사상 순장은 꽤 오래 관습처럼 행해져 왔다. 농경 민족을 비롯하여 유목 민족과 수렵 민족에게서도 나타나는 순장의 공통점은 임금과 피순장자의 신분 관계가 엄격하다는 것이다. 신라 사회에서도 신분제가 엄격하여 순장이 행해져왔다. 이런 신라에서 순장을 금지시킬 수 있는 것은 국가 권력이 아니고서는 할 수 없다. 지증마립간 이전까지 순장의 형태를 보면, 임금이 사망하면 남녀 각기 5명이 따라서 죽는다. 왜 순장을 금지시켰는지 이유는 분명하지 않다. 지증마립간이 지혜와 슬기가 있는 통치자이므로 그 지혜에 따라 순장을 금지시킨 듯하다. 순장의 금지는 엄격한 신분제를 반대한다는 것과는 거리가 멀다. 관습처럼 굳어져 행해져온 순장을 금지시키는 일은 임금의 타고난 지혜가 아니고서는 할 수 없다. 동아시아에서 순장이 오래 행해져온 지역은 만주 땅이며 여기서 일어난 청나라 때 순장이 금지되었다. 결국 신라의 순장 금지는 지증마립간의 남다

---

7 지배층에 속하는 사람이 죽으면 가까웠던 사람을 강제로 묻는 일.

른 지혜의 결과이다.

3년(502) 지증마립간은 주군州郡에 명해 농사를 권장하고 처음으로 소를 밭갈이에 사용케 했다. 우경牛耕 권장은 개척되지 않은 황무지를 대규모로 개간하여 농업 생산력을 크게 늘리기 위함이다. 지증마립간 이전에는 자연현상으로 빚어진 재앙으로 굶주린 백성들이 많았으나 지증왕 때에는 7년(506)에 가뭄으로 인한 굶주린 백성을 구제했다는 기록 밖에 없다. 이는 우경으로 개척되지 않은 황무지가 대규모로 개간된 것과 관련이 있어 보인다.

지증마립간의 남다른 지혜에 따라 5년(504) 상복법喪服法이 제정 반포되었다. 사람이 태어나 일평생을 살면서 거치는 것이 있다. 관혼상제冠婚喪祭가 그것이다. 나라마다 민족마다 풍속이 다르듯이 장례와 상복도 그러했다. 특히 왕권이 강화되기 이전에 더욱 그러했다. 동아시아의 경우 불교국가에서는 장례와 상복을 불교식으로 하듯이 유교국가는 유교식으로 했다. 신라의 경우는 어떠했을까. 유교문화가 일찍 들어왔으나 장례와 상복은 유교식으로 자리가 잡혀지지 않은 듯하다. 그러다가 『북사北史』동이전 신라조에 의하면, 신라는 지증마립간 때 상복법을 제정하여 반포했는데 임금, 부모, 처자의 상에 모두 상복을 1년 동안 입게 했다.

그러면 왜 상복을 입는 것을 법으로 제정하여 알리려 했을까. 상복의 제정 반포는 왕권 강화에 한 축이 되기 때문이다. 중앙집권제 하에서는 과거의 풍속, 관습이 모두 바뀌어야 한다. 그래서 지증마립간 때 상복법의 제정 반포가 있었던 것이다.

임금의 지혜로 얼음을 저장케 하고 선박의 이로움을 법으로 정했다. 6년(505) 임금은 관계 기관에서 얼음을 쌓아 저장케 했다. 저장된 얼음을 이용할 수 있는 곳은 왕실과 관청으로 제한되었을 것이다. 얼음을 사용함으로써 여름에 음식물의 장기 보관이 가능해져 건강 유지에 큰 도움이 되었을 것이며 식생활이 획기적으로 개선되는 결과를 보게 되었음은 물론이다.

또한 임금은 선박 사용에 따른 이로움을 밝혀 정했다. 이때의 선박은 주즙舟楫으로 구분되었는데 주舟는 사람이 타는 배이며, 즙楫은 물건을 싣는 삿대 배를 말한다. 타는 배와 물건을 싣는 배의 이로움이 정해짐으로써 수운水運[8] · 해운海運[9]과 항해술의 발달이 촉진되었다.

13년(512) 실직주悉直州 군주에서 하슬라何瑟羅 군주가 된 김이사부金異斯夫가 우산국于山國을 점령하기 위하여 나무로 깎아 만든 사자의 형상을 배에 실어 보여줌으로써 우산국의 항복을 받아냈다. 이사부가 이끄는 수군이 바다를 건너 우산국에 도달할 수 있었던 것은, 7년 전에 주즙을 이용하여 얻어지는 이점을 정한 결과이다. 우산국을 차지함으로써 신라의 해양 영토가 넓어졌다.

임금의 지혜로 10년(509) 금성 동쪽에 시장이 설치되었다. 금성에 처음 시장이 열린 것은 소지마립간 12년(490)이다. 이때의 시장 규모는 그다지 크지 않은 듯하다. 하지만 얼음 사용으로 물건의 장기 보관이 가능해짐에 따라 인구가 증가했을 것이다. 그러면 시장의 규모가 커지게 마련이다. 기존의 시장이 인구의 증가에 따른 수요를 채울 수 없으므로 큰 규모의 시장이 설치될 수밖에 없다. 지증마립간 때 생긴

---

8 강을 통해 배로 실어 나름.
9 바다를 통해 배로 실어 나름.

시장은 수도인 금성(경주) 내의 동쪽 시장東市이 아니고 금성의 동쪽 외곽에 설치된 대규모의 시장을 말하는 걸로 본다. 소지마립간 때의 첫 시장은 소규모이므로 처음 시장을 열었다고 표현했으나 열린 장소가 나와 있지 않다. 지증왕 때의 시장은 규모가 크기 때문에 설치했다 하고 설치된 장소가 밝혀져 있다. 지금 서울의 경우 동네마다 소규모의 시장이 있고, 서울의 동쪽 외곽에는 가락시장이라는 대규모의 시장이 있듯이 지증마립간 때 설치된 시장은 가락시장처럼 이해해야 할 것이다.

금성의 외곽 동쪽에 큰 시장이 설치된 같은 해에 맹수로 인한 인명 피해를 막기 위해 맹수를 잡는 함정을 팠다. 인구의 증가로 대규모의 시장이 설치되고 인구가 늘면 맹수로 인한 인명 손실 등 피해가 늘어나기 마련이다. 신라의 경우 호랑이가 궁궐까지 들어왔다는 기록이 자주 보인다. 그러면 맹수의 숫자가 많았다는 것이다. 이로 인한 피해를 보는 것은 거의 백성이었을 것이다. 큰 시장이 설치된 같은 해에 맹수를 잡는 함정을 팠다는 것은 인구가 크게 증가했음을 말한다.

피해를 사전에 막으려면 맹수를 잡는 것도 방법의 하나이지만 위험이 따른다. 피해를 사고 없이 미리 막으려면 함정을 파놓는 것이 가장 안전하다. 맹수가 자주 드나드는 땅바닥에 구덩이를 파놓고 그 위에 약한 너스레(막대기)를 얹어놓은 구덩이(허벙다리)를 만들어 맹수를 잡는다. 신라의 경우도 이런 방법으로 맹수를 잡았을 것이다. 맹수로 인한 인명의 손실은 인구와 생산력의 감소로 이어질 수 있으므로, 지증마립간은 함정을 만들어 맹수의 숫자를 줄임으로써 인구의 손실 피해를 막아보려고 했던 것이다. 개척되지 않은 황무지의 개간을 권장한 마당에 생산 인구의 감소는 농업 생산력을 크게 떨어뜨릴 수 있다.

15년(514) 임금이 사망하자 시호를 지증이라고 했는데, 신라에서 시호를 격식에 맞게 쓰는 법은 이때에 시작되었다. 지증이라는 시호는 의미상 지나적인 것이며 그 이전의 시호는 신라적인 것이다. 지증마립간의 경우 시호와 이름의 첫 글자가 지智이다. 지智자에는 '슬기'·'지혜'의 의미가 있고, 증證자에는 '알리다'·'깨닫다'의 의미가 있다. 이름자인 대大자에는 '크다'는 의미, 로路자에는 '드러내다'의 의미, 도度자에는 '깨닫다'의 의미, 철哲자에는 '슬기롭다'의 의미, 노老자에는 '노련하다'의 의미가 있다.

> 지증智證은 '지혜를 깨달아 알리다'의 의미이고,
> 지대로智大路는 '지혜를 크게 드러내다'의 의미이며,
> 지도로智度路는 '지혜를 깨달아 드러내다'의 의미이고,
> 지철로智哲老는 '지혜가 노련하다'의 의미이다.

지나식의 지증왕이란 시호에는 '지혜를 깨달아 알린 임금'이란 의미가 담겨져 있다. 김부식은 마립간이란 신라식 시호 문제에 대해 논평의 글을 남겼다.

> "신라의 임금으로 거서간이라고 부른 이가 한 사람, 차차웅이라고 부른 이가 한 사람, 이사금이라고 부른 이가 열 사람, 마립간이라고 부른 이가 네 사람이다. 신라 말기의 이름난 유학자인 최치원은 『제왕연대

력帝王年代曆』에서 모두를 왕이라 부르고 거서간 등으로 말하지 않았다. 혹시 그 말의 문화 수준이 낮고 떨어져 부를 만한 것이 못된다고 여겨서일까. 『좌전』과 『한서』는 중국의 역사책인데도 오히려 초楚나라의 말 누오도곡於菟(누는 젖이며, 오도는 범에게 젖을 먹인다)와 흉노의 말 탱리고도撑犁弧塗(흉노족의 임금인 單于) 등을 그대로 보존하였으니, 이제 신라의 사실을 기록함에 있어 그 방언을 보존하는 것이 또한 마땅하다."

최치원은 신라식의 시호를 지나식의 시호로 바꾸었으나 『삼국사기』 편찬자는 신라의 고유한 말을 그대로 보존하여 시호를 신라식으로 하였다. 지증마립간은 이름의 의미대로 슬기롭게 나라를 통치하여 시호에 그대로 반영되었다. 최치원이 『삼국사기』를 편찬했다면, 신라 임금의 시호는 어떻게 표현되었을까. 거서간 · 차차웅 · 이사금 · 마립간이란 신라식의 시호는 모두 지나식의 왕王자로 고쳐졌을 것이 분명하다.

최치원은 당나라에 오래 머물러 공부를 해서 지나식의 시호에 젖어 있었다. 반면 『삼국사기』의 편찬자는 역사의 보존 가치를 매우 중시하여 신라식의 시호를 보존하는데 머뭇거리지 않았다. 이와 관련하여 지증마립간 당시의 신하들은 국호 · 시호 · 존호尊號에 대해 어떤 입장을 취했을까. 이 문제에 대해 지증왕 4년(503) 신하들이 지증마립간에게 올린 말이 있다.

"시조가 나라를 세웠으나 나라의 이름을 아직 정하지 않아 사라斯羅, 혹은 사로斯盧라 부르고, 혹은 신라新羅라고 했습니다. 신들은 신新이란 덕업德業이 나날이 새로워지며, 라羅란 사방을 망라한다는 뜻이므로, 이를 나라 이름으로 하는 것이 마땅합니다. 예로부터 나라를 가진 이는 모두 황제라 부르고 왕이라 불렀는데, 우리 시조가 나라를 세우고부터 지금에 이르기 22대인데, 다만 신라 말로 부르고 아직 존호尊號를 바로잡지 않았습니다. 지금 여러 신하들은 한뜻으로 삼가 신라 국왕이라는 존호를 올립니다."

사라·사로는 순수한 신라 말이며, 신라는 발음상 이와 유사하지만 의미가 담겨져 있다. 신라新羅는 덕업일신德業日新 사방망라四方網羅의 줄인 말이다. 풀어보면 '크게 부여된 과업이 나날이 새로워지며 동서남북의 사방이 널리 빠짐없이 모두 포함된다.'는 것이다.

존호란, 왕과 왕비의 덕을 기린다는 의미로 올리는 칭호이다. 지증마립간은 여러 신하들의 말을 받아들였다. 그러다 보니 신라란 나라 이름이 이때 정해진 걸로 알려져 있다. 신라란 말은 기림이사금 때에도 불린 적이 있다. 이때의 신라란 나라 이름은 의미가 담겨진 것이라기보다 사라나 사로의 발음과 유사한 걸로 보는 것이 옳다. 신라란 나라 이름에서 분명히 나타나고 있는 것은 나라를 나날이 새롭게 할 것이며, 신라가 빠짐없이 사방을 아우를 것이라고 하여 국가 경영의 목표가 나타나고 있다는 것이다. 삼국통일이 이루어진 것은 국가 경영의 목표가 최종적으로 달성되었음을 말해준다.

불교의 진리에 깊이 빠져 부처의 가르침을 일으키기를 기뻐한 법흥왕法興王

┤제23대왕├

재위 기간	원년(514)~27년(540)
성	김씨
이름	원종原宗
아버지	지증왕
어머니	박씨朴氏 연제부인延帝夫人
왕비	박씨朴氏 보도부인保刀夫人

지증왕의 맏아들인 원종元宗은 키가 일곱 자이며, 너그럽고 덕이 두둑하며 사람들을 사랑했다.

임금은 개혁 정치를 계승하여 중앙집권적인 고대국가로서의 틀을 만들려 하여 4년(517) 병부兵部를 설치하였다. 임금은 직접 군사권을 휘어잡기 위하여 종전에 군사권을 휘어잡은 장군의 직을 거두어들여 다시 편성한 것이다.

왕권의 강화를 위해 7년(520) 율령을 세상에 널리 퍼뜨려 알게 하고 모든 벼슬아치의 제복을 정하였다. 율령이란 말 자체는 지나적인 표현이다. 따라서 내용도 지나적일 수밖에 없다. 임금이 그런 법률을 퍼뜨린 것은 지나적인 전제 왕권 국가를 목표로 하고 있음을 말한다. 법률을 통해 왕권의 강화가 추진될 수 있는 기반이 마련되어 수상 같은 상대등이 정무를 주관했다. 이의 첫 인물은 이찬伊飡 철부哲夫이다.

권력을 강화하고 체제를 정비한 임금은 영토 확장을 적극 추진하였다. 9년(522) 백제의 압박을 받은 가야의 임금은 신라에 사신을 보내 청혼을 하자, 임금은 이를 받아들여 이찬 비조부比助夫의 누이동생을 보내 동맹관계를 맺었다.

11년(524) 임금은 남진정책을 적극 추진하여 남쪽 변경을 돌아다니고 영토를 넓혔다. 이때 가야국의 임금이 와서 만났는데 가야가 항복하는 문제가 나온 듯하다. 19년(532) 금관국의 임금 김구해金仇亥가 왕비, 세 아들과 함께 신라에 항복하여 합쳐지게 되어 본국을 식읍食邑[10]으로 주었다.

신라가 본 가야국을 합침으로써 남해안의 정치, 문화, 교통, 군사의 핵심이 되는 김해를 거점으로 가야의 여러 나라를 압박할 수 있게 되었다. 왕권 강화와 영토 확장에 따라 국력이 늘어남으로 신라는 536년(법흥왕 23) 처음 건원建元이란 연호를 제정했다. 이후의 역대 왕들은 이를 그대로 행하여 시대 상황에 어울리는 연호를 제정하였다. 지나와 이웃한 국가가 지나의 연호를 받아들이지 않고 스스로 연호를 제정한 것은 어떤 의미가 있을까. 지나와 대등한 국가임을 스스로 깨달았다는데 의미를 줄 수 있다.

---

10 왕족, 공신, 대신에게 공로에 대한 특별 보상으로 주는 영지領地. 그 지역의 조세를 받아먹게 하고 봉작封爵과 함께 대대로 상속되었다.

지나의 위진남북조魏晉南北朝 시대 북조에 치중한 외교노선이 8년(521)에 바뀌어 남조인 양梁나라에 사신을 보냈다. 사신 파견은 지리상 백제의 협조 하에 이루어진 듯하다. 이때 양나라의 승려 원표元表가 신라 왕실에 불교를 전해주었다. 이를 계기로 임금은 불교를 받아들이게 되었다.

신라에 불교가 처음 알려진 것은 파사이사금 때이며 그 후 4세기 말 5세기 초 눌지마립간, 소지마립간 때 묵호자墨胡子라는 별칭으로 알려진 고구리의 아도阿道가 신라의 일선군一善郡에 있는 모례毛禮의 집에 숨어살면서 불교를 전했다. 귀족들은 백성들에게 전파된 불교는 건전하지 못하고 요사스러운 종교라고 비난하였으나 왕실에까지 알려지게 되었다. 임금은 불교를 일으키려 했으나 신하들의 반대로 망설이다가 이차돈의 순교로 신하들의 반대가 수그러져 공인을 보게 되었다.

국가 종교로 수용된 불교는 왕권 중심의 고대 국가로 발전하는데 이념의 바탕이 되었다. 임금은 불교에 심취하여 16년(529) 살생을 금지하고 법공法空 또는 법운이란 법명을 가졌다. 재위 27년 만에 사망하자, 시호를 법흥왕이라 하고 애공사哀公寺 북쪽에 장사를 지냈다.

법흥法興이란 시호에는 어떤 의미가 있을까. 법法자에는 '불교의 진리'라는 의미가 있고, 흥興자에는 '일으키다'·'시작하다'·'창성하다'·'유행하다'·'기뻐하다'라는 의미가 있다. 임금이 일으킨 불교의 진리가 전파되어 임금을 포함한 신라인들이 기뻐했다는 것을 나타낸 것이 법흥이란 시호이다.

그리고 이름 원종原宗에는 어떤 의미가 있을까. 원原자에는 '근본을 추구하다'·'찾다'·'원래'라는 의미가 있고, 종宗자에는 '역시'·'근원'·'근본'이란 의미가 있다. 법흥왕이 불교의 진리에 심취하고 부처의 가르침을 일으킨 만큼 사람이 원래 찾아야 할 근본 문제를 추구했다고 할 수 있다.

참으로 나라를 대내외적으로
일으키고 잘 다스린
진흥왕眞興王

┤제24대왕├

재위 기간	원년(540)~37년(576)
성	김씨
이름	삼맥종彡麥宗 · 심맥부深麥夫
법호	법운法雲
아버지	입종立宗(법흥왕의 아우)
어머니	김씨金氏(법흥왕의 딸)
왕비	박씨朴氏 사도부인思道夫人

  삼맥종이 540년(법흥왕 27) 큰아버지이면서 외할아버지인 법흥왕이 아들 없이 사망하자 임금의 자리에 올랐다. 당시 17세이므로 태후가 임금을 대신하여 나라를 다스렸다. 임금이 직접 나라의 정사를 돌본 것은, 이전의 건원이란 연호가 개국開國으로 고쳐진 551년(진흥왕 12)인듯하다. 직접 정사를 돌보면서 영토 확장을 적극적으로 밀고 나갔다.

  임금이 직접 나라의 정사를 돌보기 1년 전인 11년(550) 백제와 고구리가 도살성道薩城과 금현성錦峴城에서 서로 공격하고 방어하는 싸움으로 피로한 틈을 타서, 임금은 이사부異斯夫로 하여금 점령케 했다. 임금은 이를 발판으로 백제의 성왕聖王과 연합하여 고구리의 한강 유역을 침공하였다. 이로써 백제가 한강 하류지역을 탈환했다. 한편 임금은 한강의 상류지역인 죽령 이북의 10개 군을 고구리로부터 빼앗았다.

14년(553) 임금은 백제가 차지하고 있는 한강의 하류지역이 전략적으로 중요하다는 판단에 따라 동맹국인 백제를 공격해 이를 차지하였다. 이로써 신라는 한강유역을 모두 휘어잡게 되었다. 이 지역에 신주新州를 설치하고 아찬 김무력金武力을 첫 군주로 삼았다. 백제의 반응은 어떠했을까. 성왕은 554년(진흥왕 15) 대가야와 연합해 신라를 공격하여 치룬 관산성管山城 싸움에서 김무력에게 붙잡혀 살해되고 백제군은 모조리 전사하였다.

한강을 점령한 의미는 무엇일까. 노동력과 물적 자원을 확보한 것 말고도 지나와의 해상 교통로가 열리게 되었다. 신라는 564년(진흥왕 25) 이래 거의 해마다 남조의 진陳나라와 북조의 제齊나라에 사신을 보내 외교관계를 맺었다. 임금은 법흥왕의 가야 침공을 그대로 행하여 낙동강 유역까지 침공하기 시작하여 555년(진흥왕 16) 비사벌比斯伐(경남 창녕)에 완산주完山州의 설치를 보게 되었다.

562년(진흥왕 23) 백제가 신라의 백성들이 사는 집을 침략함으로써 빚어진 싸움을 계기로 대가야가 신라를 배반하자 이사부가 이를 쳐서 멸했다. 이로써 신라는 가야의 여러 나라를 하나로 합쳐 낙동강 유역을 모두 차지해 진흥왕 26년(565) 대야주大耶州를 설치하여 가야 지역을 통치하는 기지로 삼은 동시에 백제를 방어하는 본거지로 삼왔다.

진흥왕의 고구리 · 백제 · 가야에 대한 적극적인 무력행사로 신라는 통일 이전 주권이 가장 크게 미치는 범위를 확보했다. 북한산 · 황초령 · 마운령 · 창녕에 소재한 4개의 순수비巡狩碑와 단양丹陽의 적성비赤城碑가 그 증거이다. 순수비의 의미는 무엇일까. 신라의 영토로 새로 편입된 지역의 민심을 안정시키고 영역의 범위를 넓혔음을 기념하려 했다는데 의미를 줄 수 있다.

임금이 영토를 크게 넓힌 것을 두고 흔히 임금을 정복군주라고 표현하고 있다. 올바른 표현일까. 역사적으로 동북아시아에서 공인을 받고 있는 첫 정복국가는 거란제국(遼나라)이다. 거란의 태조 야율아보기耶律阿保機가 발해국을 멸망시키고, 지나족의 영토를 무력으로 점령하여 통치했다. 민족이나 종족을 달리하는 국가를 무력으로 점령하여 통치한 국가가 정복왕조이고, 그런 과업을 이룬 군주가 정복군주이다. 금 · 원나라도 정복국가이다. 하지만 성공한 정복국가는 요나라뿐이다.

진흥왕을 정복군주라고 하는데, 정복군주라고 할 만한 내용이 없다. 진흥왕이 신라의 영토를 늘린 것은 사실이다. 넓혀진 곳은 고구리와 백제의 땅이다. 하지만 고구리와 백제의 백성은 신라와 같은 계열의 동족이다. 이런 점에서 신라는 정복국가가 아니고 진흥왕은 정복군주가 될 수 없다. 진흥왕을 정복군주라고 한다면 고구리와 백제의 백성이 신라와 계열이 달라야 한다. 영토를 넓혔다고 해서 그런 군주를 정복군주라고 하는데, 정복국가와 정복군주의 의미를 정확하게 살피지 않은 데서 빚어진 짧은 의견이다.

정복국가, 정복군주와 관련하여 정복이란 의미는 무엇일까. 정복은 불의의 집단이나 국가를 쳐서 복종시킨다는 말이다. 흔히 수나라와 당나라의 고구리 침공을 고구리 원정 또는 정복이라고 표현하고 있다. 이 말을 그대로 인용하면, 수와 당나라의 입장에서는 고구리가 정의에 어긋난 국가이겠지만, 우리의 입장에서는 이런 표현이 옳지 않다. 후손인 우리가 고구리를 정의에 어긋난 국가라고 인정하는 것이기 때문이다.

수와 당나라는 오로지 영토를 넓히려는 땅 욕심에서 고구리를 침공한 것이다. 남의 땅을 뺏는 것을 옳다고 볼 사람은 없을 것이다. 정복국가, 정복군주라는 말이 걸러지지 않고 함부로 쓰이고 있다. 역사용어를 함부로 쓰는 것은 기존의 잘못된 용어의 의미를 신중히 살피지 않고 그대로 행한 데서 빚어진 것이다. 수와 당나라의 고구리 침공을 부정적 입장에서 본다는 본래 취지가 오히려 뒤집혀 고구리 침공을 두둔하거나 인정하는 결과가 빚어졌다.

수와 당나라가 고구리를 침공한 것은, 고구리 사람들이 잘 개간한 요동지방의 땅을 차지하려는 데서 계획된 것이다. 이것 외에 또 다른 침공의 배경이 있다. 고구리가 수와 당나라의 자존적인 중화사관中華史觀(華夷史觀)을 따랐다면 침공을 받지 않았을 수도 있다. 고구리가 거부함으로써 결국 침공을 받기에 이르렀다.

고구리 침공에서 큰 성과를 거두지 못하자, 당나라의 태종은 연개소문의 영류왕 시해弑害 사건을 최대한 침공하는 구실로 이용했다. 당태종은 실패를 거듭한 침공을 성공으로 이끌기 위하여 갖다 붙인 것이 시해사건이다. 연개소문이 영류왕을 시해한 것은, 임금의 당나라에 대한 강경책을 누그러뜨리기 위한 의도적인 행위로 위태로운 나라를 구하는 입장에서 취해진 것이다.

이 시해 사건을 순수한 입장 또는 당나라의 입장에서 보면 누구나 연개소문을 비난하게 되어 있다. 당태종은 이의 대표적인 인물이다. 결과적으로 당태종은 시해 사건을 이용했으나 침공은 성공하지 못했다. 당태종이 고구리를 멸망시켰다고 하더라도 고구리는 정의에 어긋난 집단이 될 수 없다.

진흥왕의 국정 운영에서 큰 부분을 차지하고 있는 것은 불교 관련 내용이다. 법흥왕 때 부처의 가르침이 담겨진 불교를 적극 지원하여 5년(544) 불교 사찰에서 으뜸을 차지하는 흥륜사興輪寺를 건립하고 남녀가 집을 떠나 부처를 받드는 것을 허락했다. 이로써 남자와 여자가 집을 떠나 승려가 되어 부처를 받드는 것이 국법으로 인정을 받았다. 집을 떠나 승려가 된 사람들이 머무는 장소가 사찰이므로 흥륜사의 건립은 반드시 공인 이전에 완공되어야 한다.

불교에 독실한 임금은 선진 불교를 받아들이기 위해 집을 떠나는 것을 허용하여 배출된 승려 각덕覺德을 지나의 양나라에 보냈는데 신라 최초의 유학 승려인 듯하다. 그는 10년(549) 귀국할 때 부처의 사리를 갖고 들어왔는데, 임금은 모든 관리를 동원하여 흥륜사의 앞길에서 맞이하게 했다. 짐작컨대, 그는 승려가 되기 위하여 집을 떠나도록 한 조치로 4~5년 만에 배출된 승려들 중의 한 사람인 듯하다.

26년(565) 신라의 사신 유사劉思가 지나의 진陳나라 승려 명관明觀과 함께 불교의 경론經論[11] 1,700여 권을 갖고 들어왔다. 사리舍利는

---

11 부처가 말한 것을 적은 경經과 이를 해석한 논論.

신라 불교의 형식적인 것이며, 경론은 정신적인 것에 해당된다. 사리와 경론이 들어옴으로써 일단 신라의 불교는 기본적인 형태를 갖추게 되었다고 할 수 있다. 신라에서 계속되어야 하는 것은 사찰의 건립이다. 이에 따라 14년(553) 월성 동쪽에 궁궐을 짓는데 황룡이 나타나자 궁궐을 고쳐 절로 하여 27년(566) 황룡사라는 절이 완공되었다. 35년(574) 신라에서 가장 큰 황룡사에 가장 큰 장육상丈六像이 봉안되었다. 황룡사가 완공된 같은 해에 기원사祇園寺와 실제사實際寺가 완공되었다.

기원정사는 어떤 사찰인가. 기원급고독원정사祇園給孤獨園精舍의 줄인 명칭이다. 기원祇園은 인도의 마갈타국摩竭陀國의 기타태자祇陀太子가 소유한 동산이며, 수달장자須達長者[12]가 이 동산을 사서 이곳에 석가모니를 위해 기원정사祇園精舍를 세웠다. 그는 자비와 선을 베풀기를 좋아하여 종종 외롭고 쓸쓸한 이들에게 먹을 것을 베풀어 주어서 이런 별칭을 얻었으며, 왕사성王舍城에서 석가여래의 설법을 듣고 크게 감동하여 석가여래를 자기 나라로 초청했다. 그리고 기타태자의 정원을 사서 기원정사를 세워 석가여래에게 바쳐 설법하는 장소로 쓰게 했다.

진흥왕 27년(566)에 세워진 기원정사는 바로 인도의 기원정사와 같다. 기원사의 건립을 통해 진흥왕의 불교에 대한 관심이 어느 지경에 이르렀는지 충분히 알 수 있다.

---

12 수달은 코살라국憍薩羅國의 사위성舍衛城의 부유한 상인 수달다須達多의 별칭이다. 장자長者는 덕행이 뛰어나고 나이가 지긋한 사람의 존칭 또는 부호富豪, 자산가를 이른다.

실제사는 어떤 사찰인지 알려진 것이 없다. 진흥왕이 그리워하여 생각했던 것은 석가여래가 직접 설법한 그런 사찰을 세워 이를 통해 석가여래가 설법했듯이 불교의 본질적인 부분을 온 나라에 펼치려고 했던 것이다. 자세히 말하면, 진흥왕은 신라를 불국토의 나라로 만들어보려는 강한 의지를 갖고 있었다. 기원사가 이런 사찰이므로 동시에 건립된 실제사도 그 비중이 기원사에 떨어지지 않았을 것이다.

기원사의 창립과 관련하여 살펴야 할 것은 흥륜사이다. 집을 떠나가는 것을 허락함으로써 배출된 승려들이 거처했을 사찰이 흥륜사이므로 가볍게 다룰 문제가 아니다. 흥륜의 륜輪이 무엇을 의미하는지 살펴야 흥륜이 무엇인지 알 수 있게 된다. 이를 논함에 있어 몇 가지 알아보아야 할 것이 있다. 전륜성왕轉輪聖王·7보七寶·사륜四輪·수미산須彌山이 그것이다. 불교의 우주관에 의하면, 전륜성왕은 수미산 둘레의 네 천하, 곧 네 주(四洲)의 세계를 바른 법칙으로 다스려 이상국가를 실현하려 하였다.

수미산은 어떤 산일까. 불교의 우주관에 따르면, 세계의 중심에 솟아 있다고 하는 상상의 산이다. 이런 거대한 산 주위의 땅을 전륜성왕은 어떤 방법으로 다스렸을까. 통솔 방법은 일곱 가지의 7보七寶, 즉 윤보輪寶, 상보象寶, 마보馬寶, 여의주보如意珠寶, 여보女寶, 장보將寶, 주장보主藏寶이다.

흥륜사의 흥륜은 윤보와 밀접한 관련이 있다. 전륜왕이 적을 쳐부수고 사방을 정복할 때 쓰는 수레가 금륜金輪·은륜銀輪·동륜銅輪·철륜鐵輪의 사륜이다. 진흥왕이 흥륜사를 건립한 것은 전륜성왕처럼 고구리와 백제를 쳐부수고자 하는데, 전륜성왕이 사용했던 네 수레바

퀴를 끌어다 사용하겠다는 의지의 표현으로 세운 것이 홍륜사이다.

진흥왕은 불교에 심취한지라 기원사를 건립한 같은 해에 왕자를 태자로 정했는데, 이름을 불교식으로 하여 동륜銅輪이라고 했다. 홍륜사를 만들어 세우고 부처가 친히 말한 것이 경이고 이를 해석한 것이 논인데, 임금은 이를 받아들임으로써 전륜성왕이 우주를 통솔하고 있다는 것을 몸소 체험하여 알게 되었다. 임금은 더 나아가 수나라에서 불법을 구한 안홍법사安弘法師와 서역승 비마라毗摩羅가 들여온 『능가승만경愣伽勝鬘經』을 접하게 되었다.

안홍법사는 누구일까. 진평왕 때 도통한 승려로서 선덕여왕의 고문 역할을 한 안함태安舍殆(579~640) 화상和尙으로도 불리며 신라의 십성十聖 중의 한 분이다.

『능가경』은 어떤 경전인가. 석가모니가 능가산楞伽山에서 대혜大慧 보살에게 말한 가르침을 모은 경전이다.

『승만경勝鬘經』은 어떤 경전인가. 여래장사상如來藏思想[13]을 드러내어 밝힌 경전이며, 승만은 부인의 이름이다. 승만 부인은 인도의 코살라 국왕 파사닉波斯匿과 왕비 말리카末利(摩利, Malika) 사이에서 태어난 왕녀로 야유타국阿踰陀國의 임금 우칭友稱과 결혼했다. 부인의 부모는 불법을 의지하고 구원을 청한 기쁨을 딸에게 알려주기 위하여 부처의 헤아릴 수 없을 만큼 많은 공덕을 칭찬하고 감탄한 내용을 서신으로 딸에게 전달했다. 부인은 무척 기뻐했으며 그런 내용을 읽는 중에 부처의 찬란한 모습을 접했으며 장차 성불成佛하리라는 것을

---

13 모든 중생이 여래의 성품을 갖추었다는 사상.

기록으로 받았다. 내용상 일반 남녀가 불교에 친근하게 접근하는데 큰 역할을 했다. 특히 재가 여성 불교도의 신앙과 행동이 서로 어긋나지 않고 들어맞게 해야 한다는 것을 알려주는 책으로서의 역할을 하였으며 신라 시대 이후 널리 보급되었다.

23년(562) 항복한 가야가 배반함으로 가야를 친 사다함은 논공행상으로 좋은 밭과 포로 2백 명을 받기를 세 번 사양했다. 임금이 억지로 받게 하여 받았으나 포로를 풀어주어 양민이 되게 했다. 이는 불교의 여래장사상이 생활의 바탕을 이루고 있었기 때문이 아닐까. 임금의 국가 구상은 미래 지향적이고 나라가 잘 다스려지기를 염원하여 『능가승만경』의 도입을 보게 되었다. 임금을 충성스럽게 보좌하는 신하를 비롯하여 훌륭한 장수와 병졸이 배출되어 세상이 잘 다스려지고 천하가 태평해지기를 염원한다는 일념에서 연호를 홍제鴻濟로 고쳤다.

임금의 큰 업적이라고 봐야 할 것이 있다. 화랑의 조직이다. 임금은 여성을 중심으로 한 기존의 원화源花를 남성 위주의 화랑으로 고쳐 편성하였다. 화랑은 진흥왕 37년(576)에 조직된 듯하지만 진흥왕 23년(562) 대가야 침공에 공을 세운 사다함斯多含이 화랑이었다는 것을 근거로 초·중기에도 존재하고 있었던 것이 아닐까 한다.

최치원이 지은 『난랑비鸞郎碑』의 서문에 3교(불교, 유교, 도교)에 의한 교화로 깊이가 있고 오묘한 도道가 생겨났는데, 이를 일러 풍류風流[14]라고 했다. 3교는 화랑뿐 아니라 일반 백성들을 가르치고 이끌어 좋은 방향으로 나아가도록 하였다. 그러다 보니 집안에서 효도하고

---

14 속된 일을 떠나 풍치가 있고 멋스럽게 놀음.

나가면 나라에 충성하였다. 이는 공자의 뜻이고, 자연 그대로 행하고, 말없이 가르치는 것은 노자가 주장한 바이며, 모든 나쁜 행동을 하지 말고 착한 일만 만들어 행하는 것은 석가모니의 가르침이다.

이처럼 화랑을 가르치고 이끌어주는데 불교를 비롯하여 유교와 도교도 포함되었음은 신라 사회에 유교와 도교가 깊이 뿌리가 박혀 있었음을 말해준다. 진흥왕 때 신라가 불교 국가라고 해서 모든 것을 전적으로 불교에 의존한 것은 아니었다.

신라에서 새로 일어난 화랑이 단체로 만들어지고 인재가 나온 것은 당나라에도 그대로 잘 알려져 있었다. 당나라의 영호징令狐澄은 『신라국기新羅國記』[15]에서 화랑의 남다른 외모에 대해 말하기를, "귀한 사람의 자제 중에 재주와 덕행이 뛰어난 사람만을 골라 분을 발라 예쁘게 화장을 하였는데, 이를 화랑이라 하고 나랏사람들은 모두 이들을 받들어 섬긴다."고 했다.

지증왕은 어린 나이에 임금의 자리에 올랐으나 불교를 한결같은 마음으로 받들었다. 말년에는 머리를 깎고 승려의 옷을 입었으며, 스스로 호를 법운法雲이라 하면서 일평생을 마쳤다. 왕비도 진흥왕을 본받아 여승이 되어 영흥사永興寺에 머물러 살았다. 왕비가 사망하자, 나랏사람들은 예를 갖추어 장사를 지냈다. 왕비까지 진흥왕을 본

---

15 768년(혜공왕 4) 당나라의 고음顧愔이 책봉사 귀숭경歸崇敬의 종사관으로 신라에 와서 보고 들은 것을 귀국한 뒤에 정리한 견문록이다. 김부식은 『삼국사기』를 편찬하면서 『신라국기』를 당나라 영호징의 저술이라고 했으나, 영호징은 『대중유사大中遺事』를 찬술하면서 『신라국기』를 인용했을 따름이다. 『신라국기』는 현재 전해지지 않으며 『삼국사기』와 『해동고승전』에 일부 인용되고 있는데 화랑제, 골품제, 망덕사望德寺에 관해서는 사료적 가치가 있다.

받은 점으로 보아 임금은 차라리 승려였다는 표현이 어울린다. 그러기에 태자의 이름이 동륜이고, 둘째 아들의 이름은 금륜이다. 임금은 승려이므로 아들의 이름도 불교식으로 지었던 것이다.

불교에서는 절대로 살생을 지켜야 할 규범으로 금지하고 있다. 헌데 진흥왕 때 신라군이 백제 군사 1천여 명을 죽이고 항복한 가야의 배반을 무력으로 진압하였으니 많은 살상이 있었을 것이다. 헌데 전쟁 시에 일어난 살상은 지켜야 할 규범에 어긋난 일이 아닐 것이다. 백제의 침입과 가야의 반란을 진압하지 않고 방치한다면 이루어내려는 국가운영에 큰 차질이 된다. 이때의 살상은 불교 계율이나 호국사상에서 벗어나는 일이 아니며 받아들여질 수 있는 조치일 것이다. 석가모니도 호국사상에 대해 언급을 한 바 있다. 따라서 이때 신라군이 적대 세력을 살상한 것은 불교의 규범으로 다룰 문제가 아니라고 본다. 임금은 싸우다 죽은 병졸들의 사후 평안을 바래어 팔관회를 베풀었다. 이때 전사한 적대 세력까지 돌보아주었다면 논리의 비약일까. 호국사상은 이후 고리, 조선시대에도 존재했다.

임금의 국정 운영에서 빼어놓을 수 없는 것이 있다. 국사國史의 편찬이다. 6년(543) 이사부異斯夫가 나라 역사의 필요성을 건의하여 대아찬 거칠부 등이 글을 하는 선비들을 모아 자료를 체계적으로 정리하여 국사책을 만들게 하였다. 화랑이 조직됨으로써 임금을 도와서 일을 처리하는 충성스런 신하가 뽑히고 훌륭한 장수와 용감한 병졸이 나왔다. 그러면 그 이전에는 착하지 않고 악을 행했을 신하들이 있어 보인다. 이를 엿보게 하는 것이 국사이다. 국사란 국정운영에서 나타나는 임금과 신하들의 나쁜 행동을 기록으로 남겨 그 시비를 후세에 보이게 하는 것이다. 사람과 국가는 영원히 계속되어야 함으로 전시대의 국정운영의 잘잘못은 반드시 가려져야 한다. 국사가 편찬되지 않는다면 후대의 사람들은 이를 알아볼 방법이 없다. 국사, 즉 나라의 역사가 이처럼 중대함을 느끼는 민족이 있지만 그렇지 않은 민족도 있다.

지나족(한족)은 역사의 필요성에서 단연 으뜸이다. 이들에게는 왜 역사가 중요했을까. 이들은 미래보다 현세의 중요성을 일찍부터 믿고 있어 시대와 왕조가 바뀔 때마다 이전 왕조의 군주와 국정운영 전반에 걸쳐 평가하였다.

지나족이 역사를 중시한 것은 현실을 긍정적으로 여긴 탓이다. 즉 이들은 자급자족의 경제생활을 하여 물질적으로 불편을 느끼지 못한 데다 기후적으로도 생활의 불편을 느끼지 못했다. 이에 비하면 인도는 사정이 다르다. 사계절의 변화가 없는 가운데서 생활을 하다 보니 생활에 의욕이 돋아나지 않아 현세를 긍정적으로 바라다보질 않았다. 이들의 유일한 관심은 종교라는 내세 문제에만 치중되었다. 그러다 보니 자국의 역사책이 편찬되거나 정리된 것이 없다. 그러면 이들의 손으로 기록된 역사가 없단 말인가. 역사적인 관점만을 내세운다면 그렇다고 할 수 있다. 하지만 부족하나마 이들의 역사가 종교서적에 단편적으로 기록되어 있다. 인도의 역사를 조금이나마 살펴야 한다면 종교서적에 기록된 것을 반드시 주목해야 한다.

종교가 발달한 인도인과 비교하면, 지나족의 역사는 지나칠 정도로 넘쳐나고 있다. 그러면 우리 민족은 이 문제에서 어떠했을까. 지나족과 경향을 같이하였다. 지나족처럼 우리 민족도 많은 역사책을 편찬했을 터이지만 남아있는 것은 극히 적다. 원인이 무엇일까. 많은 외침으로 잊어버린 탓이다. 그런 가운데 가장 오래된 역사책으로 남아 있는 것이 『삼국사기』이다. 이 책에 국사라는 말이 있다. 거칠부의 국사라는 기록을 통해 우리 민족은 역사의 소중함을 올바르게 인식하게 되었다고 할 수 있다. 거칠부에 의한 국사책의 편찬이 있기 전에는 국사의 중요성을 실제로 느끼지 못하지 않았을까. 이는 어디까지나 거칠부의 국사 편찬 기록만을 근거로 한 것이다.

한 나라의 역사가 중요하듯이 음악도 못지않게 중요하다. 현대 국가는 반드시 국가적인 행사에 국가國歌가 연주되거나 불리어지고 있다. 근대국가 이전에는 나라를 상징하는 음악이 존재하지 않았다. 하지만 국가는 없어도 음악은 나라의 입장에서 중시하는 부분의 하나였다. 지나족의 경우 새 나라가 건국되면 반드시 새로운 음악이 만들어지는 것이 관례처럼 되었다. 새로운 국가의 건국을 알리는 수단으로 이용된 것이 음악이었다. 우리 민족의 경우 지나처럼 그러했으리라고 짐작된다. 하지만 구체적인 기록은 없다. 있다고 하면 『삼국사기』의 진흥왕조에 실려 있는 우륵于勒 관련 기사가 가장 오래된 것이다. 우륵 기사가 진흥왕조에 실린 것은 진흥왕이 음악에 관심이 있기도 하겠지만, 지나의 경우처럼 신라도 국가적으로 음악의 필요성을 인정하고 있었기 때문일 것이다.

우륵은 본래 가야국의 가실왕嘉悉王 때 악사樂士이다. 가실왕은 열두 달의 소리와 음악의 가락을 본떠 12현금을 만들었는데, 이에 맞는 악곡을 우륵이 짓게 했다. 그 후 가야국에서 일어난 모종의 어려움이 발생하자, 우륵은 가야금을 갖고 제자 이문泥文과 함께 신라로 들어왔다. 진흥왕은 돌아다니다가 낭성娘城(청주)을 들렀는데, 우륵과 이문이 음악을 잘한다는 말을 전해 들었다. 임금은 이들이 하림궁河臨宮에 머무르면서 음악을 연주하게 했다. 두 사람은 각각 새로운 노래를 지어 연주했다.

우륵이 신라로 들어온 이듬해, 즉 13년(552) 임금은 계고階古, 법지法知, 만덕萬德 세 사람이 우륵에게 음악을 배우게 했다. 우륵은 우선 이들의 재능을 살펴 계고에게 거문고를, 법지에게는 노래를, 만덕에게는 춤을 가르쳤다. 임금은 이들의 연주를 듣고 전에 낭성에서 듣던 그 음악과 다름이 없다 하고는 이들에게 상을 후하게 주었다. 그러면 이들이 연주한 음악은 진흥왕만을 위한 것이었을까. 아니라고 할 수 없으나 국가가 필요로 하는 음악을 연주했을 것이라고 해도 좋을 것이다. 낭성에서 들었던 음악과 이들이 연주한 음악에서 다름이 없다는 것은, 가야의 음악이 변함없이 그대로 신라에 전해졌음을 말하지만 가야와 신라의 병합으로 두 나라의 음악이 비로소 통합되었다고 보아야 할 것이다. 이때의 음악이 신라를 상징하는 것이 아니었을까.

국가의 모습을 갖춘 진흥왕은 영토 확장으로 새로 편입된 지역을 관리하는데 소홀하지 않았다. 주州의 설치와 군주의 지방관 임명이 단행되었다. 18년(557)에 소경小京으로 편입된 국원國原(충주)의 인구를 늘리기 위해 임금의 친척 자제와 6부의 부호들을 한꺼번에 많이 이주시켰다. 이는 지방 도시의 인구 보충 내지 중앙에 집중된 경제를 지방으로 분산시킨 정책이 아닐 수 없다. 새로 편입된 지역을 지켜내는 일은 소홀히 할 수 없다. 이를 위해 새로 만들어진 돌쇠뇌와 소뇌(큰활)를 성에 배치하여 방어에 나섰다. 북쪽으로 넓혀진 영토는 신무기의 배치로 잘 방어되어 백제와 고구리가 멸망할 때까지 지켜졌다.

진흥왕은 대외적으로 많은 공적을 남겨 신라를 다시 일어나게 하였다. 이를 잘 나타낸 것이 개국開國 12년(551)·대창大昌 29년(568)·홍제弘濟 33년(572)이란 자주 독립적인 연호이다. 임금의 면모와 치적을 살펴본 결과 임금은 신라를 불국토의 국가로 만들려고 했다. 불교 이외의 모습은 여느 왕과 별반 다름이 있어 보이지 않는다. 임금이 넓힌 영토는 다른 종족의 땅이 아니고 같은 종족의 백제와 고구리의 관할 하에 있었던 땅이다.

진흥왕이란 시호에는 어떤 의미가 있을까. 진眞자에는 '참으로'라는 의미, 흥興자에는 '일으키다'·'다스리다'라는 의미가 있다. 임금의 업적에서 밝혀졌듯이 임금은 참으로 신라를 대내외적으로 일으키고 잘 다스렸다. 임금의 시호인 진흥은 치적을 잘 표현했다고 본다.

다음에는 이름의 의미에 대해 보자. 이름의 삼彡자에는 '굵은 털'·'풀이 우거진 모양'이란 의미, 맥麥자에는 '보리'·'귀리', 종宗자에는 '우두머리'란 의미가 있다. 삼맥종은 '보리처럼 길고 굵은 털이 우거진 우두머리'란 의미로 풀이할 수 있다. 또한 이름의 심深자에는 '무성하다'·'두텁다'·'짙다'·'넉넉하다'·'매우', 부夫자에는 '사내'·'남자'란 의미가 있다. 심맥부는 '보리가 무성하듯 한 사내 남자'란 의미로 풀이가 가능하다.

진흥왕의 업적은 대체적으로 그의 이름자와 꼭 들어맞는다고 할 수 있다. '우거지고 무성하다'는 것은 진흥왕 때 신라가 대내외적으로 크게 발전했음을 말한다고 본다.

참으로 총명하고 지혜로운
진지왕眞智王

┤제25대왕├

재위 기간 원년(576)~4년(579)
성   김씨
이름   사륜舍輪 · 금륜金輪
아버지   진흥왕
어머니   박씨朴氏 사도부인思道夫人
왕비   박씨朴氏 지도부인知道夫人

　　진흥왕의 맏아들인 태자 동륜銅輪이 일찍 사망하여 둘째 아들이 임금의 자리에 올랐다. 재위 기간은 4년으로 매우 짧다. 그러다 보니 남긴 치적이 없다는 견해가 나올 수 있다. 뚜렷한 치적 없이 일찍 퇴위를 당했다는 주장도 있지만 후일 삼국통일을 이끈 김춘추의 할아버지라는 점에서 평범한 임금이라고 할 수 없다.

　　그런데도 『삼국유사』에 진지왕이 임금의 자리에 오른 지 4년 만에 정치를 어지럽히고 몹시 음란하며 행실이 좋지 않아 사람들이 내몰고 독자적인 연호가 없다는 것을 이유로 단순한 임금이라는 것이다. 과연 그럴까. 연호는 다음 임금도 사용한 예가 있다. 임금이 진흥왕의 연호를 그대로 사용하였다면 독자적인 연호가 나올 수 없다. 연호가 없다는 것을 이유로 단순한 임금이라고 하는 것은 사리에 맞지 않다. 특히 정치를 어지럽혔다는 말은 『삼국사기』에 없다. 그러므로 이 부분은 그대로 믿기가 어렵다.

문제가 되는 것은 진지왕이 진흥왕의 맏아들이 아니고 둘째 아들이며, 맏아들 동륜에게는 아들(후일 진평왕眞平王)이 있는데, 어떻게 왕이 되었을까. 이 점에 대해 갈피를 잡을 수 없다. 진흥왕의 여러 신하가 거칠부의 지원으로 형인 동륜 태자의 아들 백정白淨(진평왕)을 제치고 임금이 되었다는 설이 있다. 이의 근거는 진지왕이 즉위하자 거칠부를 상대등으로 삼았다는 것이다. 그런데 진지왕의 재위 기간이 왜 짧았을까. 거칠부의 사망으로 진지왕의 정치적 기반이 무력해지자 백정을 지지하는 세력에 의해 일찍 임금의 자리에서 물러났다고 한다.

이 문제에 대해 다른 주장이 있다. 진지왕은 조카인 백정이 성장하게 되자 임금의 자리를 넘겨주게 되었다는 것이다. 다시 말해, 진지왕은 진흥왕 다음의 임금의 자리가 비어있는 동안에 잠깐 임금의 자리에 올랐다가 성장한 백정에게 임금의 자리를 넘겼다는 것이다. 이를 근거로 하면, 진지왕이 임금의 자리에 오른 것은 부당하지 않다. 이를테면, 진지왕의 즉위는 백제로부터 가해지고 있는 국가적 위기 상황에 대처하기 위한 불가피한 조치이며 진지왕이 4년이라는 짧은 재위 기간에 백제와의 전쟁, 축성 기사가 많은 것을 근거로 제시하고 있다. 진지왕은 연장자이므로 백제에 대처하기 위한 지혜라든지 판단력이 백정보다 뛰어났다고 할 수 있다.

살펴본 것을 종합해 볼 때, 진지왕이 임금의 자리에 오르고 물러난 것은 정상적으로 이루어진 것이라고 본다. 이의 근거로 제시하는 것은 그의 시호이다. 진眞자에는 '참으로'라는 의미, 지智자에는 '슬기'·'지혜'·'지혜로운 사람'·'총명한 사람'이란 의미가 있다. 재위 기간이 짧지만 신라의 국가 발전을 위해 남긴 치적이 단순하지 않으며, 조카에게 임금의 자리를 넘겨준 것은 큰 치적이라는 공통된 의견에 따라 시호가 진지로 정해졌다고 보는 것이 사리에 맞다. 진지왕은 '참으로 총명하고 지혜로운 왕'이었다.

참으로 오묘한 이치를 불교와 도교에서 찾아 밝혀 마음이 평온해진 진평왕眞平王

┤ 제26대왕 ├

재위 기간	원년(579)~54년(632)
성	김씨
이름	백정伯淨
할아버지	진흥왕
아버지	동륜銅輪(진흥왕의 태자)
어머니	김씨金氏 만호부인萬呼夫人
왕비	김씨金氏 마야부인摩耶夫人

임금은 마음이 침착하고 의지가 강하며 지혜가 밝아 사리에 통달하였다. 임금은 할아버지 진흥왕에 의해 땅이 넓어진 신라를 다져 훗날 신라의 삼국통일이란 기반을 마련하였다. 그것은 왕권 강화와 정치제도의 정비 등이다. 왕권 강화의 단면을 보여주는 것은 자신을 포함하여 왕비, 동생의 이름이 석가모니의 부모나 삼촌의 이름과 같다는 것이다. 임금과 동생들의 이름은 진흥왕이 지어준 것이지만 석가모니 대대로 이어 내려온 한 집안의 계통 사람과 이름이 같다는 것은 임금이 부처라는 '왕즉불王卽佛' 사상이 구체화된 것이다. 이를테면,

불교를 통해 나라를 강력하게 이끌어나가겠다는 의지의 표현이다. 이전에는 임금의 자리는 친자 관계로 이어져있는 계통이 없으면 직계에서 벗어나 있는 계통에서 임금이 나올 수 있었으나 진평왕은 독자적인 행동방침을 취하였다. 임금에게는 아들이 없으나 임금의 자리를 직계에서 벗어나 있는 계통에서 찾지 않아 맏딸인 덕만德萬이 받았다. 왕권이 강화되었음을 보여준다.

강화된 왕권을 배경으로 임금은 정치제도를 정비하고 나섰다. 관리의 인사를 담당하는 위화부位和府(581), 선박의 건조와 항해를 담당하는 선부서船府署(583), 조세와 특산물을 조정에 바치는 것을 담당하는 조부調府(584), 육로 운송과 교통을 담당하는 승부乘府(584), 정해진 방식에 따라 치르는 국가의 행사와 교육을 담당하는 예부禮部(586), 외교를 담당하는 영객부領客府(591), 국방을 담당하는 병부兵部(623) 등의 행정기관까지 설치되었다.

임금의 권한이 강화되는 기초를 놓은 이는, 진평왕의 할아버지인 진흥왕이다. 진흥왕은 불교의 설화적인 전륜성왕으로 자처하여 아들의 이름도 전륜성왕의 4명의 이름을 본떠 태자를 동륜, 둘째를 금륜이라고 했다. 진평왕의 이름은 백정伯淨인데, 이는 석가모니 아버지의 이름을 딴 것이며, 왕비의 이름 마야는 석가모니의 어머니 이름을 딴 것이다. 진평왕에게 두 동생이 있는데, 이름이 백반白飯과 국반國飯이다. 이는 석가모니 아버지의 동생인 백반伯飯과 곡반斛飯에서 딴 것이다. 그러면 진평왕 때 신라 왕실은 석가모니의 가문이 다시 살아난 셈인데 무리가 아닌 듯하다. 그러니 진평왕에게 아들이 있었다면 이름을 석가모니라고 했을지 모를 일이다. 헌데 진평왕에게는 딸만

둘이다. 첫딸은 선덕(여)왕이 된 덕만이고, 둘째 딸은 천명공주天明公
主이다.

덕만이라는 이름은 『열반경』에서 보이는 덕만우바이德曼優婆夷의
이름과 같다. 우바이는 Upāsik의 음역으로 집을 떠나지 않고 집에 있
으면서 승려처럼 도를 닦는 여자를 말하며, 선덕도 불교적인 호칭이
다. 덕만 공주는 덕만 우바이가 다시 살아났다고 할 수 있다. 진평왕
을 머리로 하는 왕실은 인도 카빌라국의 석가 왕실을 그대로 본뜬 셈
이다. 신라 왕실은 자신들의 혈통상의 계급적 등급을 불교식으로 높
여 여러 귀족과 다르다고 하여 신성한 골품의 골족骨族이라 하여 성
골이라고 하기에 이르렀다.

신라를 불교국가로 만들려는 진평왕은 건복建福이라는 독자적인
연호를 만들었다. 진흥왕 때부터 사용해온 홍제鴻濟를 접어두고 새로
제정한 것은 전대보다 신라를 발전된 국가로 이끌어 다스리겠다는
방침을 밝힌 것이다. 건복 이후 정치기구가 대폭적으로 늘어난 것은
이를 잘 보여준다.

건복 이후 신라의 국가 모습이 달라지기 시작하였다. 한 말로 말하
면, 불교 관련 기사가 많다는 것이다. ① 고승 지명智明이 진陳나라에
들어가 불법을 구하고(585), ② 원광법사가 진나라에 들어가서 불법
을 구했다(589). ③ 고승 담육曇育이 수나라에 들어가 불법을 구하고
(596), ④ 고승 원광법사가 조공을 바치러 지나에 파견된 사신 내마奈
麻 제문諸文과 대사大舍 횡천橫川을 따라 돌아왔다(600). ⑤ 고승 지명
智命이 입조사入朝使 상군上軍을 따라 돌아오니 임금은 지명이 계율
을 잘 지키고 닦는 행위를 존경하여 대덕大德으로 삼고(602), ⑥ 고승

담육曇育이 조공하러 가는 사신 혜문惠文을 따라갔다가 돌아왔다
(605). ⑦ 고구리가 여러 번 국경을 침범함을 걱정하여 수나라 군사를
청하여 고구리를 치려 하여 원광에게 명하여 군사를 청하는 글을 지
으라고 했다. 원광이 말하기를, "자기가 살기를 구해 남을 멸망시키
는 것은 불교도가 할 일이 아니지만, 저는 대왕의 땅에서 살면서 대왕
의 물과 풀을 먹고 있으니 감히 명령을 따르지 않겠습니까."(608). ⑧
수나라의 사신 왕세의王世儀가 황룡사에 이르자, 백고좌百高座를 베
풀어 원광 등의 법사를 맞아들여 불경을 강론하여 설명케 하고(613),
⑨ 임금이 친히 황룡사에 행차했다(622).

좀 더 알아볼 것은, 이들 승려의 행적이다. 지명은 7년(585) 지나
남조의 마지막 왕조인 진陳나라에 가서 불법을 공부하고 신라의 사신
이 귀국하는 선박을 타고 귀국하였다. 일본도 그러했다. 9세기 일본
천태종의 승려 엔닌(圓仁)이 불법을 공부하러 당나라에 들어갔다가
귀국할 때 견당사절단遣唐使節團의 선박을 이용했다. 진평왕은 지명
을 존경하여 덕이 높은 승려라는 의미의 대덕으로 삼았다. 저서로
『사분률갈마기四分律羯磨記』가 있다고 하는데 전해지지 않고 있다.

불교가 공인된 이래 불법을 공부하러 지나로 유학하는 승려들이
적지 않았다. 담육은 18년(596) 지나의 남북조를 통일한 수나라에 유
학했다. 10여 년간 머무르면서 구마라집拘摩羅什·16 · 불타발타라佛陀

---

16 kumārajiva(344~413). 쿠자(kuchar)국 출신. 산스크리트 불교 경전을 한문으로 번역한
4대 역경가譯經家 중에 가장 정평이 나있는 인물이다. 불교의 종교 사상과 철학 사상
이 지나에 전해진 것은 그의 노력과 영향 때문이다. 전진前秦의 부견符堅은 그의 덕이
뛰어남을 알고 맞아들였다. 후진後秦의 요흥姚興이 일어난 뒤, 그는 402년 장안에 도
착했다. 요흥은 그를 스승으로 삼아 소요원逍遙園에 머물게 하여 승조僧肇·승엄僧嚴

跋陀羅[17] · 진체眞諦[18] · 보리류지菩提流志[19] · 삼장三藏이 번역한 구역
舊譯의 불교 경전을 공부하고 귀국하자 고승으로 추앙을 받았다. 귀
국 이후의 행적은 자세하지 않다. 고리의 승려 각훈覺訓이 지은 『해동
고승전海東高僧傳』에는 담육과 지명, 두 승려는 재능과 덕행이 뛰어
나다고 기술되어 있다.

진평왕 때의 승려로 행적이 가장 잘 알려진 인물은 원광이다. 그는
원래 승려가 아니며 도교 · 유교 · 불교에 관한 많은 책을 널리 읽었
다. 지나로 들어간 것은 유학을 더 공부하려 해서이다. 헌데 불교에
마음이 이끌려 불교에 몸을 의지하게 되었다. 진나라를 거쳐 수나라
의 장안에서 『섭대승론攝大乘論』[20]을 배우고 노년에 들어선 22년

등과 함께 불경 번역에 참여시켜 이듬해 『중론中論』 · 『백론百論』 · 『십문론十門論』 ·
『반야경般若經』 · 『법화경法華經』 · 『대지도론大智度論』 · 『아미타경阿彌陀經』 · 『유마
경維摩經』 · 『십송률十誦律』 등 35부 348권의 경전을 번역했다.

17 Budahabhadra(359~429). 북인도의 가유위국迦維衛國 출신. 17세에 출가하여 계빈국
罽賓國에서 불대선佛大先에게 참선하는 가르침을 받던 중에 동진의 지엄智嚴을 만나
그와 함께 406년 장안으로 들어와 411년 여산廬山에서 혜원慧遠(334~416)을 만났는데,
그의 요청으로 『달마다라선경達摩多羅禪經』60권 등 13종 125권을 번역했다. 지나어
로 각현覺賢, 불현佛賢이라고도 한다.

18 Paramārtha(499~569). 서인도의 불교학자. 경전의 한역漢譯에 힘을 썼다. 지나의 양
梁나라 무제武帝가 대동大同(535~545) 연간에 사신을 부남扶南(1세기부터 5세기 초에 걸쳐
메콩강 하류에서 발흥한 고대 캄보디아 왕국)에 보내 고승과 『대승경전大乘經典』을 구하는
데, 응해 광주를 거쳐 548년 부처가 친히 한 말을 기록한 것을 해석한 논論을 가지고
건강健康(南京)에 이르러 무제의 존경을 받았다. 때마침 일어난 전쟁으로 여러 곳을
옮겨다니면서도 경론을 번역하고 경전을 번역하는데 힘을 썼다.

19 Bodhiruci(521~727). 남인도의 브라만 출신의 승려. 본명은 달마유지達摩流支이지만
당나라의 측천무후가 예를 다해 맞이하고 보리유지란 이름을 하사했다. 당나라 고
종은 그의 명성을 듣고 683년 장안으로 불러들였다. 고종의 사망 후 낙양에서 『보우
경寶雨經』 등 불경 19부 20권을 번역, 출간하였다. 또한 의정義淨을 도와 『화엄경』을
번역하였다.

(600) 진평왕의 귀국 권유로 돌아와 불법을 널리 전하여 불교의 대중화, 토착화의 기초가 되는 토대를 쌓았다. 지나에서 배운 불교 지식을 학승으로서 신라에 전한 것이 큰 공적이다. 화랑도의 이념인 '세속오계'를 지은 것은 잘 알려진 바이다.

30년(608) 고구리의 잦은 침범으로 수나라에 도움을 청하려는 진평왕의 걸사표乞師表 작성 요구를 망설이다가 받아들였다. 35년(613) 황룡사에 당도한 수나라의 왕세의王世儀를 위해 베푼 백고좌百高座[21]에 초청을 받아 불경을 강론했다. 저서로 『여래장경사기如來藏經私記』·『여래장경소如來藏經疏』 등이 있다.

진평왕 때 신라의 승려들이 유학한 지나에는 불교 못지않게 종교적으로 노자가 머리로 되어 있는 도교가 성행했다. 지명이 불법을 공부한 남조의 진陳나라에는 불교보다 청담사상淸談思想이 퍼져 있었다. 그는 이 사상에 접했거나 관심을 가지지 않을 수 없었을 것이다. 담육曇育이 불법을 공부한 수나라는 통일왕조이므로, 남조와 북조의 불교가 통일될 수밖에 없었다. 그가 공부한 불교 역시 이런 불교이었을 것이다. 수나라는 수명이 짧은 왕조이지만 노장사상老莊思想을 바

---

20 산스크리트어로 Mahāna-sa-graha라 하며 '대승大乘을 받아들인 논論'이라는 뜻으로, 무착無着(310~390)이 저술한 대승불교의 개론서라 할 수 있다. 산스크리트 원본이 없고 한역漢譯 삼본三本과 티베트역이 현재 있다. 지나 불교의 섭론종攝論宗은 『섭대승론』에 의거했다.

21 나라의 평안과 백성의 고통을 구제하기 위해 100개의 사자좌獅子座(부처를 모시는 자리)를 마련하고, 100명의 법사法師를 청해 100일 동안 매일 한 분씩 설법하게 하는 법회를 말한다. 이를 처음 시행한 것은 551년(진흥왕 12)이며 승려 혜량惠亮이 팔관회와 백고좌를 행한 걸로 『삼국유사』에 기록되어 있다. 『삼국사기』에는 진평왕 35년(613) 황룡사에서 백고좌가 있었는데 원광법사가 초청을 받아 불경을 강론하여 설명했다고 한다.

탕으로 하면서 공자의 가르침을 전파한 특이한 사상이 나타났다. 이 사상을 세운 이는 왕통王通(584~617)이라는 인물이다.

남조와 북조를 통일한 수나라에는 남조의 사상이 아직 그대로 존재하여 어떤 형태로든지 나타났을 것이다. 왕통은 이런 사상적 흐름을 이끌었던 인물로 여겨진다. 그는 노장사상을 내세우면서 학문을 닦고 연구하는데 남다른 관심을 쏟았다. 이러한 면에서 그는 특이한 사상가로 분류되고 있다. 송나라의 왕응린王應麟은 아들에게 문자를 가르치는데 사용한 대표적인 교재인 『삼자경三字經』에서 중요한 인물로 순자荀子 · 양웅揚雄 · 노자老子 · 문중자文仲子를 들고 있다.

왕통은 30대 중반에 사망하여 아쉬움을 남겼다. 사후 문인들이 그에게 문중자文仲子라는 시호를 지어서 많이 불리고 있다. 문중자는 시호이면서 책의 이름으로도 불리기도 한다. 편집 과정이 『논어』와 같다. 제자들의 언행, 문답 형식, 어짊과 의로움에 대한 일반적인 지식 설명, 정책적 견해, 자신의 역사관, 제자들의 성격까지 설명이 닮았다는 평가를 받고 있다. 결론적으로 이 책은 공자의 생각과 뜻을 밝혔다 해서 좋은 평가를 받고 있다.

왕통은 공자와 닮은 면이 보인다. 공자가 말세라는 혼란기에 살았듯이 왕통은 단명으로 그친 수나라의 혼란기에 살았다. 그러다 보니 그는 당나라 같은 나라가 나타나 태평시대가 오리라 예견하고 그 시대는 보다 나을 것이라고 하였다. 그가 목격하고 겪은 것은 양광楊廣(煬帝)이 아버지 문제를 독살하여 황제가 되고 수나라 군이 고구리의 을지문덕에게 살수에서 참패한 싸움, 양제가 강도江都(揚州)의 별궁에서 우문화급宇文化及에 의해 시해를 당하는 역사적 굴곡 사건이었다. 하지만 새로운 인물이 나타나리라 믿고 있었다.

왕통은 문제에게 태평太平 10책策을 건의했지만 받아들여지지 않자 후학을 가르치기로 마음을 먹었다. 그의 문하에서 배출된 인물이 방현령房玄齡·위징魏徵·이정李靖·매위賣威·온대아溫大雅 등이며, 이들은 태종의 정관 시대에 10대 명신으로서 당나라를 세우는데 참여하여 후세에 명성을 크게 남겼다. 이들이 이상을 펼칠 수 있었던 것은 당태종이란 명군을 만났기에 가능했던 것이다.

불법을 공부하기 위해 지나에 온 신라의 승려들은 수나라에서 일기 시작한 노장사상의 흐름을 체험했을 것이다. 헌데 당나라가 세워지면서 도교가 국교로 되었다. 당 왕실의 정통성을 노자에게 찾으려는 염원이 강해서이다. 뿐더러 국교가 된 배경으로 수나라에서 나타난 노장사상의 부활을 들 수 있다. 당나라의 도교는 적국敵國인 고구리에도 들어와 불교의 세력을 밀어내는 사태까지 벌어져 종교전쟁이 일어났다. 수나라에서 불법을 공부한 지명·원광 등은 노장사상과 관련이 없다고 할 수 없다. 이들 승려를 통해 진평왕은 분명 노장사상에 대해 전해들은 것이 있었을 것이 아닐까.

승려를 비롯하여 불교 관련 기록이 많은 진평왕 연간에 노장사상과 관련이 있어 보이는 기사가 있어 주목을 끌고 있다. 9년(587) 대세大世와 구칠仇柒이라는 두 사람이 해외로 나갔다. 대세는 내물왕의 7대손으로 이찬 동대冬臺의 아들인데, 타고난 성품이 빼어나고 어린 시절부터 인간 세계를 초월하려는 큰 뜻을 품고 있었다. 그는 교제하는 담수淡水에게 평소 마음에 두고 있는 속내를 털어놓았다. 좁은 신라 땅에서 일생을 마감한다면 연못 속의 물고기와 새장의 새가 넓은 푸른 바다, 너그럽고 한가한 산과 높음을 모르는 것과 다름이 없다고 하면서 떼배를 타고 바다를 건너 오월吳越로 가서 스승을 찾아 도를 명산에서 물으려 하겠다고 속내를 밝히고 평범한 인간 세계에서 벗어나 신선神仙에게 배우려 하는데 동행하겠느냐고 했다. 담수가 내키지 않자, 대세는 동행할 사람을 찾아 만났는데 구칠이 그 사람이다. 구칠 역시 세속에서 갑갑하게 살려 하지 않았다. 두 사람은 간섭을 받지 않고 도를 찾을 수 있다고 여겨지는 미지의 세계를 찾으려 하여 배를 타고 나섰다. 하지만 아쉽게도 이들의 자취는 알려진 것이 없다. 이들은 바라던 도의 세계를 찾았을까.

아무튼 이런 기사가 진평왕 때 있었다는 것은 무심코 지나칠 문제가 아니다. 이들이 찾으려 했던 신선은 노장사상, 즉 도가사상에서 중시하는 것으로 도를 닦고 사물의 이치를 깨달아 늙지 않고 오래 사는 그런 사람을 말한다. 이들이 가려는 오월은 남지나南支那이다. 지나의 남북조시대에 남조의 오월 지방은 노장사상과 청담사상의 흐름이 넘쳐나고 있었던 그런 곳이다. 대세가 이런 곳에서 평소의 소원을 이루려 했다는 것은 진평왕 시대 지나에서 불법을 공부한 승려들의 귀국으로 노장사상이 신라에 적지 아니 퍼져 있었다는 것을 말해주는 걸로 보아야 할 것 같다.

대세 일행이 떠난 이후 자취를 알 수 없다는 것이 이들을 오히려 신비의 도가니로 몰고 간다. 이와 관련하여 살펴야 할 것은 진평왕의 시호이다. 임금의 시호는 임금이 국가와 민족을 위해 남긴 치적에 따라 정해진다. 진흥왕·진지왕·진평왕·진덕여왕의 진眞자는 석가모니의 진짜 종족을 뜻하는 걸로 많이 알려져 있다. 하지만 진평왕의 경우는 이와 달리 보아야 할 것 같다. 『삼국사기』에는 진평왕이 일의 이치에 통달했다고 한다. 이를 간략하게 표현한 것이 진평眞平이다. 도교에서는 오묘한 이치 또는 그런 이치를 밝힌 사람을 평平이라 하며, 또한 '조용하고 편안하다'의 의미가 있다. 진眞자에는 '참으로'·'정말로'의 의미가 있다. 진평왕을 조용하고 평안하게 만든 것은 막힘없이 환히 통한 심오하고 오묘한 이치이다. 이는 바로 도교에서 말하는 이치일 것이다. 진평왕이란 시호를 근거로 임금은 나라를 다스림에서는 참으로 불교를 지향하고, 자신의 내면의 세계에서는 심오하고 오묘한 도교의 이치를 뒤쫓아 구했다고 보는 것이 사리에 맞다.

삼국통일의 토대를 마련하고
재주와 아름다운 용모를 두루 갖춘
선덕왕善德王

┤제27대왕├

재위 기간	원년(632)~16년(647)
성	김씨
이름	덕만德曼
아버지	진평왕
어머니	김씨金氏 마야부인摩耶夫人

　우리나라의 역사에서 사람들의 생활과 국가의 형태에 대해 그래도 구체적으로 밝혀낸 것이 『삼국사기』이다. 이에 의하면, 삼국시대 백성들의 생활은 대체적으로 다름이 없었다. 국가형태도 그러했을까. 다름이 있었다. 그것은 무엇일까. 신라에서 박朴·석昔·김金의 세 성姓이 임금의 자리를 번갈아 차지하고 여자가 세 명이나 임금의 자리를 계승한 것이다. 일제 강점기 일본인 어용학자는 전자를 삼성교립三姓交立이라고 표현했다.

　첫 여왕을 『삼국사기』는 선덕왕이라고 하는데, 일반적으로는 선덕여왕이라고 한다. 삼국시대 또는 고리高麗시대에는 여왕의 존재를 남다르게 생각하지 않았다. 여왕을 남다르게 생각한 것은 그 후대에 들어와서의 일이다. 신라에서만 여왕이 존재한 것을 크게 부각시키려는 데서 여왕이란 말이 널리 쓰이게 되었다.

선덕(여)왕에 관한 첫 기록은, 이름이 덕만이며 진평왕의 맏딸이고, 성품이 너그럽고 어질며, 총명하고 동작, 이해, 판단이 재빠르며 임금이 된 것은 아버지 진평왕에게 아들이 없기 때문이라는 것이다.

덕만이 임금이 되자 그에게 '성조황고聖祖皇姑'라는 칭호가 붙여졌다. '성조'는 거룩한 천자의 조상을 말하며, '황고'는 할아버지의 자매를 지칭한다. 이 두 단어를 묶는다면, 신하와 백성들은 선대왕을 마치 거룩한 천자 같은 할아버지라 하고 임금이 된 만덕을 그 할아버지의 자매처럼 여겼던 것이다. 선덕왕은 선덕이란 시호에서 보면 정치를 바르게 잘한 것이 틀림없다. 헌데 여왕을 무능한 통치자로 보려는 견해도 있다. 여왕의 통치시대에 백제와 고구리의 끊임없는 침략으로 11년(642) 신라는 서쪽 변경의 40여 개 성을 빼앗기고 한강 방면의 거점인 당항성黨項城 및 낙동강 방면의 거점인 대야성大耶城(합천 지역)까지 빼앗겼다. 이에 여왕은 대책으로 김유신을 경북의 경산 지역인 압량주押梁州 군주로 임명하여 신라를 방어하는 임무를 맡기고 외교적으로 김춘추를 당나라에 보내 군사 지원을 요청했다. 하지만 성과는 없었다.

(여)왕은 12년(643) 다시 당나라에 군사지원을 요청했다. 당나라 태종은 군사지원을 약속하지 않고 신라가 받아들일 수 없는 말을 꺼냈다. 즉 임금이 여자이므로 권위가 바로 서지 않아 이웃나라의 침략을 받았다고 하면서 당나라의 왕족을 신라로 보낼 테니 신라의 임금

으로 삼으라고 하였다. 그렇게 되었다면 백제와 고구리의 침공은 주춤하겠지만 신라는 이를 받아들이지 않았다. 결국 신라의 정국에 하나의 큰 파문만 던진 셈이다. 당나라의 의도를 현대적인 용어로 표현한다면 당나라의 신탁통치를 받으라는 것이다. 신탁통치의 이해득실을 살펴볼 필요가 있다. 받아들인다면 백제와 고구리의 침공은 잦아들겠지만 후일 신라는 분명 당나라의 완전한 속국이 되어 얻는 것보다 잃는 것이 엄청나다고 할 것이다. 후일 당나라가 신라에 계림도독부鷄林都督府를 설치하려는 더러운 욕심을 노골적으로 드러낸 사실로 보아 신라가 당태종의 의견을 따랐다면 꼼짝없이 당나라의 속국으로 굴러 떨어지고 말았을 것이다.

신라가 이웃 나라의 침공을 받은 것은 선덕왕이 무능해서가 아니고, 신라가 한강유역을 점령하여 나제동맹이 깨지고 고구리와 백제가 동맹을 맺은 탓이다. 신라는 고립될 수밖에 없어 침공을 받은 것이며 (여)왕이 무능해서가 아니다.

(여)왕이 통치하던 신라는 16년(647) 안으로 불만을 품은 비담毗曇·염종廉宗의 반란, 밖으로 백제와 고구리의 침입 등으로 어려운 처지에 놓여 있었다. 임금은 나라 안팎의 위기를 불교의 힘으로 극복하려 하여 황룡사에 거대한 9층의 목탑을 세우게 되었다. 당나라에서 불법을 공부하고 돌아온 자장 율사의 요청으로 세워진 목탑 9층은 신라 주변의 아홉 나라를 상징한다. 현실적인 백제와 고구리를 비롯하여 잠재적인 적대세력의 위협으로부터 벗어나려는 염원이 간절했음을 보여주고 있다.

(여)왕이 어디까지나 뒤쫓아 구한 정치 이념은 나라를 어질고 편안

하게 하려는데 있었던 걸로 보인다. 3년(634) 연호를 인평仁平이라고 고쳤다는 데서 느낄 수 있다. 인仁자에는 '어질다'·'인도人道의 극치'·'유덕有德한 사람'·'가련하게 여겨 동정하다'의 의미가 있다. (여)왕이 원년(632)에 늙은 홀아비, 홀어미와 부모를 여읜 어린이, 자식이 없는 늙은이 등 혼자 살 수 없는 사람들을 위문하고 구제하였다. 평平자에는 '바르게', '편안하다'의 의미가 있다. 구제사업에 힘을 쓴 것은 어질며 덕이 있고 불쌍한 사람들을 가엽게 여기는 어진 마음이 있어서이다. (여)왕이 덕이 있는 사람으로, 가련한 사람들을 보아 넘기지 않고 바르고 편안하게 보살펴주겠다는 것이 인평의 구체적인 표현이다.

9년(640) 당나라의 국학에 신라의 자제들이 입학하도록 청했는데 임금이 추진한 적극적인 대당 외교이기도 하다. 임금은 대내외적으로 어려운 상황을 해결하기 위하여 당나라에 의존한 것만은 사실이다. 당나라는 이러한 신라를 어떻게 보았는가. 신라가 이웃나라로부터 업신여김을 받고 있는 것은 (여)왕을 통치자로 삼은 데서 비롯되었다고 했다. 당나라의 이런 평가는 백제나 고구리에서도 마찬가지였을 것 같다.

하지만 (여)왕을 세계사적인 입장에서 보면 어떨까. 권력투쟁이 복잡하게 벌어지는 가운데 법규에 맞아 임금의 자리에 오른 첫 (여)왕이다. 삼국통일이란 국가적 사업을 추진한 김유신과 김춘추를 높은 자리에 올려 써 백제와 고구리의 잦은 침공에 잘 대처하여 삼국통일이란 기반을 마련했으며 또한 임금으로서 권력을 함부로 행사하지 않았다. (여)왕이 군사적 도움을 청한 당나라에서는 측천무후(690~705)가 황제를 칭했다. 당나라 고종의 후궁이던 측천무후는 고종의 남다른 사랑을 받아 고종의 황후인 왕씨 자리를 차지하고 655년 스스로 고종의 황후가 되었다. 그 후 고종의 와병 중에 권력을 억지로 빼앗아 당나라를 통치하다가 683년 고종이 사망하자 아들 중종과 예종을 갈아 치웠다. 690년 나라 이름을 주周라 하고 스스로 황제가 되어 옛 주나라의 법에 따라 통치했다. 황제의 남다른 사랑을 받는 신하들에 의한 정치 문란을 기회로, 705년 장간지張柬之가 난을 일으켜 중종을 다시 그 자리에 오르게 하여 당나라가 이전 상태로 되었다.

측천무후는 권력을 강제로 빼앗아 황제가 됨으로써 정통성과 치적 등의 문제가 역사가들의 비판을 받고 있다. 선덕(여)왕은 나라를 다스렸으나 측천무후처럼 권력을 함부로 쓴 바 없으며 삼국통일의 기반을 만들었다는 점에서 세계의 역사상 찾아보기 드문 인물이라는 좋은 평을 받고 있다.

선덕(여)왕을 좋게 평하는 근거의 하나로 알려진 것이 있다. 진평왕 때 당나라에서 보내온 모란 꽃씨를 덕만에게 보여주었다고는 것과 관련된 흥미 있는 얘기이다. 모란꽃은 지나에서 전통적으로 민족의 번영을 상징하는 꽃으로 인식되었다. 또한 나라 안에서 아름다움을 지닌 최고의 미인을 상징하는 걸로 여겨져 왔다. 여기서 말하는 미인이란, 외모의 아름다움에다 착하고 바르며 어질고 너그러운 행실을 아울러 갖춘 그런 여인을 말한다. 한말로 선덕(여)왕은 여자로서의 재주와 아름다운 용모를 갖춘 군주임이 분명하다. (여)왕을 여인이라고 해서 정치력이 부족하고 무능한 임금이라는 견해는 다시 생각해야 한다.

참으로 당나라의 은혜를 고맙게 생각한
진덕왕眞德王

제28대왕	
재위 기간	원년(647)~8년(654)
성	김씨
이름	승만勝曼
아버지	국반갈문왕國飯葛文王(진평왕의 동생)
어머니	박씨朴氏 월명부인月明夫人

선덕(여)왕의 유언에 따라 두 번째 여왕으로 즉위하였다. 키가 일곱 자나 되며 고운 맵시나 태도가 넉넉하고 아름다웠다.

임금의 자리에 오른 647년 반란을 일으킨 비담毗曇 등 30명을 처형하여 정국의 안정을 이루었다. 선덕(여)왕 때처럼 당나라와의 외교관계를 유지하기 위하여 사신을 파견하고 정치적으로는 '몸과 마음의 정기'를 의미하는 태화太和(647~650)를 연호로 사용하였다.

백제와 고구리는 (여)왕이 즉위한 해에도 신라를 침공했다. (여)왕은 압독주押督州 도독인 김유신을 내세워 침공을 막게 하고, 2년(648)에는 김춘추를 당나라에 파견하여 군사적 지원을 요청했다. 이른바 청병 외교를 단단하고 튼튼히 하기 위하여 데리고 간 아들 문왕文王

이 당나라 태종을 숙직하면서 지키게 하도록 요청하여 허락을 받아 냈다.

적극적인 외교 활동으로 군사적 지원을 받아내는데 성공한 김춘추는, 이를 기회로 당나라의 제도를 따르고 옷차림을 받아들였다. 이를 일러 곧잘 한화정책漢化政策이라고 하는데, 당나라의 제도와 의관을 모방한 것이라고 표현해야 맞다. 4년(650)에는 독자적인 연호인 태화의 사용을 중단하고 당나라 고종의 연호인 영휘永徽를 받아들여 사용하기 시작했다. 이로써 신라는 정치적으로 당나라에 예속되는 길로 접어들었다.

신라의 당나라에 대한 예속화는 절대로 가볍게 볼 문제가 아니다. 당나라가 포함된 지나의 전통적인 화이사관華夷史觀(中華史觀)을 신라가 인정한다는 것을 말한다. 당나라가 신라의 군사 지원 요청을 받아들인 것은 신라가 화이사관의 수용을 전제로 한 것이다. 신라의 잦은 사신 파견으로 당나라는 신라로 하여금 화이사관의 수용을 그만큼 빠르게 관철시켰다.

당나라는 신라가 당나라의 연호를 사용하지 않고 있음을 먼저 거론한 적이 있다. 신라는 536년 법흥왕이 제정한 건원建元이란 연호를, 당나라 고종의 연호인 영휘를 사용하기 직전까지 사용했다. 당나라 태종은 신라가 당나라를 섬긴다고 하면서 왜 독자적인 연호를 사용하느냐고 당나라 조정의 회의에 참여한 한질허邯秩許에게 물었다.

신라의 당나라 연호 사용은 당대로 그치지 않고 후대에도 계속되었다. 이로 인해 신라는 당나라에 의한 무력 침공으로 인한 멸망을 피해갈 수 있게 되었다. 다시 설명하면, 신라의 당나라 연호 사용은 신라가 지나의 전통적인 화이사관華夷史觀을 인정한다는 것을 의미한다.

그러다 보니 『삼국사기』의 편찬자는 이에 대해 거론하였다. 먼저 지나의 하夏나라·은殷나라·주周나라가 정삭正朔[22]을 고친 것을 중시하였다. "후대에 연호를 쓰는 것은 통일을 중대하게 여기며 백성들이 보고 듣는 것을 새롭게 하기 위함이며, 한쪽에 치우쳐 있는 작은 나라는 천하의 나라에 속해 있으면 사사로이 연호를 지을 수 없다. 신라는 한결같은 마음으로 중국을 섬겨 조공을 바치는 사신이 바닷길에서 서로 마주칠 정도인데 법흥왕이 스스로 연호를 쓴 것은 헷갈리고 어지러운 일이다. 그 뒤에도 계속 옛 방식을 그대로 행하여 태종의 꾸지람을 듣고서도 이전부터 내려오는 습관대로 하다가 결국 마지못해 당나라의 연호를 받들어 시행했다."는 것이다.

고리시대는 송나라를 우러러 받들다 보니 신라의 당나라 연호 사용을 이 정도로밖에 표현하지 못했다. 말하자면, 신라가 독자적인 연호를 제정하여 사용한 것은 절대로 있을 수 없다는 것이다. 신라가 당나라 연호를 수용함으로써 고리시대의 굴욕적인 사관이 고리의 정신계까지 지배하게 되었다.

결국 신라의 당나라 연호 사용으로 인한 굴욕적인 저자세는 신라로 그치지 않고 고리시대를 거쳐 조선시대로까지 이어지게 되었다. 현재 한중韓中 관계에서도 이러한 흐름이 또렷하게 나타나고 있다. 지금의 지나 정권은 마치 당나라가 다시 나타난 셈이며, 한국은 신라·고리·조선이 다시 살아났다는 생각을 지울 수 없다. 한번 잘못

---

22 나라를 세우면 반드시 달력을 고쳐 세상에 널리 퍼뜨려 모두 알게 하여 통치력이 미치는 영토에서 쓰이는 것을 말한다.

정해진 대외적인 저자세는 이토록 후대까지 이어지고 있다는 데서 서글퍼짐을 마음에 사무치게 느낀다.

　진덕(여)왕 시대 신라는 백제와 고구리의 잦은 침공을 막기 위하여 당나라에 요청한 군사지원을 약속받음으로써 독자적인 연호 사용을 중단하고 당나라의 연호를 받아들여 사용했다. 이러한 것이 (여)왕의 주도하에 이루어져 정해진 시호가 진덕眞德이다. 그러면 진덕은 어떤 의미일까. 진眞자에는 '참으로'의 의미가 있고, 덕德자에는 '은혜'·'은덕을 베풀어 고맙게 생각하다'의 의미가 있다. 당시 신라 조정은 신라가 당나라의 은혜를 많이 받은 걸로 판단하여 당나라가 베풀어 준 은덕을 참으로 고맙게 생각하고 있다는 것을 나타낸 것이 진덕眞德이라는 시호이다.

이세민의 묘호와 시호를 답습한
태종 무열왕太宗 武烈王

┤ 제29대왕 ├

재위 기간	원년(654)~8년(661)
성	김씨
이름	춘추春秋
할아버지	진지왕眞智王
아버지	용춘龍春·용수龍樹
어머니	김씨金氏 천명부인天明夫人(진평왕의 딸)
왕비	김씨金氏 문명부인文明夫人(김유신의 여동생)

김춘추가 임금이 되어 신라를 통치한 후 사망하자 바쳐진 묘호廟號
와 시호가 태종무열왕이다. 춘추란 어떤 의미의 이름일까. ① 봄과
가을, ② 어른의 나이, ③ 공자가 저술한 노魯나라의 역사, ④ 역사의
명칭 등 의미가 다양하다. 이름은 날 때 부모나 조부모 등 직계 어른
들이 짓는 것이 일반적인 관례이다. 갓 태어난 사내아이에게 어른의
나이, 노나라의 역사, 역사의 명칭을 이름자로 정했을 걸로 여겨지지
않는다. 그러면 이름자로 가장 어울리는 것은 봄과 가을이 아닐까 한
다. 봄과 가을 같은 세상을 태평성대라고 한다. 김춘추의 부모는 갓

태어난 아들이 성장하여 신라를 봄과 가을 같은 태평성대의 국가를 만들어주기를 바랐을 것 같다.

김춘추의 부모가 춘추에게 바라는 바는 어려서부터 나타나고 있었다. 즉 넓은 마음, 깊은 생각과 능력이 뛰어나 어려서부터 세상을 구제할 뜻이 있었다. 벼슬길에 오르고서부터 진덕(여)왕을 섬겼으며 당나라 태종은 김춘추를 특별히 진급시켰다. 특별 진급이란 무엇일까. 지나에서 한漢나라 때부터 공적이 많은 제후에게 내리는 명예의 칭호 또는 특별한 공로로 인한 진급이 특진이다. 당나라는 봉건제후 시대가 아니므로 춘추가 받은 특별 진급은 특별한 공로로 받은 진급을 말한다. 그러면 특별한 공로는 무엇일까.

백제가 진덕(여)왕 때 여러 차례 신라를 침략하여 여러 개의 성을 함락시켜 당나라에 조공하는 길을 막았다. 당나라가 백제를 없애주지 않는다면 신라 사람들은 사로잡히게 되고, 또 조공도 할 수 없게 된다고 간절하게 호소한 청병외교의 노고와 신라의 예복을 지나식으로 하겠다고 밝힌 것이 김춘추가 특별 진급을 받게 된 내용이다. 김춘추가 특별 진급됨에 따라 귀국할 때 태종은 3품 이상의 관리들이 김춘추에게 환송 잔치를 베풀어주는 등 정성을 다해 보살펴주려고 마음을 썼다.

신라는 백제와 고구리의 잦은 침공을 막으려 하여 당나라에 군사적 지원을 요청하는 청병 외교에 힘을 쏟았다. 김춘추는 막중한 임무를 받고 당나라에 들어가 적극적으로 외교활동에 나섰다. 이전의 사신들은 귀국하여 당나라에서 보고 들은 것을 보고하기만 했다. 김춘추는 직접 보고 들은 것이 많은 데다 자신의 존재를 직접 당나라 황제에게 알릴 수 있었다.

김춘추는 여느 사신들과 달리 신라의 편안함을 지키기 위해 외교적 활동을 유감없이 발휘한 것이 반영되어 정해진 것이 태종무열왕이란 묘호와 시호이다. 특히 신라의 임금 중에 묘호가 있는 것은 김춘추가 유일하다. 무열왕이란 시호의 무열은 무공을 말한다. 김춘추의 재위 시에 신라가 군사력을 거국적으로 동원하여 백제를 멸망시킨 것을 무열이라고 표현하고, 이를 시호로 정했던 것이다.

태종이라 하면 먼저 떠오르는 인물이 있다. 당나라 태종이다. 김춘추는 매우 급한 청병 외교 사신으로 당나라에서 태종을 직접 만나 의견을 교환하는 자리에서 태종이 어떤 인물인지 직접 살필 수 있는 기회가 있었다. 김춘추의 태종이란 묘호는, 당태종이란 묘호를 신라에서 그대로 받아들인 것이다. 당시 신라의 관료들은 태종이란 묘호를 정할 때 김춘추가 외교관으로서, 임금으로서 남긴 치적이 당나라 태종의 그것과 조금도 다르지 않다는 여론에 따라 태종을 묘호로 정한 것이다.

김춘추는 진덕(여)왕의 정통 후계자로서 임금이 된 것이 아니다. (여)왕의 사망으로 임금이 되기로 예정된 인물은 따로 있었다. 알천閼川 이찬伊湌이 그 사람이다. 이찬의 사양으로 김춘추는 여러 사람이 우러러보는 명성과 인망으로 임금이 되었던 것이다. 이성계처럼 김춘추는 세 번 사양 끝에 임금이 되었다. 정식으로 임금이 될 처지가 아니면 의례히 사양하고 임금의 자리에 나가는 것이 거의 일반적인 절차이자 관습이다. 김춘추는 예로부터 내려오는 절차에 따라 임금이 된 654년 사망한 아버지를 문흥대왕文興大王, 어머니를 문정태후

文貞太后로 삼았다. 김춘추가 지나화를 따르는 입장에서 당나라를 따라한 것으로 보인다.

삼국시대에도 임금이 지나의 외교적 승인을 받는 것은 정해진 관례이다. 당나라는 사신을 보내와 예를 갖추어 김춘추를 신라의 임금으로 책봉했다. 김춘추가 외교적으로 승인을 받았음을 말해준다. 그가 당나라에서 외교적 활동을 적극적으로 벌린 것은 당나라도 충분히 인정하고 있었다. 당나라는 친당적인 김춘추가 임금이 되기를 어쩌면 기대했을지 모를 일이다. 그러던 그가 임금이 되었으니 당나라로서는 머뭇거리지 않고 절차를 밟아 책봉하게 되었던 것이다.

당나라의 고종은 김춘추가 사망했다는 소식을 접하고 애도를 표했다. 신라는 사망 소식을 알릴 때 김춘추의 정해진 묘호와 시호를 알렸을 것 같다. 헌데 당나라는 묘호와 시호에 대해 문제를 제기하지 않은 듯하다. 만약 문제가 되었다면 태종이란 묘호와 무열왕이란 시호를 사용할 수 없다. 『삼국사기』에 태종무열왕이라고 기록된 것은 당나라가 이를 문제 삼지 않았다는 것을 뒷받침한다. 이것이 문제가 될 수 있는 것은 이름자를 정할 때 황제의 것과 같은 것을 쓰는 것이 용납되지 않기 때문이다. 이를테면, 이적李勣의 경우가 대표적이다. 그의 본래 성은 서씨徐氏인데, 당나라 고조 이연李淵으로부터 이씨 성을 하사받았다. 우리나라의 경우에도 공을 세운 사람에게 성을 하사한 일은 허다하다. 지나도 마찬가지이다. 그는 수나라 말기에 떼를 지어 도둑질을 하는 무리의 일원인데, 당나라에 항복하여 태종에 의해 중요한 자리에 임용되어 지나의 남북을 통일하는데 공을 세우고 이후 돌궐을 격파, 설연타薛延陀를 평정함으로써 당제국 건설에 더할 수 없이 큰 공을 세웠으며 고구리 침공에도 가담했다. 그런 그의 성명은 이세적李世勣인데, 태종의 이름 세민의 세世자를 피했다. 이를 일러 피휘避諱라고 한다.

김춘추의 묘호와 시호가 당나라 태종의 것과 같다는 것은 그냥 넘길 문제가 아니다. 당나라는 김춘추에게 바쳐진 태종이란 묘호와 무열왕이란 시호의 사용을 인정했거나 묵인했다고 보아야 한다. 당나라 고종이 김춘추의 죽음을 슬퍼했다고 하는데, 단순히 슬퍼만 한 것이 아니고 김춘추의 묘호와 시호를 인정하거나 묵인했을 것이라고 보는데 그럴만한 사정이 분명 있었을 것이다. 당나라는 아무 조건 없이 묘호와 시호의 사용을 눈감아주었을까. 그렇지 않다. 당나라 태종이 그토록 바라던 고구리의 멸망 문제는 해결되지 않아 다음으로 넘어갈 수밖에 없게 되었다. 당태종은 목숨이 끊어질 때 절대로 고구리를 침공하지 말라고 유언까지 했다. 고구리의 동맹국인 백제는 나당연합군에 의해 멸망되었으나 고구리는 건재했다. 먼저 백제를 멸망시킴으로써 신라는 서쪽에서 밀려오는 근심을 덜게 되었으나 당나라로서는 백제의 멸망이 신라만큼 절박한 문제가 아니다. 당나라가 앞으로 해결해야 할 과제는 고구리의 멸망을 기어이 이루는 것이다.

백제의 멸망은 당나라만의 힘이 아니고 신라의 도움을 받아 이루어졌다. 따라서 고구리의 멸망을 기어코 이루려면 역시 신라의 지원이 절대적으로 필요하다. 당나라가 신라의 지원을 받으려면 신라 문제에 지나치게 개입하는 것은 득이 아니다. 당나라가 김춘추의 묘호와 시호 문제에 개입을 하지 않는 것이 신라의 지원을 이끌어내는데 효과적일 것이다. 고구리 침공을 앞두고서 당나라는 신라의 지원이 절대 필요하다는 판단에서 김춘추의 묘호와 시호 문제에 눈을 감았을 것 같다.

당나라가 태종 때 비약적으로 발전했듯이 김춘추가 임금이 되어 신라를 다스려 신라가 크게 발전했음을 나타낸 것이 태종무열왕이란 묘호이자 시호이다. 김춘추가 신라의 임금으로서 당나라의 백제 침공에 적극적으로 지원해주었듯이 앞으로 당나라가 고구려를 멸망시키려면 신라의 지원이 계속 필요하므로 당나라는 그의 묘호와 시호를 반대하지 않았을 것 같다.

학문과 지식에다 군사상의 전략을 아울러 갖춘
문무왕文武王

┤제30대왕├

재위 기간	원년(661)~20년(681)
성	김씨
이름	법민法敏
아버지	태종무열왕
어머니	김씨金氏 문명왕후文明王后
왕비	김씨金氏 자의왕후慈儀王后
아들	신문왕神文王

　법민은 용모가 남달리 뛰어나고 총명하여 슬기와 계략이 많았다. 진덕(여)왕 때 고구리와 백제의 위협에 대처하기 위해 당나라에 가서 외교활동을 했다. 무열왕 7년(660) 무열왕과 소정방이 연합해 백제를 침공할 때 법민은 태자로서 군대를 따라 전쟁터로 나가 공을 세웠다. 무열왕이 삼국통일을 이루지 못했으나 661년 임금의 자리를 계승한 법민이 삼국통일 과업을 완수했다. 재위 20년 동안 백제와 고구리의 독립군, 그리고 당나라와의 전쟁을 치렀다.

　백제의 각지에서 일어난 독립군의 중심인물은 옛 장군인 복신福信

과 승려 도침道琛이다. 이들은 일본에 머문 부여풍扶餘豊을 임금으로 떠받들고 주류성周留城을 저항의 근거지로 하여 신라와 당나라군을 괴롭혔다. 법민은 김유신 등 28명의 장군을 이끌고 당나라군과 세력을 모아 주류성 등 여러 성을 무너뜨렸다. 이어서 지수신遲受信이 끝까지 버티던 임존성任存城이 무너짐으로써 백제가 다시 일어나는 거창한 일은 끝이 났다. 5년(665) 법민은 당나라의 지원을 받아 웅진도독熊津都督이 된 백제 왕자 부여융扶餘隆과 원치 않게 모여서 맹세하였다.

임금은 김유신 등 여러 장군을 이끌고 당나라의 고구리 침공에 적극적으로 나섰다. 대동강을 이용하여 고구리의 평양성을 공격하는 소정방의 당나라군이 연개소문의 강력한 저항으로 수세에 몰리자, 2년(662) 김유신 등 9명의 장군이 당나라군에게 식량을 내주게 했으나 소정방은 이유 없이 물러났다.

법민은 6년(666) 다시 고구리를 침공하기 위하여 삼광三光(김유신의 아들) 등을 당나라에 보내 군사지원을 청해 이듬해 이적李勣이 거느리는 당나라군과 세력을 합해 평양성을 공격하려 했으나 그것으로 그쳤다. 그러다가 8년(668)부터 고구리 침공이 본격화되었다. 당나라군은 요동의 신성新城, 부여성扶餘城 등 여러 성을 무너뜨리고 압록강을 건너 평양성을 공격했다. 이에 법민은 김유신과 김인문 등이 이끄는 신라군을 당나라 진영으로 보내 당나라군과 함께 평양성 공격에 나서게 하였다. 고구리는 더 이상 버티지 못하자 9월에 보장왕은 항복하기에 이르렀다.

법민은 10월 고구리를 멸망시키는데 공을 세운 이들에게 공을 따져 알맞은 상을 주었다. 11월 백제와 고구리가 평온하게 진정되었음을 선조의 사당에 아뢰었다. 한편 당나라는 고구리 땅을 지배하기 위하여 평양의 안동도독부安東都督府를 비롯하여 9도독부 42주, 100현을 두고 통치에 나섰다. 하지만 통치는 고구리 유민들의 저항으로 탈 없이 순조롭지 않았다.

고구리 유민의 저항 중에 두드러진 것은 수림성水臨城의 대형大兄인 검모잠劍牟岑을 중심으로 한 활약이다. 그는 보장왕의 서자인 고안승高安勝을 임금으로 모셔 받들어 부흥운동을 적극적으로 밀고 나아갔다. 헌데 670년 고안승은 검모잠을 죽이고 나서 4천 호를 이끌고 신라로 망명했다. 문무왕은 이를 받아들여 고안승을 금마저金馬渚(익산)에 거처하게 하고 고구리 임금으로 삼았다. 이후 고구리의 이른바 부흥운동은 세력이 약화되어 성과를 보지 못했다.

알아본 것은 법민이 문무왕으로서 치룬 백제 유민의 항쟁과 고구리 침공에 따른 멸망 과정, 그리고 고구리 유민의 저항에 관한 것이다. 문무왕은 밀어닥친 국난을 이겨내야 할 입장이다 보니 당나라와 군사적으로 호흡을 맞출 수밖에 없었다. 이로써 백제 유민의 저항은 무력화되었다. 하지만 신라는 백제의 옛 땅을 전부 통치할 수 있는 상황이 아니었다. 당나라가 백제의 옛 땅이 신라의 통치하에 들어가는 것을 원치 않아서이다. 당나라는 멸망된 백제를 자국의 영향권 안에 두려 하여 무력으로 백제를 멸망시켰으므로 백제의 땅이 신라로 넘어가는 것을 달갑게 여기지 않아 눈에 띄게 부여융扶餘隆과 법민(문무왕)이 서로 만나 맹세를 하게 했으나 이는 신라를 묶어두려는 것이다.

당나라는 백제의 옛 땅만을 자국의 것으로 만들려 하지 않고 고구리의 땅까지 차지하려 했다. 당나라는 여기서 그치지 않고 더 나아가 신라마저 통치하려 했다. 당나라는 백제와 고구리의 멸망을 기회로 백제·고구리·신라의 땅을 모두 자국의 땅으로 만들려는 더러운 욕심을 숨김없이 나타냈다. 이에 신라로서는 당나라와의 전쟁이 피할 수 없게 되었다. 법민은 이에 대한 대책의 하나로 고안승을 받아들이는 것은 물론 고구리 유민의 독립전쟁에 가담하고 당나라의 지원을 받는 웅진도독 부여융에 맞섰던 것이다.

신라와 당나라 간의 전쟁은 고구리의 옛 땅에서도 벌어졌다. 당나라는 신라를 압박하기 위해 법민의 벼슬과 작위를 빼앗는 것으로 그치지 않고 14년(674) 그의 동생 김인문을 멋대로 신라 임금으로 삼았다. 신라와 당나라의 관계가 더할 수 없이 심하게 험악해지자 반역을 꾀한 아찬 대토大吐는 당나라에 붙으려고 했다. 사전에 비밀이 새어나가 목이 베이는 형벌을 당하고 그 처자들은 천대를 받는 신분으로 떨어졌다. 설인귀는 숙위학생 풍훈風訓의 아버지 김진주金眞珠가 신라에서 목이 베이는 형벌을 당한 사건을 이용하여 풍훈을 길잡이로 삼아 천성泉城을 침공하기도 했다.

백제와 고구리의 멸망 후 신라와 당나라의 관계는 극도로 나빠졌다. 헌데 법민이 용서를 빌자, 고종은 이를 받아들이고 빼앗은 관직과 작위를 회복시켜 주었다. 그렇다고 해서 두 나라의 적대관계가 완전히 사라진 것은 아니다. 예측할 수 없는 이런 상황에서 신라는 백제의 땅을 많이 빼앗았으며 고구리의 남쪽 경계까지 주군州郡으로 삼았다.

당나라 역시 신라와의 전쟁을 계속해나갔다. 땅을 빼앗으려는 당나라군은 지나족을 비롯하여 거란과 말갈족으로 구성되었다. 거란족은 당말 오대시대 지나의 혼란을 기회로 거란이라는 국가를 세워 지나 본토를 이중 체제로 통치했다. 당나라군에 거란이 포함된 것은 거란의 세력이 하나로 통일되기 이전의 상황이다. 신라군과 싸우는 당나라군에 말갈족이 포함된 것은 고구리에 복속하지 않은 말갈이다. 고구리에 복속한 말갈은 고구리의 유민과 힘을 합해 뒤에 발해국을 세우는 데 적극적으로 함께하였다.

당나라에 대해 화합과 전쟁 두 가지 정책을 쓰는 법민이지만 고구리의 유민 세력을 완전하게 확보하는데 조금도 데면데면하지 않았다. 20년(680) 법민은 고안승에게 비단 100필을 내려주고 자신의 누이동생을 아내로 삼게 했다. 고안승이 고구리 유민의 정신적 기둥이므로 그렇게 할 수밖에 없었다. 그의 반응은 어떠했을까. 고구리의 임금 고안승은 대장군 고연무高延武를 통해 올린 글에서 법민이 마음을 쓰는 것을 뜻밖의 기쁨으로 받아들인다고 하였다.

법민이 고안승에게 관심을 크게 나타내 보인 것은 고구리 유민들을 품으려는 계획의 표현이지만 그렇게 함으로써 당나라를 억누를 수 있는 것이다. 당나라는 이러한 법민의 행동을 당나라에 대한 배반이라고 했다. 이러한 상황을 잘 보여주는 것은 당나라의 설인귀와 법민 간에 오고간 문서이다. 11년(671) 7월, 설인귀는 신라의 임윤법사琳潤法師를 통해 긴 글을 보내왔다. 내용이 간단하지 않아 추린다.

"형(문무왕)은 역적이고, 아우(김인문)는 충신이며, 선왕(무열왕)은 세상을 떠날 나이인데도 위험을 무릅쓰고 당나라에 들어와 마음을 쏟았고 신라의 형세가 위태로워 견딜 수 없다 하여 당나라는 김춘추를 지극

정성으로 대해주었으며 군사문제까지 의논했다. 문무왕은 황제의 명령을 어기고 아버지의 말을 저버려 집집마다 군사를 모아 거두고 무기를 들게 했다. 옛날에 충성스러웠으나 지금은 임금을 반역하는 신하가 되었다.…"

법민은 글을 받고 회답하는 편지를 보냈다. 이 또한 매우 길고 번거로워 내용을 간추린다.

"당나라군에 대한 식량 공급 때문에 신라인은 극도로 피로하여 농사 시기를 놓쳐 풀뿌리도 넉넉하지 못하며, 군복이 헤어져 온전하지 못한 당나라 군사들에게 군복을 공급했으나 당나라는 신라가 뺏은 비열성 卑列城을 고구리에 돌려주었다. 신라는 백제와 고구리 평정 시에 충성을 다했으며 절대로 당나라를 저버리지 않았다. 하루아침에 버림을 받고서도 당나라를 배반할 마음을 품지 않았는데도 당나라는 백제의 옛땅을 모조리 나누어 쪼개 백제에 돌려주는 상황으로 보아 백제 유민은 나라를 세울 것 같다. 그러면 신라의 자손들이 이들에게 먹혀들게 될 것 같다. 억울하지만 신라는 반역한 일이 없다. 당나라가 이제 신라까지 치는 걸로 보아 마치 신라는 사냥개를 삶아 죽임을 당하는 형국이 되었다. 신라가 처해 있는 거북한 상황을 구체적으로 들어 당나라의 총관 설인귀가 올바르게 당나라 고종에게 보고하기를 법민은 바란다."

지나의 역대 정권이 이웃 민족과 국가에 대해 그랬듯이, 당나라가 신라에 대해 취한 야만스러운 행동은 조금도 어긋남이 없다. 법민의 회답 편지 이후에도 당나라의 야만스런 행위는 계속되었다. 이근행이 20만을 거느리고 매초성買肖城(경기도 양주시 고읍동)에 주둔함으로써 전쟁은 다시 벌어졌다.

당나라가 신라와의 동맹을 지키지 않은 것은 땅에 대한 지나친 욕심 때문이다. 법민이 설인귀에게 보낸 화답 편지에 의하면, 당나라 태종은 백제와 고구리를 평온하게 진정하면 평양 이남과 백제의 땅을 모두 신라에 주겠다고 약속한 바 있다. 당나라는 두 나라가 진정된 이후에도 땅을 돌려주지 않고 신라와 전쟁을 벌임으로써 영토를 넘겨주는 약속을 일방적으로 깨뜨렸다. 그러면 당나라는 지키지 않을 약속을 왜 했을까. 백제와 고구리를 멸망시키려는 계획에 신라를 적극 끌어들이는 것이 필요했기 때문이다. 당나라가 백제의 옛 땅까지 신라에 돌려주지 않는 걸로 보아 고구리의 옛 땅을 전부 돌려주는 것은 있을 수 없는 일이다.

백제와 고구리의 멸망 이후 벌어진 신라와 당나라 간의 영토 싸움은 신라가 버티어 굽히지 않고 저항하므로 당나라에 불리하게 끝이 났다. 상황이 이러다 보니 당나라는 평양 이남의 땅을 넘겨주겠다는 약속을 결국 실제로 행하게 되었다. 하지만 고구리 유민의 저항으로 요동 땅조차 유지할 수 없어 주인 없는 요동지방은 발해국의 영토로 편입되었다. 당나라는 고구리의 멸망 이후 압록강 이북 지방의 고구리 땅에 발을 들여놓지 못했다. 그 지역에는 고구리의 남아있는 세력이 당나라의 진출을 가로막고 있는데다 당나라로서는 이 지역이 경제적으로 쓸모 있는 가치가 없다 보니 적극적으로 진출하려고 하지 않았다. 이 지역은 삼림지대이므로 농업국가인 당나라로서는 차지할 가치가 없는 그런 땅이다. 발해국을 멸한 유목 국가인 거란도 이 지역을 내던져 버린 바 있다. 압록강 이북 지역은 그렇다 치고, 신라는 왜 고구리의 함경도 땅을 차지하지 못했을까. 이곳은 당나라의 관할 지역이 아니므로 신라는 얼마든지 이 지역을 차지할 수 있겠으나 그렇지 못했다. 이 지역에도 신라의 진출을 가로막는 세력이 버티고 있었기 때문이다. 그래서 이 지역은 발해국의 영토가 되었다.

진흥왕 때 신라는 동해안을 따라 북쪽으로 올라가 황초령비와 마운령비까지 세웠으나 고구리의 멸망 이후 동북지방에서는 진흥왕 때보다 영토가 작아지게 되었다. 삼국을 통일했다는 신라의 가장 북쪽은 비열홀比列忽 지방이었다. 9년(669) 신라는 비열홀·천정泉井·각련各連 등 세 군의 백성들이 가뭄으로 인한 굶주림으로 창고를 열어 구제하였다. 이는 이 지역이 신라의 동해안에서 가장 북쪽임을 말해 준다. 가뭄은 요동지방에서 평양 등지까지 덮쳐 고구리가 망하는 하나의 원인이기도 했다. 평양 지역은 당나라의 관리 밑에 놓여 있어 이 지역을 구제한 기록은 『삼국사기』에서 찾아볼 수 없다.

신라는 백제와 고구리의 멸망 이후 고구리 땅을 완전히 차지하지 못했다. 그러므로 통일은 이름과 실상이 서로 꼭 맞지 않은 미완성의 통일이라는 지적을 받고 있다. 틀린 말이 아니다. 그러면 신라의 통일이란 말을 대신할 말이 있을까. 영토상 미완성의 통일이지만 당나라의 한반도의 영토에 대한 더러운 욕심을 신라가 막아냈다는 것은 긍정적인 평가를 받아야 한다. 고구리의 멸망으로 한반도 남쪽의 신라와 북만주의 발해국이 함께 존재하여 역사상 남북국시대가 열렸다. 이로써 당나라의 영토 야욕은 완전히 물거품이 되었다.

멸망한 백제 땅에서 일어난 유민들의 부흥운동은 상세하게 알려져 있으나 고구리 땅에서는 독립전쟁이 어떻게 추진되었는지 알려진 것이 없다. 북만주의 고구리 옛 땅은 당나라와 신라의 통치권 밖이기 때문이다. 고구리 유민들의 독립전쟁을 단적으로 보여주는 완결판은 발해국의 건국이다.

법민(문무왕)은 대외적으로 당나라에 대해 화합과 전쟁 두 가지 정책을 밀고 나가 나름대로 큰 성과를 거두었다. 성과는 온 백성들과 함께 나누었다. 우선 큰 공을 세운 사람들에게 논공행상을 하고 전쟁에 가담하지 않은 일반 사람들에게는 통일의 기쁨을 맛보게 했다. 구체적으로 669년 2월 21일 죄수들의 형벌을 면제하는 조치와 빈곤한 백성을 구제하는 대책을 널리 퍼뜨려 알게 하였다. ① 오역죄五逆罪[23]로 갇혀있는 죄수를 풀어 자유롭게 하고, ② 다시 범죄를 저지른 사람이 다시 관직에 이바지함을 허용하며, ③ 남의 물건을 몰래 훔친 사람을 풀어 자유롭게 하고, ④ 물어줄 재물이 없는 사람은 물어주기를 면제하며, ⑤ 곡식을 꾸어 먹은 경우 꾸어먹은 곡식과 이자를 면제하고(농사가 부진한 경우), ⑥ 풍년이 든 지역은 꾸어먹은 곡식만 돌려주고 이자를 면제한다.

법민이 이렇듯 형벌을 면제하고 구제하려는 조치는 법을 어긴 사람과 가난하고 궁색한 사람들을 끌어안아 흩어진 민심을 통일을 기회로 하나로 끌어안으려는 데서 취해진 것이다. 법민의 치적을 잘 알아보게 하는 대목이 있다.

---

23 ① 아버지를 죽인 죄, ② 어머니를 죽인 죄, ③ 아라한阿羅漢(小乘의 수행자)을 죽인 죄, ④ 승가僧伽(중)의 화합을 깨뜨린 죄, ⑤ 부처의 몸에 피를 내게 한 죄.

그가 남긴 유언의 내용이다. 백제와 고구리를 평온하게 진정하여 나라를 편안하게 하고, 무기를 농기구로 돌려써서 백성들이 오래 살 수 있게 하고, 세금을 가볍게 하고, 나이가 젊고 기운이 좋은 남자에게 세금 대신 시키는 노동을 덜어주어 집집마다 사람마다 넉넉하여 부족함이 없어져 나라에 걱정이 사라지고, 창고에는 곡식이 쌓이고 감옥은 텅 비게 되었다는 것 등이다.

법민은 몹시 고된 업무에 시달리고 정치와 백성들을 좋은 방향으로 나아가게 하는 문제로 고심하다가 병이 들 정도로 국내문제에 온몸의 힘을 기울였음을 사실대로 말하였다. 태자에게 단단히 부탁한 말이 있다. 인력을 모아 자신의 무덤을 꾸미지 말라는 것이다. 즉 불교식으로 장례를 치르라는 것이다. 유언대로 장례를 치러 그의 능은 지상에 존재하지 않는다.

법민의 시호는 문무이다. 문은 학문과 지식을, 무는 군사 상의 전략을 말한다. 법민은 총명하고 지혜로워 이 둘을 병용하여 셋으로 갈라진 나라를 하나로 통일하였다. 이 둘을 구체적으로 표현한 것이 문무왕이라는 시호이다.

하느님의 보살핌으로 나라와 사회를 빛나게 한
신문왕神文王

┤제31대왕├

재위 기간 681(1)～691년(11)
성   김씨
이름   정명政明 · 명지明之
자字   일소日昭
아버지   문무왕
어머니   자의왕후慈儀王后
왕비   김씨金氏 소판흠돌蘇判欽突의 딸

정명(신문왕)이 현실 정치에서 중점을 둔 것은 왕권의 전제화이
다. 이 과정에 나타난 것이 김흠돌金欽突을 중심으로 한 반란 사건이
다. 김흠돌은 김유신의 조카이면서 사위이며, 정명의 장인이다. 임금
은 왕권의 전제화를 위해 이전의 관료 세력을 정리하고 새로운 정치
세력을 세우려 하자, 원년 문무왕의 상중에 김흠돌은 이를 반대하다
가 목이 베이는 형벌을 당했다. 보덕왕은 사신 수덕개皆德皆를 통해
역적이 평온하게 진정되었음을 축하하였다.

전제화의 한 부분으로 지방행정과 군사제도가 정비되었다. 3년

(683) 임금은 보덕국왕報德國王 안승을 소판蘇判으로 삼아 김씨 성을 내리고 고구리인과 말갈인을 군사제도에 편입했다. 고구리인의 황금서당黃衿誓幢과 말갈인의 흑금서당黑衿誓幢이 그것이다. 이로써 통일 신라의 9서당九誓幢·6서당六誓幢이 조직되었다. 특히 황금서당과 흑금서당이 편제됨으로써 고구리인과 말갈인의 싸우는 방법이 신라에 흡수되는 성과를 거두었다.

흑금서당이 조직된 이듬해에 보덕국에 거주하는 고구리인들의 신라에 대한 저항이 대대적으로 일어났다. 저항을 주동적으로 이끈 인물은 (고)안승의 조카뻘 되는 고대문高大文인데 꾀하려는 반역이 사전에 발각되는 바람에 실패하여 사형에 처해졌다. 하지만 보덕국의 고구리 유민들은 북받쳐 올라 관리를 죽이며 군사를 일으키기까지 했다.

거창한 일은 억눌러 진정되었지만, 진정시키는 데에 황금서당도 함께하였다. 이는 고구리 유민끼리 싸우고 죽이는 일이다. 역사상 이러한 사례는 적지 않다. 발해국의 유민이 거란에 맞서 싸울 때 같은 발해국의 유민이 진정시키는 데에 함께 하여 맞서 싸우는 일이 실패했다. 임진왜란 때 조선에 투항한 김충선金忠善이 이끄는 항왜降倭가 왜군과 싸워 큰 전공을 세우기도 하였다.

고구리 유민의 반항으로 성공한 사건은 궁예弓裔가 군사를 일으킨 것이다. 궁예는 신라인이 아니고 신라에 들어와 있는 고구리 유민의 후손이다. 그의 어머니는 고구리 유민으로 황해도의 토산兎山 궁씨이다. 그의 아버지와 어머니의 혼인으로 태어난 인물이 궁예이다. 그의 아버지는 고구리 고씨 왕족의 후손이므로 신라 정부로부터 늘 감시를 받고 있었다. 아버지는 아들 궁예도 감시를 받을 것이라고 미리 짐작하여 자신의 성씨를 따르게 하지 않고 그 어머니의 성씨를 따르게 했다. 말하자면, 궁예는 신분이 세탁된 셈이다.

고대문은 임금의 권력이 강화된 신문왕 때 반란을 일으키려 하다가 실패했으나 궁예는 신라의 왕권이 크게 약화된 신라 말기에 큰일을 일으켰기 때문에 후고구리의 건국을 보게 되었다. 고대문의 거창한 일은 실패했으나 고구리 유민이 고구리를 다시 세우려 하여 일으킨 의로운 일은 식지 않아 궁예는 선조가 품었던 생각을 계승하여 목적한 바를 성취하였다.

신문왕이 반란을 진압한 후 보덕국의 유민들은 남쪽의 주현으로 옮겨지고 금마저金馬渚는 금마군이란 이름으로 편제되었다.

중앙집권 강화는 반란 사건이 진압된 뒤에 이루어졌을까. 고구리가 멸망했으나 서북쪽의 평양 이남과 동북쪽의 안변 이남의 땅을 차지함으로써 신라로서는 관직제도와 지방제도를 확대하여 고치는 일이 불가피하여 5년(685) 관직제도와 지방제도인 9주九州·5소경제五小京制가 만들어졌다.

왕권의 강화는 토지경제 측면에서도 추진되었다. 어느 시대나 문무 관료에게는 생계 수단으로 일정량의 토지를 차등 있게 주었다. 신라의 경우 원래 진골 귀족들은 녹읍祿邑을 지급받고 6두품과 그 이하는 축년사조逐年賜租, 즉 월급처럼 1년 또한 한 달을 기준으로 일정량의 곡물 또는 토지를 받았다. 헌데 9년(689) 진골 귀족의 경제적 기반인 녹읍이 폐지되었다. 이는 진골의 경제적 기반에 큰 타격을 입힘과 동시에 이들을 6두품의 행정 관료로 편입시켜 왕권을 강화하려

하였다.

녹읍을 폐지시킨 같은 해 도읍을 달구벌達句伐로 옮기려 했다. 하지만 신하들의 반대로 실행되지 못했다. 달구벌은 지금의 어디일까. 『삼국사기』 악지樂誌에 따르면, 임금이 신촌新村에 거동해 악인樂人들에게 음악을 연주케 했다. 연구에 따르면, 달구벌이 대구와 관련된 지명으로서 대구로 보고 있다.

그러면 왜 수도를 옮기려 했을까. 삼국 통일로 영토가 커져 수도 이전론은 얼마든지 나올 수 있다. 물론 왕권 강화와 연결되어야 할 것이다. 전제국가 시대에 국가의 발전은 왕권 강화와 분리될 수 없다. 왕권이 모든 면에 미치고 있기 때문이다. 고리나 조선의 경우 수도는 한반도의 허리에 해당하는 중간 지점에 있었다. 지리적 이점으로 고리나 조선은 각기 5백 년간 생명을 유지할 수 있었다. 신라의 경우 수도가 동남 귀퉁이에 치우쳐 있다 보니 사실상 수도로서는 적당하다고 볼 수 없다. 그래서 수도 이전론이 나오게 된 것이다.

그러면 하필 달구벌을 택했을까. 통일 신라도 고리나 조선처럼 영토의 중간 지점인 중원경中原京(충주)에 수도가 있었다면 어떠했을까. 신라도 더 오래 존립할 수 있었을 것 같다. 결국 달구벌로 도읍을 옮기는 것에 대해서는 큰 의미를 줄 수 없다. 정권을 세운 궁예나 왕건이 수도를 철원과 개경에 둔 것은 이 지역에 반反신라적, 즉 친고구리적 분위기가 넘쳐 있는데다가 고구리 왕실의 후손으로 이곳을 중심으로 활동을 해와 여기에 정권을 세운 것이다. 신문왕이 신라의 중간 지점인 중원경을 수도로 정하지 못한 것은 이 지역에 고구리적인 분위기가 밑바탕에 깔린 탓이 아닐까. 정명(신문왕)은 이러한 이유로 과거의 진한과 변한 지역으로 만족하여 달구벌로 도읍을 옮기려 했으나 이마저 추진되지 못했다.

이때 신라인들이 알고 있었던 나라는 역시 당나라와 일본이다. 문무왕 때 치른 나당전쟁 이후 두 나라 사이에 외교 관계가 끊어지다시피되었다. 그러다가 다시 당나라에 사신을 보냈다. 사신을 통해 전달한 것은 유교 경전의 하나인 『예기禮記』와 문장을 달라는 것이다. 실권자인 측천무후는 신라의 요구를 들어주었으나 길흉과 중요한 예절에 관한 50권만을 보내주었다(686). 6년이 지난 692년 측천무후의 아들 중종은 사신을 신라에 보내와 태종이란 묘호를 더 이상 사용하지 말라는 것이다. 김춘추의 태종이란 묘호가 제정된 지 31년(661~692) 동안 아무 말이 없다가 느닷없이 김춘추의 태종이라는 묘호는 분수에 넘치며 이세민만 사용할 수 있는 것이므로 절대 사용하지 말고 급히 고치라는 것이다.

30여 년간 두 나라 사이에 외교관계가 없다가 김춘추의 묘호 문제를 들고 나온 것은 신라와 외교관계를 다시 맺어야 하겠는데 당나라가 신라보다 우월하다는 태도에서 계획된 심술 외교라고 본다. 측천무후의 집권으로 당나라의 대외적인 체면이 떨어져 이에 따른 위엄과 믿음을 회복하려는 생각에서 비롯된 걸로 판단된다.

신라의 반응은 어떠했을까. 신라는 이세민의 태종이란 묘호를 사용한 것을 인정했다. 하지만 무조건 따른 것이 아님을 구체적으로 밝혔다. 김춘추에게는 태종이란 묘호의 사용이 더할 수 없이 도리에 알맞다는 것이다. 즉 김춘추는 생전에 삼한을 통일한 공이 크며 사망하자, 나라의 신하와 백성들이 마음속 깊이 그리워하여 이세민의 묘호를 사용하게 되었다는 것이다. 태종이란 묘호를 사용한 것에 대한 신라의 답변에 대해 당나라는 더 이상 아무 말도 하지 않았다. 결국 신라는 태종이란 묘호의 사용을 끝까지 지켜냈다. 나당전쟁 이후 다시 시작된 두 나라의 외교문제에서 신라는 태종이란 묘호의 사용 문제를 굽히지 않고 밀고 나가 외교면에서 당당함을 보여주었다.

임금이 남긴 치적을 살펴보았듯이, 신라인들은 임금의 치적을 마음속에 깊이 간직하여 표현한 것이 신문왕이란 시호이다. 신神자에는 '하느님'·'하늘의 신'이라는 의미가 있고, 문文자에는 '예악 제도 등 국가와 사회를 빛나게 한다'는 의미가 있다. 신문왕이란 시호는 '하느님의 보살핌으로 국가와 사회를 빛나게 한 임금'이라는 의미라고 본다.

임금의 이름은 정명政明이고, 자字는 일소日昭이다. 정政자에는 '나라를 다스리다'의 의미가 있고, 명明자에는 '확실하게'라는 의미가 있다. 정명은 '나라를 확실하게 다스리다'의 의미이고, 본 이름 외에 다른 이름인 일日자에는 '매일'이란 의미가 있고, 소昭자에는 '부지런히 힘쓰다'란 의미가 있다. 일소는 '매일 부지런히 힘을 쓰다'라는 의미이다. 임금의 부모는 아들이 나날이 부지런히 힘을 써 나라를 확실하게 다스려주기를 바랐기에 이름을 이와 같이 지었던 것이다. 임금의 드러난 치적으로 보아 부모가 지어준 이름대로 나라를 잘 이끌었다고 본다.

크게 도리를 깨달아 부지런히 부모를 섬기고 나라를 다스리는데 힘쓴
효소왕 孝昭王

┤ 제32대왕 ├

재위 기간   1년(692)~10년(702)
성   김씨
이름   이홍理洪 · 이공理恭
아버지   신문왕
어머니   김씨金氏 신목왕후神穆王后
왕비   미상

재위 기간이 짧아 현실 세계에 있었다고 생각되는 느낌이 떨어진다. 하지만 많은 업적을 남겼다. 임금의 자리에 오른 692년에 좌우이방부左右理方府를 고쳐 좌우의방부左右議方府로 바꿨다. 임금의 이름 이공, 이홍에 이理자가 들어있기 때문이다. 피휘避諱를 했다.

발해국이 건국되기 이전인 효소왕 때 신라 북쪽에 고구리의 남은 세력이 버티고 있었다. 『삼국유사』에 의하면, 693년(효소왕 2) 화랑의 지도자인 부례랑夫禮郎이 강원도를 돌아다니며 구경하다가 통천通川에서 토착 세력에게 납치를 당했다. 하지만 이때부터 옛 고구리의 남부 영토를 넓히기 시작했다. 이에 따라 송악松岳(개성)과 우잠牛쏙(황해도 金川郡 牛峯)을 잇는 북쪽의 옛 고구리 땅을 튼튼하게 막으려는 국방계획에 따라 성을 쌓았다. 당나라가 평양 이남의 땅을 신라에 떼어서 넘겨준다고 했으나 당나라가 영토를 침범하여 빼앗으려는 더러운 욕심이 그대로 존재하고 있는지라 신라로서는 대책을 세우지 않을 수 없었던 것이다.

국내적으로 4년(695) 수도 금성 안의 서쪽과 남쪽 두 곳에 시장을 설치하였다. 지증왕 때 동시東市가 세워진 바 있으므로 도성 안에는 세 개의 시장이 들어선 것이다. 시장이 설치됨으로써 도성에서 상업과 유통이 크게 성행했을 것이다. 도시에는 필요한 기능이 여러 개 있는데 시장은 가장 큰 기능이다. 도성은 소비 중심지이므로 물자의 공급은 도성의 주민 생활에서 잠시라도 빠질 수 없다.

귀족들은 국가로부터 받은 토지가 있으므로 굳이 시장의 필요성을 절실히 느끼지 않았겠으나 백성의 입장에서는 시장에서의 물품 매매 또는 교환이 필수적이며 도성 이외의 지방에서는 시장의 필요성이 절실하지 않았을 것이다. 왕조국가나 현대 국가를 보더라도 사람은 도성을 끼고 있는 중앙 지역으로 모여들기 마련이기 때문이다. 신라의 경우 왕조국가이므로 경제의 중심이 수도에 치우쳤음은 당연하다.

신라에서 시장의 설치가 역사 기록에 남아 있는 것은 수도에서의 시장 설치가 그만큼 중요했음을 말해준다. 신라 도성 내의 시장은 개인보다 국가의 필요성에 따라 설치되었음에 틀림없다. 조선의 경우 한성의 육의전六矣廛이라는 국영 시장도 국가의 필요성에 따라 설치되었다. 지방에도 시장이 있지만, 이는 사실상 관주도형 시장이 아니고 서민들의 필요 욕구에 따라 자연 발생적으로 생겨난 것이다.

　시장경제의 활성화 시기에 국가 발전의 견인차 역할을 하는 임금의 권력은 어떠했을까. 즉위 원년(692) 학덕이 높은 승려 도증道證이 당나라에서 돌아와 천문도天文圖를 임금에게 올렸다. 천문도란 무엇인가. 고대시대부터 왕조국가에서 천체를 관찰하는데 꼭 필요한 것이다. 이 시대의 천문도는 제작 목적이 오늘날과 일치하지 않는다. 동아시아에서는 지나의 한나라 유학자인 동중서董仲舒가 하늘과 사람은 서로 감정을 함께 나누어 가진다는 '천인감응설天人感應說'을 내놓았다. 이후 동아시아의 군주들은 이 설에 따라 정치를 바르게 해야 할 것이라고 굳게 믿어왔다.

　다시 말하면, 자연 현상은 하늘로 그치지 않고 지상의 인간 사회에 무엇인가를 보여준다고 사람들은 믿었다. 이를테면 유덕자有德者, 즉 덕이 많은 군주가 나올 때에는 길한 일이 일어날 조짐이 나타나며, 군주가 정치를 잘못하면 재앙이 되는 괴이한 일이 나타난다고 하여 모름지기 군주는 '천인감응설'을 믿고 따랐다. 따라서 군주는 항상 하늘이 보내는 현상을 알아야 했다.

　군주가 정치를 해나가는데 있어 데면데면할 수 없는 천문도가 들어왔다는 것은 이때부터 국가의 통치는 반드시 하늘의 현상과 일치함을 생각하게 한다. 군주가 천문도의 절대성을 믿는 만큼 항상 실천하고자 하는 것은 어질게 잘 다스리는 정치를 펼치겠다는 생각이다. 덕을 베풀면 하늘이 이를 알고 반드시 인간 사회에 무엇인가를 보여준다고 믿어왔다. 천문도의 도입으로 어진 정치를 베풀어야 한다는 정치의식이 뚜렷해지는 계기가 마련되었다.

천문도는 군주의 어진 정치에만 국한되지 않고 왕권의 상징물이기도 했다. 따라서 천문도의 도입으로 이때부터 왕권이 강화되는 쪽으로 나갔다고 보아야 할 것이다. 이홍(효소왕)은 어린 나이에 임금의 자리에 올라 직접 나라의 정사를 돌보기가 분명 힘들어 태후가 임금을 대신하여 나라를 다스렸을 것 같다. 임금의 권력을 대변하는 중시 자리에 신문왕 때의 공신들이 계속 임명되고 임금의 명복을 기원할 목적에서 세워진 황복사皇福寺 3층 석탑의 금동사리함에 부처에게 소원을 비는 것이 이홍과 그 어머니 태후의 이름으로 되어 있다. 이는 공신들의 도움을 받아 어머니가 나라를 대신 다스렸을 가능성을 보여준다.

이때 모든 것이 전반적으로 안정되어 시장이 더 늘려 설치되고 일본과의 관계도 순조로워 일본의 사신이 조정에 와서 임금을 뵈오며 8년(699)에는 당나라에 사신을 파견하는 등 당나라와의 관계도 정상화되었다.

이홍이 사망하자 어떤 군주로 비쳤을까. 그의 시호 효소의 효孝자에는 '부모를 섬기다'의 의미가 있고, 소昭자에는 '부지런히 힘쓰다'·'분명'이란 의미가 있다. 그러므로 효소는 '분명 부지런히 힘써 부모를 섬겼다'는 것이다. 임금은 아버지 신문왕과 어머니 신목태후의 가르침을 잘 따랐기 때문에 나라가 크게 발전할 수 있었던 것이다.

임금의 남다른 면모를 알 수 있게 하는 것은, 그의 이름 이홍理洪·이공理恭이다. 이理자에는 '다스리다'·'깨닫다'·'도리'·'이치'의 의미, 홍洪자에는 '넓다'·'크다'의 의미, 공恭자에는 '공손하다'·'받들다'·'섬기다'의 의미가 있다. 여러 의미 중에 어울리는 것은 '크게 도리를 깨달아 부모를 섬기며 나라를 다스렸다'라고 할 것이다. 그러면 나라가 잘 다스려지는데 표준이 된 것은 무엇일까. 승려 도증道證이 갖고 들여온 천문도는 물론이고, 그가 크게 몰두했다는 유식학唯識學도 표준이었다고 본다.

유식학이란 무엇일까. 모든 법은 오직 내 마음속에 존재한다는(萬有唯心) 말로, 법상종法相宗의 근본 가르침이다. 유식론唯識論·유심학唯心學이란 유식의 학문화를 이른다. 유식을 쉽게 표현하면 인간은 불성佛性을 가진 부처인데, 이를 알지 못해 마음 밖에서 참된 진리를 찾으려 하는데 스스로 부처임을 깨달아야 고통의 윤회에서 벗어나며, 인간이 추구하는 행복이란 잠시뿐이고 그 뒤에는 고통이 따르기 때문에 행복은 진정한 행복이 아니며 일상생활은 행幸과 불행이 반복되는 윤회輪廻의 굴레라는 것이다.

유식학 연구에 몰두한 스승은 원측圓測(진표왕 35~효소왕 5)이다. 신라의 왕손으로 당나라에 들어가 유식학을 배웠다. 이홍(효소왕)은 도증의 가르침을 표준으로 삼아 나라를 통 크게 다스렸다고 해야 할 것이다.

이러한 임금이 아들 없이 별세하자, 나랏사람들은 임금의 아우를 새 임금으로 떠받들었다. 이이가 성덕왕聖德王이다. 효소왕과 성덕왕의 교체가 자연스레 이루어진 것은 효소왕이 불교적인 입장에서 나라를 잘 다스렸음을 인정받았기 때문일 것이다. 이홍이란 이름의 의미는 효소왕의 불교적 통치로 그대로 나타났다.

슬기롭고 걸출하며 덕을 베푼
성덕왕 聖德王

┤제33대왕├

재위 기간 원년(702)~36년(737)
성   김씨
이름   융기隆基(본명)
          흥광興光(고친 이름)
아버지   신문왕
어머니   김씨金氏 신목왕후神穆王后
왕비   성정왕후成貞王后
          소덕왕후炤德王后

어지러워 살기 힘든 세상을 이겨내어 평화 시대를 연 임금은 문무왕이며, 뒤를 이은 신문왕이 국내문제를 다져놓은 8세기 초에 즉위하여 통일신라의 가장 왕성한 시기를 이룬 이름 높은 임금이 성덕왕이다. 효소왕의 빠른 사망으로 동생 융기가 나랏사람들의 추대 형식으로 임금이 되었다. 임금의 자리에 오를 때 나이는 10대로 여겨진다. 40대 후반에 사망하여 재위 기간은 꽤 길다. 본래 이름은 융기이나 당나라 현종의 이름과 같아 712년 흥광으로 고쳤다. 외교적 마찰로는 태종무열왕에 이어 두 번째이다. 태종무열왕의 경우 묘호가 문제였으나 성덕왕의 경우는 융기라는 이름이 문제꺼리였다.

만약 성덕왕의 경우 이름자를 고치지 않았다면 당나라와 외교적인 마찰이 빚어질 가망이 크다. 고쳤기 때문에 당나라와의 관계는 탈 없이 순조로운 길이 열린 셈이다. 피휘 사건은 성덕왕이 임금의 자리에 오른지 11년(712)째 되는 해에 있었다. 그러면 당나라는 왜 융기(성덕왕)가 임금의 자리에 오른 702년에 피휘 문제를 일으키지 않았을까. 702년은 측천무후의 집권과 겹친다(690~705). 측천무후의 집권으로 정치 질서가 서지 않은 상황이므로 성덕왕의 이름자에 대해 신경을 쓸 여유가 없다. 그러다가 712년 현종이 즉위함으로써 들춰지지 않았던 피휘 문제가 수면 위로 떠오르게 되었던 것이다.

당나라를 대신하여 주周나라를 세운 측천무후는, 효소왕의 사망 소식을 접하자 슬퍼하여 이틀 동안 조회를 보지 않고 신라에 사신을 보내 위문하고 융기를 신라의 임금으로 인정하여 측천무후로부터 외교적인 승인을 받았다. 703년 임금은 당나라에 사신을 보내 잠시 끊어진 외교관계를 원래대로 회복하였다. 임금의 재위 35년 동안에 신라는 38차례나 사신을 보냈는데, 거의 해마다 어느 때는 1년에 2~3차례나 보내기도 하였다.

임금은 왜 그토록 자주 사신을 보냈을까. 신라와 당나라 사이에 남아 있는 외교문제 때문에 사신을 파견한 것이 아니고, 대부분 의례적인 신년 하례 또는 진귀한 물건을 보내주기 위함이었다. 당나라도 답례로 진귀한 물건을 신라에 보냈다. 당나라에 드나드는 사신 편에 불경이 들어오기도 하였다. 3년(704) 사신 김사양金思讓이 『최승왕경最勝王經』[24]이란 불경을 임금에게 바쳤다. 신라 측의 요구로 이 경전이

들어왔는지 당나라가 자발적으로 내주어서 들어왔는지 알 수 없다. 이 경전이 호국정신을 속에 품고 군주의 권위까지 세워주고 있으므로 임금으로서는 관심을 기울일만하다. 이 경전으로 인해 임금의 군주로서의 권위가 강화되는데 큰 도움이 되었을 것이다.

당나라에 드나드는 사신으로 인해 새로운 문물이 더 들어왔을까. 16년(717) 사신 김수충金守忠이 문선왕文宣王(공자의 시호)과 10철哲,[25] 제자 72명의 초상화를 임금에게 바쳤는데 태학太學에 받들어 모셔졌다. 알다시피 공자는 유교 또는 유학의 창시자이고 그가 배출한 제자로 말미암아 유교(유학)는 후세 동아시아 국가의 정치와 교육 그리고 사회의 밑바탕이 되었다. 공자와 그의 제자들의 초상화가 태학에 모셔짐으로써 유교적인 교육이 궤도에 오르게 되는 계기가 마련되었다. 유교식 교육을 더 심화시키기 위해 27년(728) 임금의 아우 김사종金嗣宗은 사신으로 당나라에 들어가 신라의 자제들이 당나라의 국학國學에 들어가 공부하게 해달라고 요청하였다. 당나라는 호의적으로 받아들여 입학을 허락했다. 이로써 신라의 유학은 비약적으로 발전하는 계기가 마련되었다. 다음 해 당나라에 들어간 사신은 태학에 입학하도록 허가해준 것에 대해 고마운 뜻을 나타냈을 것이다.

신라와 당나라의 관계가 신라의 잦은 사신 파견으로 도탑고 성실해졌다. 이를 잘 보여주는 것은 발해국 문제에 대한 양국의 이해관계가 일치된 것이다. 31년(732) 발해국의 수군이 바다를 건너 당나라의

---

24 불타의 영원함과 사천왕四天王이 국가를 지킨다고 불교의 가르침을 풀어 밝힌 경전으로 『금광명경金光明經』이라고도 한다.

25 공자의 빼어난 제자 안회顔回 등 열 사람.

산동반도의 등주를 침공했다. 현종은 발해국에 대한 보복전을 구상했는데 신라군이 발해국의 남쪽 변경을 침공하라는 것이다. 이듬해 신라군은 실제 출동하여 북쪽으로 군대가 나아가게 했으나 눈이 많이 내리는 바람에 얼어 죽은 사람이 반수가 넘어 침공을 하지 않고 그냥 되돌아왔다.

당나라의 발해국 보복전에 신라가 가담한 것은 현종의 요구가 있기도 하지만 당시 신라와 발해국의 관계는 그다지 좋지 않았다. 신라의 발해국에 대한 비우호적 관계가 겹쳐 있어 신라는 머뭇거리지 않고 침공에 나섰던 것이다. 신라의 침공은 성과 없이 끝났지만 중요한 것은 신라가 현종의 출병 요구를 따랐다는 것이다. 이 사건을 통해 신라의 잦은 사신 파견으로 당나라와 신라의 관계가 무척 원만해졌다.

이의 명확한 증거로 34년(735) 당나라가 패강浿江(대동강) 이남의 땅을 신라에 넘겨주었다. 신라와 당나라는 연합하여 고구리를 무너뜨렸으나 고구리의 수도 평양 이남은 신라가 차지하지 못하고 당나라가 점령하였다. 당나라는 67년 동안이나 평양 이남을 점령하고 있다가 패강 이남의 관할권을 신라에 넘겨주었다. 땅을 넘겨준 것에 대해 성덕왕은 이듬해 사신을 보내 고마운 뜻을 나타냈다. 땅을 주어 영토가 넓혀진 것에 대해 어떤 말로 보답을 할지 모르겠다는 말로 고마움을 표했다.

당나라가 땅을 신라에 넘겨준 것은 신라와 당나라의 관계가 정상화되었음을 보여준다. 하지만 성덕왕이 당나라에 보여준 물심양면의 성의를 보면 저자세로 일관하는 등 복종하는 태도를 지녔다. 그야말로 성덕왕은 군주로서의 권위와 자존심을 내팽개치고 충성스런 신하로 처신할 정도였다. 그러했기 때문에 당나라의 현종은 앞서 황제와 달리 거만한 태도를 부리지 않고 성의를 받아들이게 되었던 것이다.

신라는 당시 피할 수 없는 일본과의 관계를 어떻게 전개시키려 했을까. 34년(735) 일본에 사신으로 간 급벌찬 김상정金相貞은 신라의 국호를 왕성국王城國이라고 했다. 왕성국이란 성덕왕이 33년(734) 당나라의 현종으로부터 영해군대사寧海軍大使란 직책을 받아 신라 주변의 바다에 대한 실질적인 지배권을 받았음을 내세워 이런 식으로 표현한 것이다.

한편 일본은 왕성국 표현을 문제 삼아 신라의 사신을 수도에서 맞이하지 않았다. 하지만 신라는 왕성국을 내세워 자국의 우월성을 일본에 보여주었다. 일본은 710년 당나라를 모방하여 율령 체제를 추진하여 신라를 조공국으로 표현하였다. 720년 이후 두 나라 사이에 점점 깊어진 외교적 불안감으로 일본은 신라를 침공했다.

신라와 일본의 관계가 나빠지게 된 것은 신라와 발해국의 관계가 나빠진 데서도 찾아볼 수 있다. 신라가 멸한 고구리의 유민들이 발해국을 세웠기 때문에 신라는 발해국에 대해 좋은 감정을 가질 수 없었다. 일본은 자국으로 들어오는 선진 문물의 통로를 발해국이라고 보면서 발해국에 적대적인 신라를 멀리하였다. 발해국과 일본 간에는 사신의 왕래가 빈번했으나 발해국과 신라 간에는 사신의 왕래가 단한 차례로 나타나고 있는 것이 이를 입증한다.

신라가 대외 문제에서 성공을 거둔 것은 당나라뿐이다. 당나라와의 관계가 정상화됨으로써 성덕왕은 오래전부터 품은 소망이 해결되었다. 이런 분위기의 조성으로 임금은 왕권 강화에 전심전력을 다해 나가게 되었다. 10년(711) 관리들이 지켜야 할 도리를 밝힌 글, 이른 바 백관잠百官箴을 만들어 관리들에게 터놓고 드러냈다. 그러면서 교서를 내려 백관들이 임금에게 의견을 올릴 수 있는 길을 개방하고 직접 지방의 민정을 살피기 위해 주군州郡을 자주 돌아다니고 죄인들을 용서하며 형벌을 면제해 주는 조치를 취하였다.

민생 문제에서 가장 중요한 것은 아무래도 백성들의 먹고 사는 문제일 것이다. 21년(722) 백성들 보호 차원에서 당나라의 균전제를 본보기로 하여 백성들에게 정전丁田을 지급했다. 내용은 백성들의 사유지인 논과 밭의 소유권을 인정하며 토지 없는 백성에게 국유지를 지급한 것이다. 국유지 지급은 농민들에게 경작권을 부여한 것을 말한다. 결국 정전의 시행은 농민을 국가에서 보호하겠다는 강력한 의지를 나타낸 것이다.

성덕왕의 재위 기간이 35년이다 보니 『삼국사기』에 관련 기록이 상대적으로 많다. 특히 대당對唐 기록이 많아서이다. 태종무열왕 때부터 신라는 국력이 올라가면서 성덕왕 때가 되면 모든 면에서 안정을 찾아 태평시대가 열렸다. 하지만 통치 행위에서 크게 돋보이는 것은 신라가 당나라에 대해 지나치게 뜻을 굽혀 복종한 것이다.

백제와 고구리의 멸망 이후 당나라가 영토에 대해 지나치게 부리는 더러운 욕심으로 오랫동안 나당 관계가 끊어져 빚어진 외교의 공백을 정상으로 회복시킨 것이 성덕왕이므로, 당시 성덕왕에 대한 여론은 신라를 잘 다스린 걸로 여겨져 시호를 성덕왕으로 정했다고 본다. 본래 성덕聖德은 '천자의 거룩한 덕'을 일컫는 말이다. 당시 신라인은 성덕왕의 치적을 마치 천자의 그것처럼 보았던 것이 아닐까 한다.

성덕의 의미를 달리 보여주는 것이 그의 이름인 융기隆基·홍광興光인 듯하다. 당나라 현종의 이름과 같다 하여 고치라는 융기는 '기본이 되는 토대를 높이다'는 의미이다. 당나라와의 외교관계를 정상화시킨 것은 융기란 의미를 잘 보여주고 있다. 고쳤다는 홍광의 의미는 '크게 깨어나 시작한다'는 것이다. 대당 관계를 크게 새롭게 시작했다는 데서 홍광의 의미가 잘 나타났다고 본다.

신라의 전통적인 친당 분위기에서는 성덕왕이 슬기롭고 뛰어난 인물로 평가를 받을 수 있다. 하지만 역사적인 입장에서는 평가를 달리 할 수 있다. 당나라에 대해 복종하는 태도를 지닌 약삭빠른 군주라고 할 것이다. 신라 이후 고리나 조선이 지나의 역대 정권에 대해 복종하는 태도는 성덕왕이 당나라에 복종했던 그 모습 그대로이다. 그러므로 우리 역사상 성덕왕은 지나에 대해 뜻을 굽혀 복종하는 태도를 심어준 인물이라는 평을 면할 수 없을 것이다.

가지런히 선대 임금을 본받은
효성왕 孝成王

> **┤ 제34대왕 ├**
>
> 재위 기간 원년(737)~6년(742)
> 성   김씨
> 이름   승경承慶
> 아버지   성덕왕
> 어머니   김씨金氏 소덕왕후炤德王后

성덕왕의 둘째 아들인 승경은 당나라와의 관계를 이끌어나가는데 데면데면하지 않아 임금의 자리에 오른 해에 당나라에 사신을 파견했다. 2년(738) 당나라의 현종은 신라 사신을 통해 전해들은 성덕왕의 사망 소식에 무척 슬퍼하고 좌찬선대부左贊善大夫인 형숙刑璹을 보내 성덕왕의 제사를 지내게 하고 태자태보太子太保[26]를 추증하고 승경을 신라의 임금으로 인정하였다.

형숙이 당나라를 떠나려 할 때 현종이 시를 짓자, 태자 이하 백관들도 따라서 시를 지었다. 현종은 형숙에게 단단히 부탁하는 말을 했

---

26 왕자의 교육을 담당하는 벼슬.

다. "신라는 군자의 나라라 일컬어지며 매우 서적을 잘 아는 것이 중국과 같다. 경은 순박하고 인정이 두터운 선비이므로 부절符節[27]을 가지고 가게 하는 것이니, 마땅히 경서의 뜻을 알기 쉽게 설명하여 당나라에서 유교가 한창 발달했음을 알게 하도록 하라."고 하였다.

현종이 형숙에게 한 말 중에 주목을 해야 할 대목이 있다. 당나라의 유교가 크게 발달했음을 알게 하도록 하라는 것이다. 유교가 학문화된 것은 한漢나라 이래 유지되어 왔다. 그런데 현종은 신라와 외교관계를 트려는 시점에 왜 군이 이런 말을 했을까. 당나라의 국교가 도교이므로 신라인들은 유교가 쭈그러들지 않았을까 여길 수 있다. 여기에 더하여 측천무후가 집권하면서 유교적인 사회 질서가 무너지다시피한 관계로 신라인은 유교가 움츠러들지 않았을까 생각할 수도 있다. 무후의 16년 집권이 막을 내리면서 당나라가 이전 상태로 돌아가 유교가 제자리를 찾게 되었으나, 현종은 신라인들이 유교에 대해 느끼고 있을 의심과 오해를 풀도록 하기 위하여 당나라에서 유교가 발달했음을 신라 사람들이 알도록 설명하라고 단단히 부탁했던 것이다.

현종은 군자의 나라인 신라의 학문 수준이 당나라와 같다고 했는데 사실일까. 627년 당나라 태종은 고구리에 사신으로 들어가는 주자사朱子奢에게 백제와 고구리의 학문 수준이 높다고 말한 적이 있다. 이를 보더라도 현종의 말은 허튼 말이 아니다.

불교는 인간의 정신세계에서 이해하기 어려운 문제를 풀어주는 역할을 담당하고 있으며 인간의 현실적인 문제, 예를 들면 인의예지仁

---

27 나뭇조각이나 종잇조각에 글자를 쓰고 증인證印을 찍은 뒤에 두 조각으로 쪼개어 한 조각은 상대방에게 주고, 다른 조각은 보관했다가 서로 맞추어 증거로 삼은 물건.

義禮智는 유교에 의존하게 마련이다. 불교와 유교의 범위 밖의 문제, 즉 생로병사는 도교가 방향을 제시하고 있다.

특히 도교를 숭상하는 당나라의 무종武宗(841~846)은 자신의 무병 장수를 바라는 간절한 소망을 도교를 통해 구하려고 했다. 이에 따라 도교를 발전시키는데 힘을 기울여 유교를 움츠러들게 하고 불교를 크게 탄압하면서 남녀 승려 26만 명이 강제로 속인이 되게 하고 외국 승려들을 본국으로 강제 추방하였다. 이런 일련의 조치는 지나의 정사正史에서는 아주 보잘 것 없이 아주 작게 다루어져 있다.

헌데 무종의 갑작스런 사망으로 유교와 불교는 탄압에서 벗어나 승려들은 다시 속세에서 사찰로 돌아오게 되었다. 특히 일본의 승려 엔닌(圓仁)은 강제 추방에서 벗어나 견당사절단의 배를 타고 스스로 일본으로 돌아왔다. 그는 탄압의 현장에 있다 보니 직접 목격한 탄압의 실상을 귀국 후에 직접 여행기로 남겼다. 엔닌의 『입당구법순례행기入唐求法巡禮行記』가 그것이다.

형숙은 신라 땅에 들어와 현종이 부탁한 바를 임금(효성왕) 이하 관료들에게 충분히 설명했을 것이다. 그는 임금에게 『도덕경』 등 서적을 바쳤다. 『도덕경』을 바친 것은 도가사상을 신라에 전하려는 의도일 것이다. 형숙이 『도덕경』을 전한 것이 처음이라면 백제나 고구리에 비해 신라 사람들은 도가사상을 늦게 접한 셈이다. 삼국 중에 도가사상 기록이 가장 빠른 것은 백제이다. 376년 백제의 근구수왕이 태자일 때 침입한 고구리를 물리쳐 추격하려 할 때 휘하 장수 막고해莫古解가 『도덕경』(제44장)에 나오는 말을 하였다. "말을 들으니 도가의 말에 만족함을 알면 욕되지 않고 그칠 줄 알면 위태롭지 않다고 합니다. 이제 얻은 것이 많은데 더 많은 것을 구하려 합니까."

일개 장수가 이런 말을 한 걸로 보면 『도덕경』이 이른 시기에 백제에 들어왔음을 알 수 있다. 고구리의 경우를 보자. 612년 고구리의 명장 을지문덕도 이와 비슷한 내용의 시를 수나라의 우중문에게 보낸 것이 『삼국사기』 을지문덕전에 실려 있다. 그러면 고구리에 『도덕경』이 언제 들어왔을까. 『삼국유사』 보장봉노寶藏奉老조에 당나라의 고조는 고구리인이 무덕 연간(당고조 1~9년)에 오두미교五斗米敎를 신봉한다는 얘기를 듣고 624년 도사와 천존상天尊像[28]을 보내주고 『도덕경』을 풀이케 했는데 영류왕 이하 백성들이 들었으며, 이듬해 당나라에 사신을 보내 불교와 도교를 배우기를 청하자 고조가 이를 허락하였다.

그 뒤 보장왕의 남다른 사랑을 받고 있는 연개소문은 당나라에 사신을 보내 도교를 받아들이라고 보장왕에게 건의하였다. 당태종은 도사 8명과 『도덕경』을 보내왔다. 보장왕은 기뻐하며 절을 빼앗아 이들이 머물게 했다. 즉 사찰이 도관道觀[29]으로 바뀔 정도였다. 그러면 연개소문은 왜 도교의 도입을 힘주어 말했을까. 고구리와 당나라 간에 험악해진 정치 군사적 충돌을 넘어서려는 간절한 소망에서 그러했다.

고구리에서 도교 전래의 길을 연 연개소문이 도교에 남다른 관심을 쏟은 것은 지나에서 유교·불교·도교가 나란히 발전하고 있음을 보고, 고구리에서도 도교의 발전을 똑같이 이뤄보려는 한결같은 마

---

28 도교의 최고신의 초상.
29 도교의 사원.

음에서 비롯되었다. 이를테면 연개소문은 세계사적 흐름에 동참하는 동시에 당나라와의 불편한 관계를 해결하려 했다는 점도 대강 보아 넘길 수 없다.

삼국의 도교 전래 문제에서 우여곡절이 많았던 것은 고구리이다. 이와 비하면, 신라의 도교 전래는 따로 다르게 거론할 것이 없다. 삼국통일 전쟁에서 신라와 당나라가 연합했으나 당나라의 영토에 대한 더러운 욕심으로 두 나라의 관계가 끊어져『도덕경』또는 도교의 전래가 그만큼 멀어졌으나 당나라가 먼저『도덕경』을 신라에 전한 것은 외교관계의 완전한 복원과 밀접한 관계가 있다.『도덕경』을 전해 준 형숙이 1년 남짓 신라에 머문 것도 두 나라의 관계가 완전히 정상화되었음을 보여준다.

형숙 일행은 오래 머무는 동안에 무엇을 했을까. 형숙을 따라 온 양계응楊季膺은 바둑을 잘한 인물로 밝혀져 있다. 그는 신라의 바둑 명인과 바둑을 두었다. 말한 대로 양계응은 신라의 바둑 명인보다 수가 높았다. 형숙이 순박하고 인정이 두터운 선비이므로 신라의 선비들과 교류했을 가망이 많다.『도덕경』과 서책을 임금에게 바친 것은 그가 문화 활동을 했다는 구체적 예이다. 형숙과 양계응은 신라와 당나라 간에 문화사절로 크게 활약했음을 인정하여 신라는 형숙에게 귀한 물건을 주었다.

살펴본 바를 토대로 효성왕이란 시호를 평해 보려 한다. 시호의 효孝자에는 '섬기다'·'본받다'의 의미, 성成자에는 '가지런히 하다'의 의미가 있다. 이름 승경承慶은 '축하할만한 일을 받들어 계승하다'는 의미로 풀이가 가능하다. 승경은 선대 임금들이 이룬 당나라와의 관계를 가지런히 계승하였으므로, 효성왕이란 시호는 '선대 임금을 본받아 섬겼다' 는 의미로 살펴야 할 것이다.

　『도덕경』과 도교의 전래로 신라인은 불교와 유교에서 다룰 수 없는 문제와 그 해답이 있다는 것을 알게 되었을 것이다.

신하의 건의를 듣고 크게 고맙게 생각한
경덕왕景德王

┤제35대왕├

재위 기간 원년(742)~24년(765)
성   김씨
이름   헌영憲英
아버지   성덕왕
어머니   김씨金氏 소덕왕후炤德王后
왕비   김씨金氏 사량부인沙梁夫人
           김씨金氏 만월부인滿月夫人

헌영이 임금의 자리에 오른 해에 일본국의 사신이 신라에 왔으나 맞아들여 만나보지 않았다는 기사가 먼저 눈에 띤다. 사전에 예고 없이 신라에 들어오는 것이 관례이므로 일본 사신의 태도 여하에 따라 받아들이기도 하고 받아들이지 않기도 했다. 신라가 거부했다는 것은 일본의 사신이 신라의 국가적 존엄을 따르지 않았음을 말한다. 이의 구체적 예는 12년(753) 들어온 일본의 사신이 거만하고 예의가 없어 임금이 공식적으로 만나지 않았다는 기록이 있는 걸로 보아 임금이 된 원년에 온 일본의 사신도 예의가 없었음이 분명하다. 일본의 사신이 예의를 갖추지 않은 것은 사신 개인적인 문제가 아니고 일본국이 신라를 조공국으로 보고 있다는 것을 그대로 나타내 보인 것이다.

일본의 사신이 두 차례 신라에 의해 입국이 거부당한 걸로 보아 신라는 일본을 외교적으로 중시하지 않았다고 할 것이다. 하지만 당나라에 대해서는 어떻게 대했을까. 재위 24년 동안에 8차례 사신을 파견했다. 신라의 입당 사신은 당나라에 요구해서가 아니다. 단순한 하례 또는 조공 형식의 사신이었다.

경덕왕 때 신라와 당나라 간에 있었던 중요한 사건은, 2년(743) 현종이 사신을 보내와 효성왕에게 제사를 지내게 하고 헌영을 신라의 임금으로 삼는다는 조서 내용 중에 "헌영(경덕왕)은 인덕을 품고 예절에 마음을 쓰며 …번갈아 충신이 되어 여러 차례 충성을 다하였다.… 복종하므로 책봉하는 영을 내린다."는 것이다. 사신은 현종이 쉽게 풀이한 『효경』 한 부를 주었다. 『효경』은 13경經의 하나로 어린이부터 임금에 이르기까지 모든 사람이 반드시 읽어야 할 책이다. 현종이 이런 『효경』을 줌으로써 현종과 임금(헌영)의 관계는, 군주와 신하의 관계라는 것을 못 박으려고 했다. 다시 설명하면, 『효경』에 담겨져 있는 도리 중에 특히 임금을 섬기는 도리, 즉 충忠을 헌영(임금)이 받아들여 계속 실천해야 한다는 당위성을 강조한 셈이다. 헌영 앞의 임금들이 당나라에 대해 취한 행동은 『효경』에서 말하고 있는 군주와 신하의 그런 관계였다. 이런 『효경』이 들어옴으로써 신라의 모든 사람들은 『효경』이 밝힌 그대로 행동하게 되었을 것이며, 이에 따라 신라와 당나라의 관계는 더욱 안정되었음에 틀림없다.

한편 국내 문제는 어떻게 진행되었을까. 5년(746) 큰 규모로 죄를 용서하여 형벌을 면제하였다. 죄수의 형벌을 용서하는 것은 어느 시대나 있어온 일이지만 이때는 규모가 컸다는 점에서 주목된다. 같은 해 임금은 150명이 승려가 되는 것을 허락했다. 이를 기록으로 남기게 된 것은 그 숫자가 엄청나게 늘어났기 때문일 것이며, 이는 신라가 불교를 크게 소중히 여기고 있다는 것을 보여주는 것이라고 생각된다. 불교를 소중히 여기고 있다는 것을 실물로 보여주는 것은 낡고 헐어 손질하여 고친 불국사와 쌓아서 만든 석굴암이다.

당나라와의 국교가 정상화됨에 따라 학문과 교육의 질이 향상된 분위기에 맞춰 국학에 박사와 조교를 두게 되었다. 이로써 신라는 학문과 교육의 질적인 발전이 본격화되는 계기가 마련된 셈이다. 이때에도 데면데면할 수 없는 것이 천문 관측이다. 천문 관측은 왕조시대 정치의 중요한 한 부분이다. 성덕왕 17년(718) 천체의 운행과 시간 측정, 물시계 관리를 담당하는 누각漏刻이 만들어졌는데, 경덕왕 8년(749) 기존의 누각전에 천문박사 1명을 더 두었다. 왕조시대 시간과 천체의 측정은 임금이 챙겨야 할 임무의 하나이다. 누각전에 천문박사를 더 두었다는 것은 천체 측정을 강화할 필요에 따른 것이다.

경덕왕 하면 크게 두드러지는 것이 있다. 녹읍제祿邑制의 부활이다. 왕조시대는 토지경제 시대이므로 관료에게 업무 대가로 지급되는 것이 토지이다. 신라에서는 그 토지를 녹읍이라고 했다. 녹읍을 받게 되면 수조권收租權[30]과 경작권에다 녹읍에서의 생산자인 소작인에 대한 통솔권 등을 행사할 수 있다. 녹읍을 받을 관료가 늘어나면

---

30 토지에서 조세를 거둘 수 있는 권리.

결국 녹읍의 한정으로 녹읍제는 중단되고 다른 대책이 나올 수밖에 없다. 현물을 지급하는 것이다. 녹읍제는 관료의 경제권을 임금이 보장해주는 것이므로 관료의 정치 경제적 발언권이 강화되는 걸로 이해되고 있다.

관료의 권력을 줄여야만 임금의 권력이 강화된다고 할진대, 임금은 권력 강화 차원에서 녹읍제를 내버려 둘 수만 없다. 헌데 폐지된 녹읍제가 다시 살아나는 상황이 벌어졌다. 방식대로 보면, 녹읍제가 다시 살아나면 관료의 발언권이 강화되고 임금의 권력은 그만큼 제약을 받게 된다. 당나라가 헌영(경덕왕)을 보살펴주는 상황이므로 헌영의 권력은 작아질 이유가 없다. 그렇다면 이때 녹읍이 되살아났다고 해서 관료의 발언권이 강화되었다고 할 수 없다. 녹읍제가 되살아난 것에 대한 기존의 견해는 관료의 발언권이 강화되었다는 쪽으로 기울어졌다.

관료의 숫자가 늘어남에 따라 녹읍제가 폐지되었는데 되살아났다는 것은 관료에게 지급할 토지가 늘어났다는 것이다. 성덕왕 35년(736) 당나라가 신라에 패강浿江 이남의 땅을 주었다는 것이 늘어난 땅이라고 본다. 이 늘어난 토지를 마음속에 두지 않으면 사라진 녹읍제가 다시 살아났다는 것을 아무리 생각해도 이해할 수 없다.

녹읍제의 되살아남과 관련하여 새롭게 주목할 대목이 있다. 재위 7년(748) 처음 모든 관리의 나쁜 짓을 밝혀내어 바로잡아내는 정찰貞察이란 관리 한 명을 두었다. 더군다나 특히 아찬 벼슬의 정절貞節 등을 북쪽의 변경 지방으로 보내 조사하여 살피게 하였다. 녹읍제가 되살아남으로써 관료의 정치 사회적 발언권이 강화되거나 커지는 것을 사전에 막았다고 할 수 있다.

그러니 녹읍제의 부활로 관료들의 권력이 강화되었다고 할 수 없다. 따라서 임금(경덕왕)의 권력은 계속 강화된 상태이므로 17년(758) 관리의 휴가 일수가 60일을 넘는 사람을 관직에서 그만두게 하였다. 이는 역시 임금의 권력이 관료를 거느려 다스렸음을 말한다. 경덕왕이 완전히 전국을 휘어잡음으로써 16년(757) 9주와 군현의 지명, 그리고 관직의 명칭을 지나의 문자[漢子]로 고칠 수 있었다. 전국의 지명을 고쳤다는 것은 중앙집권체제가 완전히 뿌리내려졌음을 말한다. 지명과 관직을 고친 것을 두고 한화정책漢化政策의 반영이라고 하는데 잘못된 표현이다.

한화라고 하면 언어·풍속·복장 등 여러 면에서 지나(중국)의 것을 따랐음을 말하는 것이다. 아시아에서 전형적인 한화주의漢化主義를 내세운 것은 북방민족이다. 이들은 지나인이 아닌데도 지나인의 언어와 풍속을 따르고 지나인의 옷을 입었다. 이의 대표적인 국가는 선비족의 북위北魏와 거란족의 요遼나라이다. 북위는 지나친 한화정책으로 국론이 나뉘는 등 멸망을 스스로 끌어들이기에 이르렀다.

요나라는 거란족과 지나족이 풍속을 달리함으로써 이중 체제를 국가 운영의 틀로 잡았으나 거란족의 지나화로 이중 체제가 일원화되었다. 요나라는 여진족의 금金나라에 의해 멸망되었으나 멸망을 안타깝게 여긴 것은 지나족 관리였다. 그런데 신라의 경우 땅이름과 벼슬 이름을 지나 문자로 고친 것을 한화정책이라고 표현하는데, 이는 한자(지나 문자)로 고쳤다고 해야 맞다.

국가운영 방침을 『효경』에 바탕을 둔 임금의 이름 헌영憲英자에는

'민첩하고 재주가 뛰어나다'는 의미가 있다. 임금의 국정운영에서 이런 면모가 보인다. 15년(756) 상대등 김사인金思仁은 근년에 재앙이 되는 괴이한 일이 자주 나타나자 임금에게 올린 글에서 행하고 있는 정치의 잘잘못을 논의했는데 임금은 논의를 옳다고 여겨 기쁜 마음으로 받아들였다. 이는 임금의 사리판단이 민첩했음을 말한다.

또한 임금은 당나라의 현종이 촉蜀(지금의 泗川省) 땅에 머물고 있다는 말을 듣고 사신이 양자강을 거슬러 올라가 성도成都까지 가서 조공케 했다. 현종은 신라 사신이 현종의 행재소[31]까지 찾아가 뵙는 정성이 지극히 착하고 기특하다고 여겨 시를 지어준 일이 있다. 촉 땅에 머물고 있는 현종에게 사신을 보낸 것은 임금의 재빠른 정치적 판단에 따른 것이다.

임금의 남다른 사랑을 받는 대내마 이순李純은 임금이 음란하고 지저분하며 잡스러운 음악을 좋아한다는 말을 듣고 고치도록 말하였다. 즉 "하나라의 걸왕과 은나라의 주왕이 술과 계집에 빠져 지저분하고 잡스러운 행실을 그치지 않다가 차츰 쇠약하여 나라가 망했으니, 이를 거울삼아 마땅히 경계해야 하며 허물을 고치고 스스로 새롭게 하여 나라의 수명을 길게 하길 바란다."고 했다. 임금은 이순의 건의를 받아들여 잡스러운 음악을 멈추고 신비스러운 도덕과 세상을 다스리는 방법까지 듣고 며칠 만에 그쳤다.

사람은 잡스러운 것에 빠지면 헤어 나오기가 무척 힘들다. 그런데 임금은 신하의 건의를 받아들여 지저분한 음악을 완전히 그쳤다. 이

---

31 임금이 거둥할 때 임시 머무르는 별궁.

는 역시 임금의 사리판단이 매우 재빨랐음을 말한다.

임금의 시호 경덕에는 어떤 의미가 있을까. 경景자에 '크다' 는 의미가 있고, 덕德자에는 '크다' · '가르침' · '고맙게 생각하다' 라는 의미가 있다. 임금은 '신하의 큰 가르침을 듣고 크게 고맙게 생각했다' 는 것을 나타낸 것이 경덕왕이란 시호이다.

겸손하게 김양상에게 은혜를 베푼
혜공왕惠恭王

제36대왕

재위 기간   원년(765)~16년(780)
성   김씨
이름   건운乾運
아버지   경덕왕
어머니   김씨金氏 만월부인滿月夫人
원비   김씨金氏 신보왕후新寶王后
차비   김씨金氏 창창부인昌昌夫人

경덕왕의 맏아들인 건운乾運은 여덟 살에 임금이 되었다. 그러니 어머니 태후가 정치를 대리로 할 수밖에 없다. 원년(765) 태후를 비롯하여 관료들과 함께 임금이 찾아간 곳은 태학太學이다. 임금은 박사로 하여금 『서경』[32]의 의미를 풀이하게 했다. 임금은 어린 탓에 『서경』의 의미를 알 수 없었을 터이므로 주로 수행한 관료들이 강의를 들었을 것이다. 『서경』의 의미 풀이는 왜 중요할까.

신라는 불교를 지향하는 국가이지만 불교를 통해 얻을 수 없는 현

---

32 공자가 요임금과 순임금 때부터 주나라에 이르기까지 정사政事에 관한 문서를 수집하여 편찬한 유교경전 (29권 58편).

실적인 정치 문제에 있어서는 유교가 제시하는 이상적인 사상과 방법에 기대를 걸었다. 이런 것을 담고 있는 『서경』은 일찍이 지식 계층이 반드시 읽어야 할 책이다. 신라의 청년들이 나라에 충성을 맹세하고 학업의 성취를 약속한 내용을 새긴 '임신서기명석壬申誓記銘石'에 새겨진 글을 보면, 신라의 젊은 층은 『시경』·『예기』·『춘추전』과 함께 『서경』을 읽어야 할 책으로 꼽았다.

'임신서기명석'이 만들어진 시기에 대해 552년(진흥왕 13), 612년(진평왕 34), 732년(성덕왕 31) 등 여러 설이 있다. 혜공왕이 태학에서 『서경』의 의미를 듣고 난 이후에 어떤 상황이 벌어졌을까. 『서경』에 담겨진 내용과 달랐다. 특히 주목할 것은 배반 사건이 자주 일어났다는 것이다. 이런 사건은 대부분 정치적으로 불만을 품은 사람들이 그 불만을 없애버리기 위하여 취하는 물리적인 저항이다. 백성들의 불만 또는 관료들의 불만이건 간에 불만은 권력층을 대상으로 한다. 혜공왕의 재위 시에 반역이 일어나게 한 관료들의 불만은 무엇일까.

혜공왕의 재위 16년 동안에 다섯 차례의 반역 사건이 있었다. 억눌린 귀족 관료들의 불만이 높아지게 되었음을 말한다. 반역이 일어나면 친왕 세력과 반왕反王 세력으로 갈라진다. 배반사건은 진압되었다고 하더라도 부작용은 남을 수 있다. 이는 지배층의 분열이며 향후 신라를 근본적으로 흔들 수 있는 상황을 가져온다. 왕조시대 국가의 발전은 거의 임금을 중심으로 해서 이루어졌다. 임금을 받드는 귀족 관료들이 임금을 흔들면 국가는 오래 버틸 수 없다. 신라의 경우도 여기서 벗어나지 못해 어두운 그림자가 드리워지는 상황을 맞이했다.

국가 발전을 끌어당기는 중심 세력이라고 해야 할 혜공왕은 서른에서 마흔 안팎의 나이가 되자 혈기가 왕성하여 음악과 여색女色에 빠져 이곳저곳 돌아다니는 것이 끝이 없고 법과 일정한 질서가 문란해진데다가 지진, 해일, 홍수 등 자연재해가 자주 나타나 사람들이 옳지 아니한 마음을 품고 배반하여 종묘와 사직이 불안하였다. 이에 이찬 김지정金志貞이 무리를 모아 궁궐을 포위하여 침범했다. 반란은 상대등 김양상金良相에 의해 진압되었으나 임금과 후비后妃는 반란군에게 살해되었다고 하는데 『삼국유사』는 김양상이 살해했다고 한다. 임금의 자리는 유력한 인물로 떠오르는 김양상에게 넘어가고 말았다.

혜공왕의 재위 시에 일어난 반란의 성격을 모두 가려내기가 어렵다. 16년(780)에 김지정이 일으킨 반란은 혜공왕의 무질서하고 지저분하며 잡스러운 생활에 대한 뚜렷한 저항의 표시임이 분명해 보인다. 그 이전의 반란 사건 중에는 김지정의 반란 사건과 유사한 사건이 있었을지 모를 일이다.

선대왕들의 시호는 한 특정한 인물에 의해서가 아니고 나랏사람들에 의해 정해지는 것이 전통적으로 내려오는 관습이다. 혜공이란 '공손하게 은혜를 베푼다'는 의미로 풀이가 가능하다. 헌데 혜공왕이 은혜를 베풀었다는 기사는 없다. 하지만 김양상은 혜공왕이 자신에게 은혜를 베풀어주어서 임금 자리를 차지하게 되었다는 것을 정당화시키려 하여 직접 혜공왕이라는 시호를 정한 것이다. 김양상이 혜공왕을 살해했으므로 자신의 잘못을 숨기기 위해서라도 혜공이란 좋은 의미의 시호를 정할 필요가 있었을 것이다. 즉 임금이 겸손하게 은혜를 베풀어주어서 자신이 임금이 되었다는 것을 의도적으로 표현한 것이 혜공왕이란 시호이다.

어질고 덕을 베푼
선덕왕宣德王

┤ 제37대왕 ├

재위 기간	원년(780)~6년(785)
성	김씨
이름	양상良相
아버지	김효방金孝芳
어머니	김씨金氏 사소부인四炤夫人
왕비	김씨金氏 구족부인具足夫人

내물왕의 10대손인 김양상이 임금이 된 것은 780년이다. 임금이 되기 이전의 자취는 많이 알려져 있지 않다. 경덕왕 23년(764)에 김양상은 시중에 임명되었다. 임명되기 직전 왕권을 강화하려는 경덕왕의 정책은 귀족 관료들의 반발로 실패한 걸로 흔히 여겨지고 있지만 그렇지 않다. 시중이 된 김양상은 왕권 강화에 동참한 듯하다.

김양상의 활동은 혜공왕 때 두드러진다. 혜공왕 7년(771) 만들어진 성덕대왕 신종神鐘에 새긴 글에 그가 대각간 김옹金邕과 함께 종鐘의 '검교사숙정대령檢校使肅政臺令 겸수성부령兼修城府令 검교감은사사檢校感恩寺使'로서 제작 책임자임을 알 수 있다. 주목할 것은 백관을 감찰하는 숙정대肅正臺의 장관이라는 것이다. 그러면 김양상은 귀족 관료를 감시하는 임금의 정책을 지지하고 있었다고 할 것이다.

그런데 혜공왕 12년(776) 조칙에 따라 백관의 명칭을 모두 예전 상태로 돌렸는데, 이를 김양상의 행위라고 한다. 말을 바꾸면 한화漢化된 관리 제도를 이전의 상태로 돌렸다는 것이다. 원래 한화라고 하면 그 의미가 매우 광범위하다. 언어·문자·복장·풍속 등 모든 면에서 지나화支那化된 것을 일반적으로 한화라고 표현한다. 신라의 경우 벼슬의 이름을 한자로 고친 것을 한화라고 하는 것은 옳은 표현이 아니다. 역사적으로 한화를 추진한 예를 보면, 선비족의 북위北魏와 거란족의 요遼나라가 대표적이다.

북위의 한화로 나라가 동위東魏와 서위西魏로 갈라졌는데, 서위는 한화를 반대하고 동위는 한화를 추진했다. 결과는 서위가 동위보다 강력해졌다. 신라의 경우는 어떠했을까. 벼슬의 명칭을 본래대로 고쳤지만 임금의 권력은 변동이 없었다. 혜공왕 13년(777) 김양상은 있는 힘을 다하여 당시의 정치 상황에 대해 논쟁하였다. 그가 그토록 논쟁했다는 주된 내용은 무엇일까. 혜공왕이 정치를 돌보지 않고 여색에 빠지고 사회의 도덕이 문란해졌다는 것이다.

김양상은 임금으로서 어떤 치적을 남겼을까. 735년 당나라가 패강 이남의 땅을 신라에 넘겨준 지 46년이 되는 781년(선덕왕 2) 임금은 패강 남쪽의 주군州郡으로 사자를 보내 백성들의 사정을 살펴 위로케 했다. 이듬해 임금은 한주漢州를 돌아다녀 백성들의 집을 패강진浿江鎭으로 이주시키고, 4년(784) 아찬 김체신金體信을 대곡진大谷鎭의 군주, 즉 패강진 장관에 임명했다. 패강 이남의 땅을 받은 이래 패강진 문제에 신경을 쓴 것은 임금의 권력 강화와 관련이 있어 보인다. 백성들의 집을 이동시킬 수 있는 것은 임금만이 할 수 있으므로 패강 문제는 임금의 권력 강화와 관련이 있다고 할 것이다.

임금이 패강에 인구를 늘림으로써 패강 이남의 땅은 사실상 신라의 영토로 편입되었다. 이는 임금의 커다란 치적이 아닐 수 없다. 그런 임금이 재위 5년째 되는 784년에 자리를 물려주려고 했으나 신하들이 세 차례에 걸쳐 충고하므로 물려주지 못하였다. 하지만 이듬해 사망하기 전에 내린 조서에서 그간의 마음 상태를 밝혔다. 덕이 없어 임금 자리에 마음이 없었으나 추대를 피할 수 없어 임금이 되었고, 재위 시에 덕이 부족하고 농사가 순조롭지 못해 백성들이 가난해져 물러나려 했으나 신하들이 임금의 자리를 물려주는 것을 말리는 바람에 머뭇거리다가 갑자기 병이 들었다는 것이다. 임금은 재위 6년 만에 사망하여 불교의식에 따라 화장을 하고 뼈를 동해에 뿌렸다.

유언에서 자신은 덕이 없다고 하였다. 하지만 시호는 선덕왕이다. 선덕은 '덕을 베푼다'는 의미인데, 덕이란 무엇일까. 덕의 의미는 여러 가지로 표현되는데, 착한 일을 하여 쌓은 업적과 베풀어준 은혜가 덕의 의미를 잘 표현하고 있다. 여기에 해당하는 것은 사자를 보내어 패강 남쪽의 백성들의 사정을 살펴서 어루만져 위로하고 한산주의 민가를 패강으로 이주시킨 것이 큰 업적이다. 이것이 김양상이 베푼 덕으로 평가되어 시호가 선덕왕으로 정해진 것이다. 양상은 어진 재상을 말한다. 혜공왕의 엇나간 행동을 지적한 사실을 근거로 하면 어진 재상의 반열에 오를만한 인물이라고 할 수 있다.

지혜와 도덕이 뛰어난
원성왕元聖王

제38대왕

재위 기간	원년(785)~14년(798)
성	김씨
이름	경신敬信
아버지	일길찬—吉湌 김효양金孝讓
어머니	박씨朴氏 계오부인繼烏夫人
왕비	김씨金氏 숙정부인淑貞夫人

혜공왕 말년에 김양상이 내물왕의 12대손인 김경신과 함께 김지정의 반란을 억눌러 진정시켜 혜공왕에 이어 임금(선덕왕)이 되자, 상대등이 된 김경신은 선덕왕의 뒤를 이어 임금이 되었다. 이이가 원성왕이다.

선덕왕이 사망하자 신하들은 임금의 조카인 김주원金周元을 세우려 했다. 김경신이 임금이 된 것은 상대등인데다가 선덕왕의 아우이며, 평소 덕행으로 명망이 높아 임금으로서의 자질을 갖추고 있어서이다. 김경신이 임금이 된 후의 평가는 당나라의 덕종德宗이 전한 조서에서 찾아볼 수 있다. 2년(786) 덕종은 당나라에 사신으로 온 김원전金元全에게 준 조서에서 김경신을 신라왕이라 하고 김경신의 고장, 즉 신라의 풍속은 믿음과 의리를 두터이 여기며, 뜻은 곧고 정성을 지켜 일찍이 방가邦家〔당나라〕를 받들어 천자가 덕으로 백성을 감화시키는 교육을 잘 지키고 이 번복藩服〔신라〕을 사랑했으니 모두 유학의 풍습을 받아 예법이 성행하고 나라가 편안해졌다고 했다. 조서는 신라를 좋게 평하고, 김경신은 신라의 참다운 군주로서 나라를 잘 보살피고 있으며 백성 때문에 근심하고 있다고 끝맺음을 했다.

김경신이 김주원을 제치고 임금이 된 것은 당나라의 덕종이 인정했듯이 군주다운 면모를 지녔기 때문이다. 김경신이 임금으로서 백성들에 대해 얼마나 근심하였을까. 2년(786) 9월 서라벌의 백성들이 굶주리게 되자 곡식 3만 3천 2백 40섬을 내놓아 구제했다. 10월에도 곡식 3만 3천 섬을 내놓아 백성들을 구제했다고 하니 백성들의 굶주림은 규모가 작지 않았음을 알 수 있다. 굶주린 백성들의 구제는 5년(789)과 12년(796)에도 있었다. 임금이 행하는 통치에서 굶주린 백성을 구제하는 것보다 중요한 것은 없을 것이다.

임금의 치적으로서 또한 크게 내세울만한 것은 4년(788) 처음 실시한 독서삼품과讀書三品科일 것이다. 이는 관리를 선발하는 방법을 새롭게 고친 것이다. 국학의 학생들을 경전을 이해하는 능력에 따라 3등급(상·중·하)으로 나누어 직무를 맡기어 사람을 썼다. 상품은 『춘추좌씨전春秋左氏傳』·『예기禮記』·『문선文選』의 뜻에 통하고, 『논어論語』·『효경孝經』에 밝은 사람을 상품으로 하고, 『곡례曲禮』·『논어』·『효경』을 읽은 사람을 중품으로 하며, 『곡례』·『효경』을 읽은 사람을 하품으로 하여 관리로 등용하였다. 그 외에 5경經·3사史·제자백가諸子百家의 글 중에 널리 통하면 관등을 뛰어넘어 뽑아 쓰기도 했다.

그러면 독서삼품과의 실시 이전에는 어떤 방법으로 뽑았을까. 활 쏘는 것만으로 관리를 뽑았다. 통일 이전에는 전쟁이 잦다 보니 무술에 뛰어난 사람을 관리로 뽑아 썼던 것이다. 통일 이후 전쟁이 사라져 관리에게 무술을 요구할 필요가 없게 되었다. 더군다나 당나라와의 관계도 정상화되어 무관보다 문관의 존재가 필요하게 되었던 것이다.

그러면 독서삼품과는 지속적으로 유지되었을까. 이의 실시로 신라 유학의 발전과 우수한 관리의 확보가 동시에 이루어졌다. 헌데 하대에 이르면, 당나라에 유학하는 학생의 수가 많아지고 더 나아가 당나라의 빈공과賓貢科에 급제하여 귀국하는 사람의 수가 늘어났다. 따라서 국학의 가치와 이 제도의 중요성이 함께 줄어들었다.

당나라의 덕종은 신라를 문화와 교육의 나라라고 좋게 평하였다. 그러면 신라는 당나라처럼 관리를 등용하는 방법에 있어서도 과거제를 도입, 실시해야 할 것이 아닌가. 이와 관련하여 제기되는 문제가 있다. 신라가 지명을 한자로 바꾼 것을 두고 흔히 한화정책이라고 표현하고 있다. 신라가 한화정책을 취하지 않았음을 잘 보여주는 것은 과거제를 따르지 않고 독서삼품과를 실시했다는 것이다.

임금의 사후 정해진 시호는 원성왕이다. 원성은 대성인大聖人, 즉 '지혜와 도덕이 뛰어난 사람'을 말한다. 원성왕의 성인으로서의 모습을 찾는다면 당나라 덕종의 조서 내용을 들 수 있다. 임금 자리를 놓고 패한 김주원을 명주군왕溟州郡王에 봉하고, 명주 지역을 식읍食邑으로 하사하여 정치적으로 예우하고 신분을 보장해주었다. 이는 원성왕의 성인다운 면모가 아닐까 한다. 명주는 지금의 강원도 강릉의 옛 이름이다.

김주원이 강릉으로 거처를 옮긴 것은, 강릉이 어머니의 고향이기 때문이다. 김주원은 영동 지방의 9주를 다스리며 독자적인 세력을 만들어 명주군왕이 되었다. 김주원이 거처를 강릉으로 옮겨 강릉이 강릉 김씨의 발상지이자 터전이 되었다. 1989년 강릉 지역의 후손들이 능형전陵享殿을 건립하고 명주군왕릉향제溟州郡王陵享祭가 매년 강릉 김씨 대종회 주관으로 열린다. 강릉의 가장 많은 인구는 김주원의 후예인 강릉 김씨이다.

총명하여 국학의 학생에게 녹읍을 주어 학문 연구에 부지런히 힘쓰도록 도운
소성왕 昭聖王

제39대왕	
재위 기간	원년(799)~2년(800)
이름	준옹俊邕
할아버지	원성왕
아버지	혜충태자惠忠太子 인겸仁謙
어머니	김씨金氏 성목태후聖穆太后
왕비	김씨金氏 계화부인桂花夫人

785년 태자로 삼은 인겸이 791년 사망하여 원성왕은 태자의 아들 준옹을 궁중에서 보살펴 자라게 하였다. 준옹은 789년 당나라에 사신으로 다녀왔으며, 790년 파진찬 벼슬을 받아 재상이 되었으며, 791년 시중이 되고, 792년 병부령이 되었다. 795년에 태자가 되고, 798년 원성왕이 사망하자 임금이 되었다.

재위 기간이 짧아 업적이 많지 않다. 하지만 내세울만한 것은 원년(799) 청주菁州(경남 거제시)의 거노현居老縣을 국학의 학생들에게 녹읍으로 준 것을 들 수 있다. 이는 무엇을 뜻할까. 학생들에게 경제적

신라의 빛과 어둠 **185**

도움을 주어 학구열을 끌어올려 이름만 그럴듯하고 실속이 없는 국학을 일으키려는 것이 목적이었을 것이다. 당나라에 유학하는 학생들이 늘어나는 추세이므로 효과는 그리 크지 않았을 것이다.

시호 소성昭聖자에는 어떤 의미가 있을까. 소昭자에는 '돕다'·'부지런히 힘쓰다'라는 의미가 있고, 성聖자에는 '슬기롭다'·'총명하다'는 의미가 있다. 임금은 총명하여 가라앉은 상태의 국학을 떨쳐일어나게 하려 하여 학생들에게 녹읍을 주어 지식 습득을 도와 학문 연구에 대한 열정이 일어나도록 했던 것이다.

예의범절과 개혁이 엄격하고
바르지만 가엽고 불쌍한
애장왕哀莊王

┌─ 제40대왕 ├─
재위 기간	원년(800)~10년(809)
이름	청명淸明 · 중희重熙
아버지	소성왕
어머니	김씨金氏 계화부인桂花夫人
왕비	박씨朴氏

소성왕의 아들 청명이 열세 살에 임금이 되었으나 숙부인 김언승
金彦昇이 병부령으로 정치를 대신하였다. 청명이 성장함에 따라 숙부
인 김언승 · 김제옹金悌邕의 그늘에서 벗어나 정치를 의욕적으로 하
였다. 6년(805) 20여조의 공식公式[33]을 반포 시행한 것이 이를 말한
다. 이로써 혜공왕 이후 강대해진 진골귀족의 세력을 누르고 경덕왕
이 힘써온 유교의 이상적인 생각을 중심으로 전제왕정을 지향했을
것 같다. 1년 전에는 동궁東宮이 거처하는 만수방萬壽房을 지어 태자

---

[33] 국가가 사회적으로 인정한 공식적인 의식.

의 지위를 굳건히 한 듯하다.

청명은 숙부들을 억누를 요량으로 태종무열왕계의 김헌창金憲昌을 올려 시중으로 삼았다. 이는 무열왕계의 왕족 세력을 내세워 숙부들을 누르고 자신의 세력을 강화하려는 의도에 따른 것이다. 임금은 지방의 행정구역이 정치적 혼란으로 붕괴되자, 9년(808) 사자를 12도에 보내 여러 군읍의 경계를 획정 지었다.

임금은 국내 정치 개혁과 아울러 당나라와의 외교를 강화하는 외에 일본과도 국교를 맺으려 하여, 3년(802) 대아찬에 임명된 김균정金均貞을 가짜 왕자로 만들어 왜국에 볼모로 보내려 했으나 균정이 거절했다. 하지만 이듬해 일본과 사신을 교환하는 등 우호관계를 맺었다. 그 후 일본의 사신이 신라에 내조했다(804, 806, 808).

귀족들은 연고지에 막대한 토지와 재산을 갖고 있는데다 원당願堂[34] 같은 절을 지어 소유하고 있어 사치 풍조를 즐기고 있었다. 임금은 중앙 전제 차원에서 불교와 사치 풍조에 대해 제동을 걸기 시작하여 사찰의 창건을 금지하고 수리만을 허용했다. 또 비단과 수를 놓은 직물로 불교행사를 하거나 금과 은으로 만든 그릇의 사용을 금했다.

임금이 7년(806)에 취한 개혁 조치는 귀족세력을 왕권에 귀속시키려는데 있었다. 이러한 조치는 여기저기서 나타난 귀족의 반발로 많은 도전을 받게 되었다. 특히 정치를 대신해온 숙부로서는 이러한 조치가 매우 거추장스럽지 않을 수 없다. 결국 임금은 이들이 일으킨 반란으로 살해되고 말았다. 이때 동생 김체명金體明도 함께 살해되었

---

34 소원을 빌기 위하여 세운 집, 또는 죽은 사람의 명복을 비는 법당.

다.

임금은 성년이 되어 뚜렷한 정치적 목표를 세워 과감하게 개혁을 펼치려 했으나 미완으로 그치고 말았다. 시호 애장에는 어떤 의미가 있을까. 애哀자에는 '슬프게'·'슬프다'·'가련하다'는 의미가 있고, 장莊자에는 '예의범절이 엄정하다'는 의미가 있다. 애장왕이란 시호에는 예의범절과 개혁이 엄정하였지만 가련하다는 의미가 있다.

애장왕의 행적을 잘 보여주는 것은 청명淸明이란 이름, 그리고 고친 이름 중희重熙이다. 청명은 '잘 다스려져 평온하다'는 의미로, 뜻대로 개혁이 관철되었다면 신라는 잘 다스려져 평온했을 것이다. 중희는 '정치가 밝아 은혜가 두루 미친다'는 의미로, 애장왕이 추구했던 것은 밝은 정치가 이루어져 은혜가 두루 미치기를 바랐던 것이다.

당나라의 이사도 반란 토벌 요청에 신속하게 구원병을 파견하고 발해국에 대응하기 위한 방책으로 장성을 쌓는 일을 벌인 헌덕왕憲德王

┤ 제41대왕 ├

재위 기간   원년(809)~18년(826)
성   김씨
이름   언승彦昇
할아버지   원성왕
아버지   혜충태자惠忠太子 김인겸金仁謙
어머니   김씨金氏 성목태후聖穆太后
왕비   김씨金氏 귀승부인貴勝夫人

원성왕의 아들 인겸과 손자 소성왕이 모두 일찍 사망하여 어린 청명이 임금(애장왕)으로 즉위하자, 숙부인 김언승이 정치를 대리하여 상대등이 되고, 그의 동생 김수종金秀宗(흥덕왕)은 시중이 되었다. 김언승은 다른 동생 김제옹과 함께 반란을 일으켜 애장왕을 시해하고 임금(헌덕왕)이 되었다.

재위 기간에 잦은 재해와 굶주림에도 임금의 권력은 흔들리지 않았다. 11년(819) 고구리의 유민 출신인 이사도李師道가 반독립적인 운주절도사鄆州節度使로서 크게 당나라의 중앙정부에 맞서 반항하였다. 당나라가 신라에 토벌군의 파견을 요청하자 임금은 3만의 병력을 파견했다. 당나라가 이사도의 반란 토벌에 신라에 구원병의 파견을 요청한 것은, 그가 고구리 유민 출신이기 때문일 것이다.

애장왕 때부터 추진되어온 왕권 강화 정책에 따라 집사부의 시랑인 녹진祿眞은 인사 문제로 고심하던 상대등 충공忠恭(헌덕왕의 동생)에게 인사 정책의 요점을 건의했다. 즉 인재를 높은 자리에 올려 쓰는 것은, 목수가 목재를 다루듯이 적재적소[35]를 원칙으로 해야 한다고 했다. 헌데 인사정책은 피붙이 위주로 기울어 전제왕권에 유리하여 진골귀족의 반발을 일으키게 되어 김헌창의 난이 일어났다.

원성왕에게 임금의 자리를 빼앗긴 김주원의 아들 김헌창은 김주원이 명주로 물러났으나 중앙의 정계에 머물러 807년 시중이 되어 상대등 김언승 다음가는 세력을 유지했다. 김언승(헌덕왕)이 애장왕을 시해하고 임금이 되자, 애장왕의 측근인 김헌창은 시중에서 물러나 전전하다가 821년 웅천주도독熊川州都督이 되었다. 각지를 이리저리 옮겨 다닌 김헌창은 불만을 품고 822년 반란을 일으켰다. 나라 이름을 장안長安, 연호를 경운慶雲이라고 했다.

반란군은 웅천주를 중심으로 하여 무진주武珍州(광주, 전라남도)·완산주完山州(전주, 전라북도)·청주淸州·사벌주沙伐州(상주, 경상북도의 서북부)의 도독都督과 중원경中原京(충주)·서원경西原京(청주)·금관경金官京(김해)의 사신仕臣[36] 및 여러 군현의 수령들을 복속시켰다.

---

35 어떤 일에 적당한 재능을 가진 자에게 적합한 지위나 임무를 맡김.
36 소경小京의 으뜸 벼슬.

이를테면, 호남·충청·영남의 낙동강 서쪽 등 전성기 백제의 영토를 복속시킨 셈이다.

애장왕은 정치적 목표를 뚜렷하게 세워 온몸의 모든 힘을 다하여 밀고 나갔으나 임금(헌덕왕)에게서는 그런 모습을 찾아볼 수 없다. 벌떼처럼 일어난 도적을 군사적으로 눌러 평정은 하였으나 816년 밀어닥친 흉년으로 170명의 백성들은 먹을 것을 구하려고 지나의 절강도浙江道까지 들어갔다. 이는 잇단 자연재해와 굶주림의 발생에 대해 사전에 뚜렷한 대책을 내놓지 못한 탓이다.

절강도란 지나의 절강성에서 가장 큰 강인 전당강錢唐江 동쪽을 말한다. 신라의 굶주린 사람이 절강성까지 간 것은 신라인의 항해술이 그만큼 발달했음을 말한다. 9세기 일본의 승려 엔닌(圓仁)이 당나라 시대 불교를 연구하고 귀국하여 남긴 『입당구법순례행기』에도 기술되어 있듯이 당시 신라인들의 항해술은 일본보다 매우 뛰어났다. 절강성까지 간 170명의 숫자는 어떻게 밝혀졌을까. 당사자들이 사전에 출항을 신고하여 밝혀진 것인지, 신라로 되돌아옴으로써 밝혀진 것인지 알 수 없다.

『책부원구』에 의하면, 신라인을 노비로 삼는 것을 금지하는 조칙이 내려졌다는 기록이 있다. 이는 경제적 어려움과 사회적 혼란을 피해 당나라로 들어온 신라인들이 노비의 신분으로 떨어졌을 가능성이 많다. 『입당구법순례행기』에 의하면, 당나라의 여러 군데에 신라인들의 마을이 조성되어 있었다. 경제적 어려움에서 벗어나려 하여 온 신라인들이 노비의 신분에서 벗어나 현지에 눌러앉아 이들의 마을이 생겼을 것이라고 짐작해 볼 수도 있다. 합리적인 추측이다.

헌덕왕의 재위 시에 신라인들은 먹을 것을 구하기 위하여 지나 땅으로 들어가기도 하였으며, 13년(821) 봄에 백성들은 굶주리자 자손을 팔아 연명하기도 했다. 자손을 팔아 얻는 것은 금전이나 곡식이며 먹는 입을 그만큼 줄일 수 있다. 백성들이 먹을 것이 없어 극심한 식량난을 겪고 있는데 임금은 잔치를 벌이곤 했다. 임금이 손수 거문고를 타면 나이 많은 관료들은 장단에 맞춰 춤을 추었다.

임금(헌덕왕)이 애장왕을 시해함으로써 개혁의 물결은 사라져 신라의 부흥은 물거품이 되어 신라는 멸망의 길로 더욱 접어들게 되었다. 특히 임금의 재위 시에 반란과 극심한 식량난 등 암울한 상황이 있었다. 그러면 헌덕왕이란 시호에 어떤 의미가 있을까. 헌憲자에는 '민첩하다'는 의미가 있고, 덕德자에는 '일을 차리어 벌이다'는 의미가 있다.

여기에 해당하는 것으로 볼 수 있는 것은 관심밖에 있었던 고구리의 남방 영토를 쓸모 있는 땅으로 만들기 위하여 민첩하게 황해도 북부와 평안남도 일대에 군현을 설치하는 등 북방에 정책적 관심을 크게 기울였다. 이로 인해 김헌창의 난 때에도 고구리의 옛 땅만은 가담하지 않았다. 김헌창의 아들 김범문金梵文의 난도 한산주 도독의 재빠른 행동으로 쉽게 진압되었다.

812년에는 급찬 숭정崇正을 발해국에 사신으로 보냈다. 발해국의 답방 사신이 있었는지 기록상 알 수 없다. 헌데 해동성국海東盛國으로 크게 번성한 발해국의 위협이 있을 것이라는 예상에 따라 826년 한산漢山 북쪽의 여러 주군州郡 사람 1만 명을 동원하여 패강 일대에 3백 리의 장성을 쌓았다. 이는 양국의 관계가 우호적이지 않았음을 말해준다.

임금은 고구리계인 이사도의 반란 토벌 요청을 받고 신속하게 당나라에 구원병을 파견하였으며, 고구리계 유민의 발해국에 대한 대비책으로 장성을 쌓는 일을 벌였다는 데서 시호가 헌덕왕으로 정해졌다고 본다.

그리고 헌덕왕의 이름 언승彦昇의 의미는 '벼슬하지 않은 사람으로서 지위가 오르다'는 것이다. 임금이 될 수 없는데 애장왕을 시해하고 임금이 되었으니 이름의 의미대로 신분이 상승되었다.

불교를 보호하고 백성들에게 크게 덕을 베풀기를 기뻐한
흥덕왕興德王

┤ 제42대왕 ├

재위 기간   원년(826)~11년(836)
성   김씨
이름   수종秀宗 · 경휘景徽
할아버지   원성왕
할머니   김씨金氏 숙정부인淑貞夫人
아버지   혜충태자惠忠太子 김인겸金仁謙
어머니   김씨金氏 성목태후聖穆太后
왕비   김씨金氏 장화부인章和夫人

수종秀宗은 임금의 자리에 오르자 애장왕 때부터 시도된 정치개혁을 이어나갔다. 개혁은 귀족의 세력 억제와 왕권 강화에 맞춰져 있었다. 이의 한 예를 들면, 9년(834) 골품제의 규정을 한층 강화하여 신분의 구분을 엄격하게 했다. 즉 벼슬의 등급에 따른 복장의 색깔, 수레와 말의 이용, 도구, 살림집 등을 엄격히 규정했다. 이는 사치풍조를 금지시키기 위한 것이지만 골품 간의 구별을 강화하기 위해 취해진 조치가 분명하다. 진골과 6두품은 물론 귀족과 평민의 차별을 분명히 하고 있다. 즉 6두품, 5두품, 4두품, 평민 간에는 출입이 허용되었으나 임금과 진골, 그리고 진골과 6두품 간에는 구분이 엄격했다. 임금이 골품제에 관심을 둔 것은 골품제가 안정되면 모든 혼란이 가라앉을 수 있으리라고 여겼기 때문이다. 하지만 신라 사회 안에 들어 있는 모순의 근본 원인은 바로 골품제에 있었던 만큼 골품제의 한계를 벗어나지 못했다.

골품제는 사실상 당나라 사람들에게 이상한 제도처럼 알려져 있었다. 그들은 신라의 골품제에 문제가 있다고 파악하고 있었다. 골품제의 모순을 제기하고 당나라로 건너간 설계두薛罽頭를 통해서도 알려졌다고 할 수 있다. 설계두는 6두품으로서 621년(진평왕 43) 숨 막히는 신라 땅을 벗어나기 위해 몰래 배를 타고 당나라로 들어가 645년(보장왕 4) 당태종의 고구리 침공 시 좌무위과의左武衛果毅로서 안시성의 주필산駐蹕山 전투에서 전사했다. 신라는 당나라와 외교관계를 빈번하게 맺었지만 당나라와 달리 개방적이지 않고 폐쇄적이다. 골품제의 두꺼운 벽을 넘어서지 못한 탓이다.

835년(흥덕왕 10) 삼국통일의 한 주역인 김유신을 사후에 흥무대왕興武大王으로 받들었다. 김헌창의 난 진압에 공을 세운 후손들을 배려하는 차원에서 취해진 조치이었다. 내세울만한 치적으로는 불교에 관심을 나타낸 것을 들 수 있다. 임금은 병이 들자 기도로 병을 다스리려 하여 150명의 사람들이 승려가 되도록 허용했다. 전제왕권 시대에 불교는 정치와 별개로 존립하지 못하고 임금의 권력에 예속되었다. 지나에서도 황제가 병환이 들면 승려로 하여금 불경을 읽고 기도를 하게 하는 것이 일상화되었다. 당나라의 경우 무종武宗은 불로 장생에 빠져 불교를 크게 탄압하기까지 했다. 불교가 황제의 권력에 완전히 예속된 탓이다. 엔닌의 『입당구법순례행기』에 그 전모가 생생하게 기록되어 있다.

임금이 150명의 사람들이 승려가 되도록 허용한 것은, 신라의 불교가 종교로서의 지위를 확보하지 못했으며 도첩제度牒制가 신라시대에 시행되었음을 보여준다. 불교가 임금의 권력에 예속된 구체적인 사례가 있다. 2년(827) 흥덕왕은 고구리의 승려 구덕丘德이 당나라에서 신라로 들어올 때 불경을 가지고 왔는데, 임금은 여러 곳의 승려들을 동원하여 구덕을 맞아들이게 했다. 이는 임금의 불교에 대한 심오한 믿음에서 비롯된 것으로 임금의 권력이 불교를 적극 보호했음을 보여주는 대목이다. 이런 면에서 임금은 불교 군주가 아닐까.

임금의 극진한 환영을 받은 구덕이 신라의 승려가 아니라 고구리의 승려라고 하는데 설명이 필요할 것 같다. 고구리가 668년에 멸망했는데, 구덕이 신라 땅에 들어온 것은 827년이다. 그러면 구덕은 고구리가 망한지 159년 만에 신라로 들어온 것이다. 고구리 승려라고 한 데에는 남다른 의미가 있는 듯하다. 구덕이 고구리의 유민이어서 그런지 『삼국사기』는 그를 고구리 승려라고 했으며, 임금이 불교 군주이므로 당나라에서 활동하는 고구리 출신의 승려까지 받아들였다고 할 것이다. 말하자면, 임금은 고구리계의 승려라고 하더라도 명망이 있는 승려라면 국적을 가리지 않고 받아들였다고 본다. 구덕을 여러 곳의 승려들이 나아가 맞이했다는 것은 그가 예사스런 인물이 아니고 명망이 있는 승려였다는 것을 말하는 것이 아닐까.

신라의 해상왕 장보고가 신라에서 활동한 것이 임금의 재위 시기이므로 그에 대해 그냥 넘어갈 수 없다. 장보고는 당나라의 서주徐州에서 소장으로 활약하다가 귀국하자 청해진 대사에 임명되어 지금의 완도莞島에 청해진淸海鎭을 설치하게 하였다. 청해진 설치는 당나라의 해적 퇴치와 노예무역 등의 불법 행위를 막고 경제 활동을 하고 있는 서남 해안의 호족세력을 억압하기 위한 조치이다. 헌덕왕 14년(822)에 일어난 김헌창의 난에 가담한 호족세력의 거점은 바로 청해진이 설치된 서남부 지역이었다.

『삼국사기』 장보고 열전에 따르면, 그는 폐쇄적인 신라 사회에서 주로 활동한 걸로만 설명되고 있다. 엔닌의 『입당구법순례행기』는 『삼국사기』에서 볼 수 없는 활약상을 상세히 설명하고 있다. 신라가 폐쇄 국가이므로 신라인들은 개방적인 당나라를 그리워하여 당나라에 들어가 여러 방면에서 활동을 하고 있었다. 이의 가장 대표적인 인물이 장보고이다. 그는 군인이었으나 당나라의 동남 연안을 기반으로 교역 활동을 하고 있었다. 많은 선단을 거느리고 있어 당나라에 드나드는 일본의 사절단에게도 물질적 정신적으로 많은 도움을 베풀었다. 특히 산동반도의 등주에 세워진 법화원法華院은 당나라의 선진 불교를 공부하려고 입국하는 일본의 승려 일행에게 편안한 숙소로 제공되어 이들은 법화원을 고향처럼 생각하였다. 특히 엔닌은 장보고를 마음속으로 크게 존경하여 대사大使라고 높여 불렀다.

고구리계의 승려라는 구덕이 신라로 들어오게 된 것은, 우연이 아니고 당나라에서 왕성하게 활동을 하고 있는 장보고와의 인연 때문이 아닐까 한다. 구덕의 입국 시에 흥덕왕이 많은 승려들을 동원하여 환영을 하게 했던 것은 그에 관한 정보를 사전에 받았기 때문이었을 것 같다. 누가 그런 정보를 제공했을까. 『삼국사기』 장보고 열전은 그가 왕권 다툼에 끼어들어 말로가 비참하게 되었음을 지루하게 그리고 있으나 엔닌은 장보고에 대해 직접 보고 들은 것을 기술함으로써 그가 국제적 인물임을 사실적으로 보여주고 있다. 그러니 임금은 그런 장보고를 통해 구덕에 관한 정보를 제공받았을 것이다. 임금은 구덕을 통해 당나라의 실정에 대해 많은 것을 전해들을 수 있었을 것이다.

수종(흥덕왕)은 전제 군주로서 민생문제에 남다른 관심을 기울였다. 7년(832) 봄 가뭄이 들자, 임금은 평소에 먹는 음식을 스스로 줄였다. 백성들과 고통을 함께 나누겠다는 의지의 표현인 것이다. 도둑이 도처에서 일어나자 사자를 현지에 내보내 백성들을 위로하고, 9년(834)에는 남쪽의 주군을 두루 돌아다니며 노인·늙은 홀아비·늙은 홀어미·고아·자식 없는 늙은이를 위로하고 곡식과 베를 차등 있게 하사했다.

임금이 스스로 살기 힘든 백성들을 구제했음에도 재위 시에 백성들은 경제적으로 어려움을 겪은 듯하다. 3년(828) 한산주漢山州의 백성 중에 부자가 되는 계략이 있다고 말하는 사람이 있었다. 많은 사람들이 솔깃하여 빠져들었다. 이 소문이 전국으로 퍼져나가다 보니 임금은 그런 소문을 퍼뜨린 사람을 먼 섬으로 귀양 보냈다. 예나 지금이나 부자가 되려는 사람이 적지 않다. 임금이 취한 조치는 그것이 건전한 사회를 병들게 하기 때문이다. 역시 민생안정 문제가 절실했음을 말해준다.

완도에 청해진이 설치된 같은 해 기록할 만한 사건이 있었다. 당나라에서 돌아오는 사신 김대염金大廉이 차茶의 씨앗을 가져온 것이다. 임금은 씨앗을 지리산에 심게 했다. 지나인이 차를 마시는 풍속은 꽤 오래되었다. 차 문화가 발달한 당나라에서는 차가 병을 치료하는 약용으로도 쓰이고 있었다. 차의 씨앗이 들어왔다는 것은 신라가 당나라의 차 문화를 받아들이게 되었음을 말한다.

장성 북쪽의 북방 유목민은 남방의 농경민과 달리 쉽게 채소를 먹을 수 없다. 이들은 채소 대용으로 차를 즐겨 마시곤 했다. 그러다 보니 지나의 차는 북방 유목민과의 무역에서 빼놓을 수 없는 중요 품목이다. 신라인은 유목민이 아니므로 차를 유목민만큼 좋아하지는 않았다. 그런데도 차의 씨앗이 들어온 것이 『삼국사기』에 실린 것은 차를 마시는 당나라의 차 문화가 들어왔기 때문일 것이다. 선덕왕 때에도 차가 있었다고 하지만 널리 퍼지기 시작한 것은 수종(흥덕왕) 때부터이다. 당나라에서는 차가 생활에서 널리 퍼졌으나 신라에서는 그렇지 않아 승려를 포함한 귀족층을 중심으로 좋아하는 물품 또는 병을 치료하는 약용 정도로 이용되었을 것이다. 현재 우리의 사찰에서 승려들이 차를 즐기고 있는 걸로 보아 그렇게 미루어 생각할 수 있다.

흥덕왕이란 시호는 무엇을 근거로 정해졌을까. 흥興자에는 '기뻐하다'는 의미가 있고, 덕德자에는 '크다'·'베풀다'·'행복'·'덕을 갖춘 사람'이란 의미가 있다. 임금(흥덕왕)의 치적으로 여기에 해당하는 것이 무엇일까? 임금은 불교에 지대한 관심을 가져 불교를 보호하고 백성을 구제하는 등 이들에게 덕을 베풀기를 기뻐하였으니 덕을 갖춘 군주이었다. 정리하면 '흥덕왕은 불교를 보호하고 백성들에게 크게 덕을 베풀기를 기뻐한 임금'이었다고 할 것이다.

목숨을 끊으면 몸과 마음이 편안하리라 여겨 즐거운 마음으로 목숨을 끊은
희강왕僖康王

┤제43대왕├

재위 기간	원년(836)~3년(838년)
성	김씨
이름	제융悌隆 · 제옹悌顒
성	김씨
아버지	김헌정金憲貞(원성왕의 손자)
어머니	박씨朴氏 포도부인包道夫人
왕비	김씨金氏 문목부인文穆夫人

이전의 임금 중에는 행적이 알려진 이도 있는데, 제융(옹)의 경우 임금이 되기 전에 무엇을 했는지 자세하게 알려진 것이 없다. 다만 알려진 것은 흥덕왕의 사망으로 5촌 조카인 제융이 사촌동생인 균정均貞과 임금 자리를 놓고 다투었다는 정도이다. 제융을 지지한 인물은 시중 김명金明, 아찬 이홍利弘, 배훤백裵萱伯 등이고, 아찬 김우징金祐徵, 조카인 예징禮徵 및 김양金陽은 균정을 지지했다. 양측의 싸움으로 균정은 사망하고 화살을 맞은 김양은 김우징 등과 함께 위험을 피하여 청해진 대사 궁복弓福(장보고)에게 달아나 의지했다. 헌데 838년

(희강왕 3) 김명과 이홍 등이 불만을 품고 난을 일으켜 임금의 측근을 죽이자, 임금은 자리를 보전하기 힘들다고 판단하여 궁중에서 목을 매어 죽음을 택했다.

임금의 재위 기간이 2년 밖에 되지 않아 치적을 남길 수 있는 입장이 아니다 보니 아무것도 남긴 것이 없다. 그러면 희강왕이란 시호의 의미를 어디서 찾아야 할까. 희僖자에는 '즐거워하다' 라는 의미가 있고, 강康자에는 '몸과 마음이 편안해지다' 라는 의미가 있다. 임금은 스스로 목숨을 끊으면 몸과 마음이 편안할 것이라 판단하여 즐거운 마음으로 목숨을 끊은 것이다. 그래서 정해진 시호가 이런 의미를 담은 희강왕이다.

어질고 슬기롭지 못해 가엽고 불쌍한
민애왕 閔哀王

┤ 제44대왕 ├

재위 기간	원년(838)~2년(839)
성	김씨
이름	명明
증조부	원성대왕 元聖大王
할아버지	김인겸 金仁謙(원성왕의 큰아들인 혜충태자)
할머니	김씨 金氏 성목태후 聖穆太后
아버지	김충공 金忠恭(선강대왕에 추봉)
어머니	박씨 朴氏 선의태후 宣懿太后
왕비	김씨 金氏 윤용왕후 允容王后

　김명은 희강왕을 축출하고 임금(민애왕)이 되었으나 청해진 대사의 보호를 받는 김우징金祐徵은 장보고의 휘하 병력 5천 명을 이끌고 임금을 몰아내고 임금이 되고자 했다. 김우징은 청해진에서 김양金陽·염장閻長·장변張弁·정년鄭年·낙금駱金·장건영張建榮·이순행李順行 등 여러 장수들의 지지를 받고 있었다(838).

　그해 12월, 임금은 김민주金敏周를 내세워 무진주武珍州(광주)의 철야현鐵冶縣(나주의 南平面)에서 무력으로 쳐 없애는 임무를 맡은 군대와 싸우게 했으나 패배하고 이듬해 정월 달벌達伐(대구) 싸움에서도 크게 패했다. 이에 임금은 월유댁月遊宅으로 몸을 피했으나 무력으로 쳐 없애는 군대에 의해 살해되었다. 그래도 장사는 예를 갖추어 치러졌다.

재위 기간이 1년 남짓하여 남긴 업적이 없다 보니 시호를 제대로 정할 수 있는 상황이 아니었다. 하지만 시호는 정해졌다. 시호의 민閔자에는 '가엽게 여기다'라는 의미가 있고, 애哀자에는 '가련하다'·'불쌍히 여기다'라는 의미가 있다. 김명이 결국 반대세력에 의해 불행하게 살해되어 가엽고 불쌍하게 되었다고 여겨 시호가 민애왕으로 정해졌다. 그리고 이름 명明에 어떤 의미가 담겨져 있을까. 명은 '현명한 사람'을 말한다. 민애왕에게는 어질고 슬기로운 군주로서의 면모가 보이지 않는다. 그러니 그런 사람으로 살았다고 할 수 없다.

무술과 용맹에 뛰어난
신무왕神武王

┤제45대왕├

재위 기간   원년(839) 4월~7월
성   김씨
이름   우징禑徵
할아버지   예영禮英(원성왕의 아들)
아버지   균정均貞(성덕대왕에 봉해짐)
어머니   박씨朴氏 헌목태후憲穆太后

812년(헌덕왕 4) 균정이 시중이 되고, 822년(헌덕왕 14) 우징 부자는 김헌창의 반란을 진압하는데 공을 세워 828년(홍덕왕 3)에 우징은 시중에 임명되고, 834년(홍덕왕 9) 균정이 상대등이 된 후 우징이 시중에서 물러나자 김명(민애왕)이 대신 시중이 되었다. 홍덕왕의 사망 후 사촌동생인 균정과 5촌 조카인 제융이 임금의 지리를 놓고 다투었다. 균정은 전사하고, 우징은 김양과 함께 청해진으로 몸을 피해 장보고를 의지했다.

제융은 임금(희강왕)이 되었으나 838년 김명이 난을 일으키자 스스로 목숨을 끊었다. 임금이 된 김명은 균정계의 도전으로 우징이 임금(신무왕)의 자리에 올랐다. 애장왕 이후 헌덕왕 · 흥덕왕 · 희강왕 · 민애왕 · 신무왕의 5대 30년 동안에 원성왕의 자손 간에 임금 자리를 다투고 빼앗는 싸움이 불같이 맹렬하였다. 즉 원성왕 때에 왕실 친족들 간에 권력을 휘어잡는 것이 본격화되어 촌수가 가까운 일가가 중요한 자리(兵部令 · 宰相 · 御龍省 私臣 · 侍中)를 독점하다시피 했다. 이는 원성왕의 사후 자손들 간에 임금의 자리를 계승하려는 다툼의 원인이 되었다.

우징이 임금의 자리를 차지하게 된 것은 청해진의 장보고에 의존하여 그의 군사적 도움을 받았기 때문이다. 우징은 임금(신무왕)으로서 임금의 권력에 적극적으로 드러나지 않고 숨은 상태로 존재하는 도전세력인 장보고를 일단 공신으로 책봉하고 감의군사感義軍使로 삼아 2천 호에 봉했다. 장보고는 욕심을 부려 자신의 딸을 왕비로 만들려고 했다. 그렇게 되면 멀지 않아 장보고의 막강한 세력은 임금의 권력에 압력을 가할 수도 있다. 임금은 일찍 사망하는 바람에 장보고를 제압하는 분위기만을 남겼다. 딸을 왕비로 만들려는 장보고의 야망은 중앙귀족들의 거센 반대로 흐지부지 취소되고 청해진은 851년(문성왕 13) 무너져 흩어지고 말았다.

우징은 장보고의 힘을 빌려 임금이 되기는 했으나 무용은 뛰어났다고 할 수 있다. 이를 보여주는 것이 신무神武라는 시호이다. 신무는 '뛰어난 무용'을 말한다. 『삼국사기』의 편찬자는 신무왕 기사를 마감하고 임금의 자리를 억지로 빼앗긴 사실과 관련하여 구양수의 사론史論을 끌어다 언급하였다. 노魯나라의 환공桓公은 은공隱公을 죽이고 스스로 임금의 자리에 오르고, 선공宣公은 왕자 적赤을 죽이고 스스로 임금의 자리에 오르고, 정鄭나라의 여공厲公은 세자 홀忽을 내쫓고 스스로 임금의 자리에 오르고, 위衛나라의 공손표公孫剽는 그 임금 간衎을 내쫓고 스스로 임금의 자리에 올랐다는 것이다.

공자가 『춘추』에서 임금의 자리를 강제로 빼앗은 사실을 기록한 것은, 이를 전하여 후세 사람들이 악한 짓을 하지 않기를 바랐기 때문이다. 신라에서 임금 자리를 빼앗은 것을 보면 김언승은 애장왕을 죽이고서 임금의 자리에 오르고, 김명은 희강왕을 죽이고 임금의 자리에 올랐으며, 김우징은 민애왕을 죽이고 임금의 자리에 올랐다. 『삼국사기』의 편찬자가 김언승, 김명, 김우징이 임금의 자리를 강제로 빼앗은 것을 사실대로 쓴 것은 『춘추』의 정신을 따랐기 때문이다.

『삼국사기』의 편찬자는 신하가 군주를 시해하는 것은 사리에 맞지 않다는 생각에서 언급한 임금의 시해 사건을 그대로 기록으로 남겨 놓았던 것이다.

총명하여 자신을 아름답게 꾸민
문성왕文聖王

┤제46대왕├

재위 기간   원년(839)~19년(857)
성   김씨
이름   경응慶應
할아버지   균정均貞(원성왕元聖王의 손자)
할머니   박씨朴氏 진교부인眞矯夫人
아버지   신무왕
어머니   박씨朴氏 정계부인貞繼夫人 · 정종태후定宗太后
왕비   박씨朴氏 소명왕후炤明王后

경응이 임금(문성왕)의 자리에 오르자 장보고를 진해장군鎭海將軍
으로 임명했다. 장보고가 군사로 자신의 아버지를 도와준 공적을 잊
을 수 없다는 것이 임명 이유이다. 허나 장보고를 공신에 임명한 것은
훗날 큰 위협이 되었다.

7년(845) 임금은 장보고의 딸에게 장가를 들어 둘째 왕비로 삼으려
고 했다. 조정의 신하들은 고대 지나의 예를 들어 삼갈 것을 권하였
다. 특히 그는 섬사람이므로 그의 딸을 왕실의 배우자로 삼을 수 없다
는 것이다. 이에 장보고는 8년(846) 딸이 왕비가 되지 못한 것을 탓하

여 청해진을 근거로 반항하고 나섰다. 조정은 무력으로 쳐 없애는 문제로 애를 태우며 마음을 썼다. 쳐 없애면 뜻밖의 일이 생길 것이고, 그렇다고 그대로 놔둘 수 없다고 하는 등 대책을 세우지 못했다. 이런 어려운 상황에 무주 사람 염장閻長은 자신이 군대를 움직이지 않고 그를 처치할 수 있다고 나섰다. 임금은 허락했다.

염장은 나라를 배반하여서 청해진에 항복한다고 자신을 소개했다. 장보고는 조금도 의심하지 않고 받아들여 함께 술까지 마셨다. 염장은 술에 취한 장보고의 칼로 그를 죽이고 무리들을 설득하였다.

청해진의 운명은 어떻게 되었을까. 13년(851) 청해진은 무너져 흩어지고 그곳 사람들은 벽골군碧骨郡(전북 김제)으로 옮겨졌다. 그의 피살과 청해진의 해체로 그가 이룩해 놓은 해상왕국의 장보고란 이름은 역사 속으로 파묻히게 되었다. 청해진의 해체는 중앙에서의 귀족 반란을 용인하지 않듯이 지방의 저항세력까지 그대로 넘기지 않겠다는 것을 의미한다. 청해진을 그대로 내버려두면 중앙의 또 다른 반란세력이 청해진과 연합할 가능성이 없다고 할 수 없다. 그리되면 임금은 강력한 도전을 피하기 어렵게 될 것이다.

장보고의 난 등 반란 사건이 자주 일어났어도 신라는 불교국가로서의 모습을 유지하고 있었다. 청해진이 해체된 같은 해 당나라에 사신으로 갔던 아찬 원홍元弘이 불경과 부처의 어금니까지 가져왔는데 임금은 교외로 나가 이를 맞이하였다. 부처의 어금니가 신라에 들어온 것은 처음 있는 일이며 불교계의 입장에서는 가장 큰 기쁜 일임에 틀림없다.

2년(840) 임금의 재임 시에 언제부터인가 당나라에 볼모로 와 있었는지 모르는 왕자와 당나라에서 머무는 기간이 지난 학생 150명을 당나라가 신라로 돌려보냈다. 학생은 유학생이며 이전에도 이들은 당나라의 국학에서 공부를 한 적이 있다. 머물러 있는 기간이 지난 유학생을 돌려보냈다는 것은 신라의 유학생들이 공부를 마친 뒤에도 자발적으로 돌아오지 않고 당나라에서 생활을 계속하고 있었음을 말한다.

유학생들이 스스로 귀국하지 않은 것은 당나라 사회와 달리 신라 사회가 폐쇄적이기 때문일 것이다. 대개 선진문물을 먼저 접하게 되면 여기에 빠져 그곳을 떠나려 하지 않는다. 특히 당나라에는 외국인도 과거에 응시할 수 있는 빈공과賓貢科라는 과거 시험이 있고 신라가 이들을 받아들일 태세가 아니므로, 이들은 귀국을 미루고 당나라에 그대로 머물려고 했을 것이다. 이들이 자발적으로 돌아왔다면 아마 신라사회는 폐쇄사회에서 개방사회로 탈바꿈될 수도 있었을 것이다. 신라의 폐쇄성은 질기고 질기므로 신라가 망할 때까지 그대로 유지되고 있었다.

임금과 관련된 의미 있는 기사가 있다. 사망하기 전에 남긴 조칙에 관한 것이다. 군주가 아닌 개인의 입장에서는 유언이라고 할 수 있다. "자신은 보잘 것 없는 존재이며 하늘을 거슬려 사람의 마음에 실망을 줄까 늘 두려워했으며, 여러 신하들의 도움으로 임금의 자리를 유지했으나 갑작스런 병으로 정신이 흐릿해지고 나라의 정치와 군사는 임금으로서 잠시도 폐지할 수 없거니와 이런 무거운 짐을 덕이 있는 사람에게 맡길 수 있어 아무런 원망이 없으며, 죽음이란 슬퍼할 것이 아니므로 신하들은 충성을 다해 자신을 보내고 새 군주를 예절에 어긋나지 않게 섬길 것이며 이러한 뜻을 널리 알리라."고 당부했다.

문성이란 시호의 문文자에는 '꾸미다'·'아름답다'·'빛나다'는 의미가 있고, 성聖자에는 '약삭빠르다'·'총명하다'·'뛰어나다'는 의미가 있다. 문성이란 시호의 의미에 해당하는 것으로 무엇이 있을까. 신라는 멸망 시까지 외형적으로 불교국가의 면모를 유지하고 있었으나 불교는 국가의 발전에 도움을 주지 못하고 있었다. 곳곳에 사찰이 들어서고 장정들은 승려가 되는 바람에 부역과 병력을 담당할 사람이 크게 부족하였다.

이렇듯 청해진이 해체되는 등 정치 사회적으로 암울한 시기에 당나라에 사신으로 갔던 사신 아찬 원홍이 불경과 부처의 어금니까지 가지고 왔는데 임금이 직접 원홍을 맞이하였다. 이는 보여주기 위한 몸짓으로 임금이 자신을 아름답게 보이려고 꾸민 처사인 듯하다. 총명하지 않고서는 생각할 수 없는 일이다.

사윗감을 빠르게 알아차려 맞아들이고 불교를 통해 불만세력을 무마시켜 마음이 편안한 헌안왕憲安王

┤제47대왕├

재위 기간	원년(857)~5년(861)
성	김씨
이름	의정誼靖 · 우정祐靖
할아버지	예영禮英(원성왕의 아들)
아버지	균정均貞(성덕대왕에 봉해짐)
어머니	김씨金氏 조명부인照明夫人
형	신무왕

857년(문성왕 19) 서불한舒弗邯(角干)인 의정誼靖은 성주사聖住寺(경남 창원시)의 시주인 낭혜화상朗慧和尙[37] 무염無染에게 향과 차를 예물로 보내 남다른 관계를 맺으려고 했다. 조카인 문성왕이 죽음에 이르러 남긴 말에 따라 임금이 되자 무염에게 나라 정치에 도움이 될 말을 청해 이를 통치의 기준으로 삼았다.

성주사는 흥륜사興輪寺(경주시 소재)에 속해 통제를 받았다. 임금은

---

37 태종무열왕의 8대손(801~888).

즉위 후 무주의 보림사寶林寺에서 선종의 승려로 가르치고 이끌고 있는 체징體澄[38]과 깊은 인연을 맺어 그가 가지산사迦智山寺에서 가지산문迦智山門[39]을 새로 만들어 세울 때 뒤에서 도와주었다. 4년(860) 헌안왕이 응렴膺廉을 사위로 맞아들이려고 할 때, 그의 부모는 헌안왕의 두 딸 중에 누구를 골라야 할지 몰라 흥륜사의 승려인 범교사範教師[40]에게 도움을 청하였다. 이는 또한 흥륜사가 신라 왕실과 깊은 인연을 맺고 있었음을 말한다.

이처럼 임금이 불교에 더할 수 없는 큰 관심을 쏟은 것은 지방의 불만세력을 불교를 통해 잘 달래어 말을 듣도록 하기 위함이다. 일례로, 성주사의 낭혜화상을 통해 웅천주熊川州의 김주원을 통제하고 가지산사의 체징을 통해 무진주 지역의 불만세력을 잘 달랜 바 있다.

5년(861) 얻은 병환이 낫지 않자 어리지만 노련하고 덕이 있는 품성을 지닌 사위인 응렴에게 임금의 자리를 물려주었다.

임금의 재직 시에 있었던 사건 중에 궁예弓裔 문제보다 중요한 것은 없을 것이다. 『삼국사기』는 궁예를 임금의 서자라고 하고 있으나 사실로 믿기에 석연치 않은 점이 있다. 왕건王建과 같은 시대의 궁예는 어떤 인물인지 알려져 있다. 다만 전적으로 『삼국사기』의 기사를 근거로 하고 있다. 하지만 이는 정확하지 않다. 『삼국사기』는 두 인물을 바르게 설명하고 있지 않기 때문이다. 이것은 이 책의 큰 과오이

---

38 시호가 보조선사普照禪師(804~880).

39 신라의 통일 이후 불교가 크게 흥할 때 승려들이 지나 선종의 시조인 달마達磨의 참선법을 들여와 지킨 아홉 산문山門(절)의 하나이다.

40 경문왕이 사원의 운영을 맡아보는 대덕大德이란 직무를 줌.

다. 두 인물은 지나족의 역사 문헌에도 수록되어 있다. 왜 지나족의 역사책에도 실리게 되었을까. 두 인물이 신라의 멸망 무렵에 한반도를 주름잡고 있는 것이 지나족에게도 잘 알려지는 등 국제적 인물이기 때문이다.

두 인물이 각기 나라를 세운 시기는 지나족의 오대시대이다. 먼저 나라를 세운 궁예와 관련하여 아직 밝혀지지 않은 것이 두 가지이다. 그의 핏줄로 연결된 인연 문제와 그가 세운 태봉泰封이라는 국호의 의미가 무엇인지에 관한 것이다. 『삼국사기』 궁예 열전은 그를 신라의 왕자라고 못을 박았다. 이를 근거로 대체적으로 궁예를 신라 사람으로 이해하고 있다. 헌데 그는 신라를 멸망시키는 것을 자신의 최대 목표로 삼았다. 무슨 불만에서 신라를 멸망시키려 했을까. 이것도 궁예 문제에서 반드시 풀어야 할 하나의 과제이다.

『삼국사기』 궁예 열전에 따르면, 궁예의 성씨는 김씨이며, 이름은 궁예이다. 궁예와 같은 시기의 지나족의 역사책인 『육씨남당서陸氏南唐書』(권 18)에 따르면, 궁예의 본성은 고씨이며, 이름이 궁예이다. 이 기사는 믿을 수 있을까. 궁예와 같은 시대의 책이므로 믿을 수 있다. 고씨라면 고구리의 왕손이다. 그런데 『삼국사기』는 왜 궁예를 신라의 왕자라고 했을까. 『삼국사기』 편찬의 주역인 김부식이 신라 계열이고, 『삼국사기』가 신라사 위주로 편찬되다 보니 궁예의 살붙이 문제도 의도적으로 신라 중심으로 처리되었다.

신라 말기 한반도의 정치 사회적 분위기는 반신라적 · 친고구리적 · 친백제적으로 완전히 굳어져 있었다. 그러므로 당시 한반도의 정치적 주도권을 휘어잡을 수 있는 인물은 고구리계나 백제계로 좁혀진다. 이런 점에서 궁예는 고구리계임에 틀림없다. 또한 궁예가 고구리계라는 것은 그의 정권 이름이 대봉국大封國이라는 데서 확실해진다. 지나족의 역사 문헌, 즉『육씨남당서』(권 18)와『어비역대통감집람御批歷代通鑑輯覽』(권 68)은 궁예의 정권을 대봉국이라고 표현했다.『삼국사기』에서는 태봉국泰封國으로 표현되어 있지만 대大나 태泰는 의미가 같다. 한자자전에 '대봉'이란 글자의 의미가 분명하게 나와 있다. '큰 땅덩이'를 말한다. 궁예가 정권의 명칭을 '대봉'이라고 한 것은, 영토가 큰 나라의 건설을 목표로 하고 있다는 자신의 정치적 구상을 나타낸 것이다.

그러면 큰 뜻을 품고 지향하는 큰 영토의 국가는 어떤 나라일까. 궁예가 고구리의 왕손이므로 영토가 큰 조상의 나라인 고구리를 다시 회복하겠다는 것이 그의 바람이자 계획인 것이다. 자신의 정권 이름을 고구리라고 할 수도 있으련만, 이를 피하고 태봉이라고 했다. 이는 바로 고구리를 뜻하는 것이다. 궁예의 정치적 목표는 조상의 나라인 고구리를 다시 일으켜 세우는데 있음을 알 수 있다.

궁예 문제에서 더 밝혀야 할 것이 있다. 그의 이름이 문헌에 다르게 표현되고 있다.『삼국사기』는 궁예弓裔,『어비역대통감집람』은 궁노躬奴,『육씨남당서』는 궁예躬乂라고 했다. 예裔는 후예, 노奴는 종, 예乂는 어진 사람을 말한다. 셋으로 갈라진 궁예의 이름 글자 중에 어느 것이 본래 이름자인지 가려내기가 용이하지 않다.

'노奴'는 종(노예)이므로 정치 지도자의 이름으로는 어울리지 않는다. '예乂'는 어진 사람, 현명한 사람이란 의미로 풀이할 수 있어 정치 지도자의 이름으로 어울린다. '예裔'는 후예를 말한다. 한국의 토산궁씨兔山弓氏 종친회는 궁예가 북한의 황해도 토산 궁씨라고 한다. 『태백일사』는 궁예의 궁씨는 궁예의 어머니 성씨라고 밝히고 있다. 그러면 궁예는 아버지의 성씨를 따르지 않고 어머니의 성씨를 따르게 되었다는 것인데, 왜 어머니의 성씨를 따랐을까.

고구리의 멸망 후 신라 땅에는 망명하거나 살길을 찾아 들어온 고구리 사람들이 적지 않았다. 이들이 신라 땅에서 고구리 독립전쟁을 일으킨 것은 잘 알려진 사실이다. 이들의 지도층은 신라의 감시망 가운데서 살다시피 했다. 궁예가 고구리의 왕손이다 보니 그 역시 신라의 정치적 탄압을 받지 않도록 하기 위해 궁예의 아버지는 아들이 자신의 성씨를 따르지 않게 하고 자신의 부인 성씨를 따르게 한 것 같다.

궁예가 고구리 왕실의 후예라는 『육씨남당서』의 기사와 궁예가 신라의 정치적 탄압을 받지 않도록 하기 위해 어머니의 성씨를 따르게 되었다는 『태백일사』의 기록을 종합하여 궁예는 원래 고구리의 고씨 왕손임을 조금도 의심하지 않는다. 『육씨남당서』에 궁예의 본성이 고씨라는 것은 『태백일사』의 기록과 일치한다. 이런 점에서 『태백일사』는 궁예에 관해 『삼국사기』가 사실과 다르게 해석하고 있는 기사를 바로잡았다고 보며, 궁예 기록은 믿을 만한 자료를 끌어다 썼다고 믿는다. 결국 '궁'은 바뀐 성이며, '예'는 고씨의 후손이라는 것을 말한다.

『육씨남당서』는 궁예를 궁예躬乂라고 했는데, 이는 궁예가 정치 지도자로서 몸소 나라를 세우고 다스린 사람이라고 풀이하면 좋을 것이다. 지나족의 문헌도 『태백일사』처럼 궁예를 칭찬했다. 헌데 『태백일사』는 국내에서 배척을 받고 있다. 이런 태도는 바로 고쳐져야 한다.

궁예 못지않게 잘 알려진 인물이 또 있다. 궁예와 같은 시대의 왕건王建이다. 궁예에 이어 고리高麗라는 나라를 세웠다. 궁예 정권을 계승한 왕건의 혈족은 고구리계가 아니라는 것이 지금까지의 주장이다. 특히 지나족의 학자들은 왕건이 신라 사람이라고 굽히지 않고 변명한다. 왕건이 신라 땅에서 살았기 때문에 신라 사람이라는 말은 틀리지 않는다. 문제는 왕건이 살붙이에서 과연 신라계일까 하는 점이다. 『어비역대통감집람』은 왕건이 고구리 사람이라 하여 고구리계라고 밝히고 있다. 하지만 본래 성씨가 무엇인지 언급이 없다.

당시 한반도의 정치 사회적 분위기로 보아 나라를 세울 수 있는 인물과 세력은 친고구리계 또는 친백제계일 수밖에 없다. 궁예가 고구리의 왕손이듯이 왕건 역시 같은 고구리 왕실의 후손이다. 고구리의 멸망 후 고구리의 옛 땅에 세 나라가 세워졌다. 고구리의 옛 땅 대부분은 대씨大氏가 차지하여 발해국을 세웠고, 대씨의 쇄약 후 궁예는 한반도에 태봉이란 나라를 세웠으며, 궁예의 몰락으로 왕건은 고리를 세웠다. 고구리의 멸망 후 나라를 세운 인물은 모두 고구리계이다.

그러면 대씨는 어느 민족 계열에 속할까. 고구리의 존립 시에 고구리에는 고구리계와 말갈계가 공존하고 있었다. 태봉국과 고리의 건국자가 고구리계이듯이 발해국을 세운 세력은 역시 고구리계일 가능성이 많다. 허나 대씨와 고씨가 어떤 관련이 있는지 구체적인 자료가 없어 보인다. 필자는 이점에 대해 의견을 제시한 바 있다. 즉 고구리의 멸망 후에도 고구리 사람은 같은 성끼리 혼인을 하지 않는 동성불혼이란 풍속이 지켜지고 있었다. 이의 좋은 예가 여진족의 금나라 태조에게 국가정책을 건의한 장호張浩의 집안 계통에서 잘 나타나고 있다. 그의 증조부 장패張覇는 거란시대 고씨를 장씨로 바꿨다. 그래서 그의 후손들은 모두 장씨를 새로운 성씨로 받아들였다. 성씨를 바꾼 것은 오직 고씨와 혼인을 하기 위해서이다.

고구리 시대 대씨는 『삼국사기』에서 찾아볼 수 없다. 대씨가 명족이라면 『삼국사기』에서 많이 보여야 한다. 『삼국사기』에서 찾아볼 수 없는 대씨가 거란족의 『요사遼史』와 여진족의 『금사金史』에 많이 등장한다. 사실상 대씨는 고구리의 멸망을 전후하여 처음 등장하거니와 근본이 없는 성씨는 아니다. 추론하건대, 고구리의 멸망 직후에 대씨가 등장한 관계로 대씨에 관한 기록이 『삼국사기』에 실릴 수 없다.

고씨가 장씨로 바뀌었듯이 고씨가 바뀐 것이 대씨일 가능성이 많다. 고구리의 멸망으로 고씨가 존재하느냐 사라져야 하느냐라는 심상치 않은 이런 상황에서 벗어나기 위해 고씨가 대씨로 바뀌었을 수도 있다. 하지만 고씨를 대씨로 바꾼 것은 정치적으로 도리를 분별하고 잘 실천하는 마음가짐이 뚜렷한 사람만이 그러했을 것이다.

고씨가 대씨로 바뀐 것이 사실이라면 발해국의 대씨는 고씨와 자연스레 혼인 관계를 맺을 수 있게 된다. 이를 전제로 하면, 발해국의 왕실은 자연스레 고씨의 여인을 왕후로 맞아들일 수 있다. 따라서 발해국의 왕실은 혈통상 고구리 왕실을 계승했을 것이라는 북한 측의 견해는 충분히 성립될 수 있다. 발해국을 멸한 거란족의 요나라 왕실과 요나라를 멸한 여진족의 금나라 왕실은 고씨 여인을 왕후로 맞아들였다.

거란족과 여진족의 국가가 왜 고구리의 고씨 여인을 왕후로 맞아들였을까. 고씨 여인은 고구리의 왕족으로서 학문과 도덕, 예의 등 여러 면에서 거란족과 여진족의 여인보다 월등히 뛰어났기 때문이다. 이러할진대, 발해국 왕실도 고씨의 여인을 왕후로 맞아들였을 것은 다시 논의할 여지가 없다.

왕건의 고리는 궁예를 계승하고 나서 신라와 후백제를 거두어 정치적으로 한반도를 통일했다. 해외의 여러 국가는 이 고리를 강대하고 아득하게 오래된 문화를 보유했던 고구리의 계승 국가로 인정하여 스스로 고리에 복종하였다. 지나의 오대시대 지나족은 한반도를 통일한 고리와 주변의 국가를 동이東夷라고 일컬었다. 또한 고구리 사람들이 고구리를 동이라고 했듯이, 고리 사람들도 고리를 자칭 동이라고 했다.

끝으로 헌안왕이란 시호의 의미를 임금의 판단과 치적을 통해 찾아볼 수 있을까. 헌憲자에는 '민첩하다'는 의미가 있고, 안安자에는 '편안하다' · '마음이 편하다'는 의미가 있다. 임금은 나이 열다섯 살 되는 응렴에게 어른처럼 경험이 많고 익숙하며 너그럽고 어진 인품이 있음을 재빠르게 알아차려 사위로 맞이했으니, 임금은 과연 마음에 걱정이 없었다고 할 것이다.

임금은 지방의 불만세력을 무마시키기 위하여 성주사와 특별한 인연을 맺었다. 이처럼 불교에 큰 관심을 쏟음으로써 마음에 걱정이 사라져 없었을 것이다. 이런 점도 반영되어 정해진 것이 헌안왕이라는 시호다.

학문과 예술을 우러러 본
경문왕景文王

┤제48대왕├

재위 기간	원년(861)~15년(875)
성	김씨
이름	응렴膺廉 · 응렴凝廉
할아버지	희강왕僖康王
할머니	김씨金氏 문목부인文穆夫人
아버지	계명啓明
어머니	박씨朴氏 광화부인光和夫人
왕비	김씨金氏 영화부인寧花夫人

임금은 학문에 관심을 두고 있어 3년(863) 국학에 행차하여 박사 이하의 사람들이 경전의 뜻을 해설하며 토론하게 하고 물품을 차등 있게 내려 주었다. 특히 박사 이하의 사람들이 이렇게 하게 한 것은 박사가 아닌 사람들도 경전의 뜻을 얼마나 잘 이해하고 있는지 직접 알아보기 위해서이다. 다시 말해 임금은, 박사는 경전의 뜻을 제대로 알고 있다고 여겼으나 그 이하의 사람들의 실력에 대해서는 알고 있지 않아 직접 알아볼 요량에서 그러했던 걸로 여겨진다.

임금은 특히 학문에 관심이 많아 9년(869) 당나라에 사신으로 들어가는 진봉사進奉使 김윤金胤을 따라가는 학생 이동李同 등 세 사람이 배워서 자기 것으로 한 학문을 익히도록 책을 살 돈으로 은 3백 냥을 하사했다.

임금은 유학생들이 당나라에서 경전 공부를 순조롭게 하도록 크게 보살펴주려고 마음을 쓰고 있다 보니 당나라와의 관계가 더욱 발전 되도록 하기 위하여 김윤을 사신으로 파견할 때 상당한 양의 물건을 제공하는 등 최대한 성의를 표하였다. 신라가 당나라에 물건을 제공 해왔지만 이렇듯 엄청난 물량을 제공한 것은 전에도 없었고 앞으로 도 있을 수 없는 사실일 것이다. 이와 관련하여 당나라의 황제를 오래 전부터 밤새워 지키는 관습은 여전하였다.

임금의 재위 시에 당나라에 파견된 유학생 중에 가장 성공한 인물 이 있다. 신라 말기 3최崔의 한 사람으로 신분이 6두품인 최치원이다. 8년(868) 유학생으로 당나라에 파견되어 유학한지 7년만인 14년 (874) 18세 때 당나라의 예부시랑 배찬裵瓚이 책임을 지고 맡아 관리 한 빈공과賓貢科[41]에 급제했다. 그 뒤 2년간 낙양 지방을 떠돌아다니 면서 시를 짓는 일에 정신을 기울여 열중하였다. 875년 황소黃巢가 난을 일으키자, 그가 지은 '토황소격문討黃巢檄文'은 사리가 아주 뚜 렷하고 뜻이 분명한 글로 좋은 평을 받았다.

헌강왕 11년(885) 귀국하기까지 17년 동안 당나라에 머물러 당나 라의 문인과 교류하였다. 『당서』의 예문지藝文志에도 그가 지은 책 이름이 실리어 있다. 29세에 돌아온 최치원은 당나라에서 배운 바 세

---

41 당나라에서 외국인을 상대로 실시한 과거.

상을 다스리는 능력을 신라에서 펼치려 했다. 하지만 고치기 어려운 골품제와 도덕, 질서, 규범이 어지럽다 보니 지방의 벼슬로 돌아다녔다. 벼슬에 있으면서 보고 들은 사회의 모순을 진성(여)왕에게 바친 시무책時務策[42]에서 지적했으나 받아들여지지 않았다. 마음이 몹시 상한 그는 40여 세에 벼슬을 그만두고 한가히 지내는 길로 들어섰다.

최치원이 당나라와 신라에서 학문으로 크게 성공한 것은 경문왕이 학문에 많은 관심을 갖고 지지하여 도운 결과이다. 임금은 학문 외에 불교에 대해서도 관심을 두고 있어 감은사感恩寺와 황룡사皇龍寺를 직접 예를 갖추어 방문하였다. 불교에 관심을 두지 않고서는 사찰 방문은 이루어질 수 없다.

학문과 예술에 많은 관심을 쏟은 임금이지만 여느 군주처럼 반역 사건에 대해서는 조금도 너그러운 용서를 베풀지 않았다. 반역 사건은 모두 꾀하고 의논하는 단계로 그쳤지만 관련자는 처형을 면치 못하였다.

임금의 시호 경문이 치적과 꼭 들어맞을까. 경景자에는 '우러러보다' 라는 의미가 있고, 문文자에는 '학문, 예술' 이라는 의미가 있다. 경문이란 시호는 '학문과 예술을 우러러본다' 는 의미이다. 그리고 이름 응렴膺廉의 응膺자에는 '가까이 하다' · '마음속에 품다' 는 의미가 있고, 렴廉자에는 '살피다' · '바르다' 는 의미가 있다. 또한 응凝자에도 '바르다' 는 의미가 있다. 응렴이란 '마음속으로 바르게 품어 살핀다' 는 의미이다.

---

42 그 시대에 중요하게 다룰 일에 대한 계획.

임금은 차리고 나서 국학으로 길을 잡아 박사 이하의 사람들이 경전을 해설하고 토론하는 것을 직접 가까이에서 살펴보았고 유학생이 배워서 자기 것으로 한 학문을 익히도록 책 구입비를 하사한 것은, 임금이 학문과 예술을 우러러 살펴보았다는 것을 구체적으로 보여준다. 따라서 경문왕이란 시호는 치적과 잘 들어맞는다고 본다.

학문을 좋아한 경문왕을 본뜨고 칭송한
헌강왕憲康王

제49대왕	
재위 기간	원년(875)~12년(886)
성	김씨
이	정晸
할아버지	계명啓明(희강왕의 아들)
아버지	경문왕
어머니	김씨金氏 문의왕후文懿王后
왕비	김씨金氏 의명부안懿明夫人

임금은 성품이 영리하고 민첩하며 글 읽기를 좋아하고 본 것은 모두 외울 정도였다. 2년(876) 황룡사에서 승려들에게 채식 요리를 제공하고 나라의 평안과 백성의 고통을 구제하기 위하여 100개의 사자좌獅子座[43]를 마련하여 100명의 고승들이 100일 동안 차례로 부처의 가르침을 밝히는 백고좌百高座를 베풀어 불경을 해설하며 토론케 했는데 임금이 직접 참석하여 이를 들었다. 백고좌는 12년(886)에도 황룡사에서 또 베풀어졌다. 이는 임금이 역시 불교 군주였음을 말해준다.

---

43 부처를 모시는 자리.

임금은 5년(879) 국학에 거둥하여 박사 이하의 사람들이 경서를 해설하며 토론케 하였다. 아버지 경문왕이 했던 것을 그대로 행하였다. 이를 통해 임금은 아버지처럼 유교에 대해서도 관심이 컸음을 알 수 있다.

임금의 재위 시에 신라는 태평성대를 누린 듯하다. 6년(880) 임금은 측근의 관료들과 함께 월상루月上樓에 올라 사방을 바라다보았다. 임금의 눈에 들어온 것은 백성들의 집이 서로 이어져 있고 노래와 관악기를 통해 흘러나오는 소리가 이어졌다. 임금은 시중 민공敏恭을 돌아보고 이르기를, "짐이 들으니, 지금 민간에서는 지붕을 기와로 덮어 띠를 얹지 않으며 밥은 장작으로 짓지 않고 숯으로 짓는다는데, 그러냐."고 했다. 민공이 대답하기를, "신도 일찍이 그리 들었습니다." 그러고 나서 아뢰기를, "임금께서 임금의 자리에 오르신 이래 음양이 순조로워 바람과 비가 순조롭고 해마다 풍년이 들어 백성들은 먹을 것이 넉넉하며 변경은 평온하고 저잣거리는 기뻐하며 즐거워하는데, 이는 덕이 거룩하시기 때문입니다."라고 했다. 임금은 기뻐하면서 이르기를, "이는 경들이 도와준 덕이지 짐에게 무슨 덕이 있겠는가."라고 했다.

헌강왕과 신하들이 나눈 대화가 맞는다면 신라는 태평성대를 맞이하고 있는 것이 사실일 것이다. 헌데 이를 액면 그대로 받아들이지 않고 지나치게 부풀려서 나타낸 표현이라는 견해도 있다. 그런가 하면 일반 백성이 아니라 귀족들의 살림살이를 말하는 것이라고 여기기도 한다. 귀족들은 헌강왕 이전이나 이후에도 풍요를 누렸을 것이다. 그러므로 헌강왕 때 풍요를 누린 것은 일반 백성이라고 해야 할 것이다.

장안의 백성들이 생활의 여유를 누려 즐기고 있으므로, 7년(881) 임금이 임해전臨海殿에서 여러 신하들과 함께 술을 마시며 즐겁게 노는 간단한 잔치를 베풀었는데, 모두 술을 거나하게 마셔 한창 흥겨워서 임금이 거문고를 타자 신하들은 각기 노래 말을 올리는 등 더할 나위 없이 즐기고 마쳤다는 기록이 있는데 그대로 믿어도 좋을 것이다.

이 시기 당나라와의 관계는 종전대로 유지되어 당나라의 희종熙宗은 정晸을 신라의 임금으로 인정하여 임금은 즉시 사신을 보내려 했으나 황소黃巢의 반란 때문에 보내지 않았다(878). 황소의 난이 진압되자 11년(885) 사신을 보내 반란 진압을 축하하였다. 여느 왕이 했듯이 임금은 역시 반란을 용서하지 않았다.

임금의 시호는 치적과 꼭 들어맞을까. 시호의 헌憲자에는 '본뜨다'의 의미가 있고, 강康자에는 '즐거워하다'·'기리다'·'칭송하다'는 의미가 있다. 임금은 누구를 본받았을까. 아버지 경문왕은 국학에 거둥하여 경서를 해설하며 토론케 했는데, 임금(헌강왕)도 그러했다. 경문왕이 유학생들에게 서적 구입비를 하사한 것은 학문을 좋아했음을 말하며 임금이 글 읽기를 좋아했다는 것과 다름이 아니다. 그러니 이런 면에서 임금은 경문왕을 본받았으며 그러함으로써 마음이 즐거웠음을 충분히 알 수 있다.

임금의 이름 정晸자에는 어떤 의미가 있을까. 정晸자에는 '해가 돋는다'는 의미가 있다. 해가 아침에 돋으면 누구나 마음이 상쾌해진다. 학문을 좋아하는 임금의 마음은 마치 아침 해가 돋을 때 느끼는 상쾌한 그런 느낌이었을 것이다. 그러므로 헌강왕은 이름의 의미대로 국정에 임한 걸로 여겨진다.

마음을 바로잡아 평안한
정강왕 定康王

┤제50대왕├

재위 기간   원년(886)~2년(887)
성   김씨
이름   황晃
할아버지   계명啓明(희강왕 아들)
할머니   김씨金氏 광화부인光和夫人(광의태후)
아버지   경문왕
어머니   김씨金氏 영화부인寧花夫人(문의왕후)

형인 헌강왕이 맏아들이 없이 사망하여 동생 김황이 임금의 자리
에 올랐다. 임금은 재위 기간이 짧아 치적다운 것이 없다. 유일한 자
취는 2년(887) 황룡사에서 베풀어진 백고좌에 거둥하여 해설하며 토
론하는 것을 들었다는 것이다. 이로 보아 재위 기간이 길었다면 경문
왕, 헌강왕처럼 학문 발전에 이바지했을 것으로 여겨진다. 합리적인
추론이다.

배반사건에 대해서는 이전의 임금처럼 2년(857) 무력으로 쳐서 없
애버렸다. 왕조시대 반란은 왕조 자체를 부정하는 사건이므로, 불교
군주라고 하더라도 자비를 베풀지 않고 엄격하면서도 알맞은 조치를

취할 수밖에 없었다. 재위 기간이 짧은 것도 아쉽지만 뒤를 계승할 아들이 없다는 것은 또 다른 아쉬움이다. 결국 뒤를 계승한 것은 누이동생 김만金曼이다. 이이가 진성(여)왕이다.

임금의 재위 기간이 짧은 것은 병으로 일찍 사망해서이다. 반면에 김만은 장성한 남자 같은데다가 선덕(여)왕과 진덕(여)왕이 국정을 통치한 전례가 있기 때문에 후임자로 천거를 받았다.

병으로 사망하자, 시호가 정강왕定康王으로 정해졌다. 정定자에는 '평안하다'·'바로잡다'의 의미가 있고, 강康자에는 '평안하다'·'즐거워하다'의 의미가 있다. 정강이란 '마음을 바로잡아 즐겁고 평안하다'는 의미이다. 임금의 보살핌으로 열린 황룡사의 백고좌에 임금이 직접 거둥하여 불경의 해설과 토론을 들음으로써 마음을 바로잡아 즐겁고 평안했을 것이다. 따라서 정강왕이란 시호는 잘 어울린다고 할 수 있다.

이름 황晃자에는 어떤 의미가 있을까. 황晃자에는 '밝게 빛나다'는 의미가 있다. 임금이 백고좌를 통해 마음이 평안해졌다면 마음이 밝게 빛났을 것이다. 결론적으로 정강왕은 재위 기간이 짧지만 시호와 이름의 의미대로 삶을 살았을 것이라고 본다.

불교의 가르침을 참되게 깨달은
진성왕眞聖王

┤ 제51대왕 ├

재위 기간	원년(887)~11년(897)
성	김씨
이름	만曼
할아버지	김계명金啓明(희강왕의 아들)
할머니	김씨金氏 광화부인光和夫人(광의왕태후)
아버지	경문왕
어머니	김씨金氏 영화부인寧花夫人(문의왕후)
형제	정晸 · 황晃 · 윤胤

만曼은 임금의 자리에 오르자, 주군州郡의 조세를 1년간 면제하고 황룡사에서 베풀어진 백고좌百高座에 직접 거둥하여 부처의 가르침을 밝히는 것을 들었다. 2년(888) 위홍魏弘이 평소 임금과 의사가 서로 통하면서 떳떳이 대궐로 들어와 정권을 좌지우지하기도 했다. 흔히 임금이 위홍과 음탕한 짓을 했다고 하는데 해석의 잘못이다. 임금은 위홍과 대구화상大矩和尙이 함께 향가를 가다듬어 모으게 했는데, 이를 일러 『삼대목三代目』이라 한다. 그런 위홍이 사망하자, 혜성대왕惠成大王이란 시호가 내려졌다. 임금이 배우자가 아닌 사람과 성적

관계를 맺었다는 각간 위홍을 혜성대왕으로 높이 받들어 존경했다는 것은 정치 도의상 있을 수 없다.

헌데 그 후 임금은 어리지도 아니하고 성숙하지도 않은 장성한 남자 두세 명을 겉으로 드러나지 아니하게 대궐로 불러들여 난잡하게 음란, 방탕하고 이들에게 중요한 벼슬을 주어 나라 정치를 맡기자, 아첨하며 남다른 사랑을 받는 사람들이 멋대로 욕심을 부려 뇌물이 거리낌 없이 공공연하게 행해지고 상벌은 공평하지 않아 규율과 법도가 무너지고 느슨해져 정치를 업신여기며 비웃고 헐뜯어 말하는 사건이 있기도 했다고 한다.

임금과 관련된 위의 서술은 『삼국사기』를 바탕으로 한 것이다. 일반적으로 진성(여)왕이 신라를 망국으로 내몰았다고 하는데, 망국의 분위기는 혜공왕 이후부터 나타나기 시작했다. 그러므로 망국 분위기의 당사자는 진성(여)왕이라고 할 수 없다. 8년(894) 최치원의 시무책時務策[44] 10여조를 (여)왕이 받아들였다는 것이 증거가 된다. 내용이 알려지지 않아 알 수 없는 시무책은 귀족의 비협조로 나라 정치에 적용되지 못하였다. 이로 인해 지방에서 도적이 벌떼처럼 걷잡을 수 없이 일어났다. 여러 주·군은 매겨진 세금을 바치지 않아 나라의 창고가 말라서 없어진데 따른 독촉이 원인이었다.

3년(889) 원종元宗과 애노哀奴 등이 사벌주沙伐州에서 일으킨 반란은 조세 독촉이 빚은 결과이다. 5년(891) 궁예는 100여 명의 기병을 이끌고 북원北原(원주의 동쪽 부락)과 명주溟州(강릉) 관내 주천酒泉 등

---

44 그 시대에 중요하게 다루어야 할 일에 대한 계책.

10여 군현을 습격했다. 후고구리를 세운 궁예는 처음에 북원의 도적 양길梁吉의 부하이며 스스로 후백제를 세운 견훤甄萱은 완산주의 도적 출신이다.

도적으로 나타난 견훤과 궁예는 물건을 약탈하는 것으로 그치지 않고 군현까지 본격적으로 습격, 점령하여 정치성을 나타내기 시작했다. 궁예는 북원에서 하슬라何瑟羅[강릉]로 진출하여 스스로 장군이라고 했는데, 그가 세력을 펼친 곳은 주로 강원도 땅이었다. 시무책이 국정에 반영되려면 시간이 필요할 것이다. 만약 반영되었다면 궁예는 세력을 크게 펼치지 못했을 것이다.

견훤과 궁예의 세력 확대를 심상치 않게 판단한 (여)왕은 사태를 수습할 능력이 한계에 이르렀음을 곧바로 느껴 임금의 자리를 물려주기로 결심하여 헌강왕의 서자인 요嶢를 태자로 삼았다. (여)왕은 당나라와의 기존 관계에 따라 사신을 당나라에 보내 임금의 자리를 물려줄 수밖에 없는 사연을 밝혔다.

견훤과 궁예가 정치색을 드러낸 것은 그럴만한 까닭이 있다. 백제와 고구리가 신라에 의해 멸망함으로써 백제와 고구리의 유민은 신라의 통치를 받았다. 두 나라의 멸망 후 유민의 독립전쟁이 일어난 것은 신라의 통치를 받는 것을 반대해서였다. 결국 이들 유민은 신라의 통치를 받기는 했으나 반항심이 뿌리 깊이 존재하고 있었다. 그러다가 진성(여)왕의 통치 부재로 전국 각지에서 도적들이 걷잡을 수 없이 퍼지게 되자 반항심이 크게 폭발하게 되었다. 신라 전역은 반신라적인 분위기로 휩쓸려 백제와 고구리의 독립전쟁이 거세게 일어났다.

견훤이 상주 출신인데도 완산주를 근거로 후백제를 세운 것은 이곳이 백제의 땅이기 때문이다. 궁예는 헌안왕 또는 경문왕의 아들이라고 『삼국사기』 궁예 열전에 기록되어 있으나 이는 사실이 아니다. 신라의 왕자가 신라를 반대하는 배반사건을 일으켰다는 것은 이해를 구하기가 힘들다. 지나의 역사 문헌에 궁예는 분명히 고구리 왕실의 후손으로 밝혀져 있다.

(여)왕에 관한 『삼국사기』 신라본기는 마치 견훤과 궁예 열전 같은 느낌이 든다. (여)왕은 정치력 부재로 신라가 새로운 시대로 넘어가는 하나의 정치적 계기를 마련해준 셈이다. 그러면 (여)왕을 어떻게 평가해야 할까. 진성(여)왕이라는 시호가 이의 정확한 대답이 될 것이다. 시호 진성眞聖의 진眞자에는 '참으로'·'정말로'·'또렷하다'는 의미가 있고, 성聖자에는 '걸출한 인물'·'천자의 존칭'·'슬기롭다'·'거룩하다'는 의미가 있다. 『삼국사기』에는 (여)왕의 부정적인 기사가 많지만, 진眞자와 성聖자의 의미로 보아 (여)왕을 긍정적으로 살필 이유가 있어 보인다.

불교의 용어로 '부처의 가르침을 참되게 깨달음'을 진성眞聖이라고 한다. 또 최치원이 작성한 성주사聖住寺의 '낭혜화상백월보광탑비朗慧和尙白月葆光塔碑'는 여왕을 성군聖君이라고 칭송하고 있다. (여)왕이 세속 정치에서는 부정적으로 알려져 있으나 불교의 입장에서는 참으로 훨씬 뛰어난 인물로 본 것 같다. '진성(여)왕'이란 시호는 불교적인 입장에서 정해진 듯하다.

여왕이 정치적 한계를 느껴 임금의 자리를 물려주었으나 쉬운 일이 아니다. 아무튼 이름자인 만曼자의 의미를 한번 살펴볼 필요가 있

다. 만룡자에는 '무늬 없는 비단'·'말이 아름답다'·'살결이 곱다'
는 의미가 있다. 만자의 의미로 보아 (여)왕은 살결이 고운 미모에다
말하는 것이 아름다우며, 관심은 정치가 아니고 불교이며 그 믿음은
도탑고 성실한 것 같다.

궁예를 잘 받들어 섬긴
효공왕孝恭王

┤제52대왕├

재위 기간	원년(897)~16년(912)
성	김씨
이름	요嶢
할아버지	경문왕
할머니	김씨金氏 영화부인寧花夫人
아버지	헌강왕
어머니	김씨金氏 의명왕태후義明王太后
왕비	박씨(이찬伊湌 박예겸朴乂謙의 딸)

　진성(여)왕이 헌강왕의 서자인 요를 태자로 삼아 임금의 자리를 물려주었으나 왕실의 권위가 떨어짐에 따라 궁예와 견훤은 권력을 차지하기 위한 경쟁을 맹렬하게 벌렸다. 2년(898) 궁예는 패서도浿西道와 한산주漢山州 관내의 39여 성을 차지하고 송악군松岳郡을 도읍으로 정했다. 3년(899) 북원의 양길梁吉은 궁예를 경쟁자로 여겨 궁예를 쳤으나 이기지 못했다. 4년(900) 국원國原(충주)·청주菁州(경남 진주)·괴산槐山의 도적 우두머리 청길淸吉과 신훤申萱 등은 궁예에게 항복했다. 궁예가 여느 도적과 달리 군주로서의 위엄찬 모습을 나타

내어 이들이 궁예에게 항복한 것이다. 5년(901) 궁예는 정식으로 임금이라 하였다.

7년(903) 궁예는 도읍을 옮기려고 철원 등지를 두루 돌아다녔다. 이듬해 궁예는 백관을 두었는데 신라의 제도를 따르지 않았다. 반反신라적 인물이므로 신라의 제도를 따를 이유가 없다. 국호를 마진摩震이라 하고 연호를 무태武泰라고 했다. 같은 해 패강도의 10여 주현의 항복을 받은 궁예는 9년(905) 도읍을 철원으로 옮겼다. 11년(907) 견훤은 일선군一善郡(경북 구미) 이남의 10여 성을 차지하고, 14년(910) 병력을 움직여 나주성을 점령하기 위해 포위했으나 궁예가 습격하는 바람에 견훤은 물러났다. 15년(911) 궁예는 나라 이름을 태봉泰封으로 고치고, 연호를 수덕만세水德萬歲라고 했다.

궁예가 정한 국호 마진·태봉, 연호 무태·수덕만세에서 고구리와의 관련성이 있어 보인다. 마摩자에는 '어루만지다' 라는 의미가 있고, 진震자에는 '위세'·'동쪽'·'위세를 떨치다' 의 의미가 있다. 마진은 동쪽을 어루만지고 위세를 떨친다는 의미이다. 신라의 곤궁한 백성들을 어루만지고 위세를 떨치겠다는 정치적 염원을 나타낸 것이다. 태泰자에는 '크다' 의 의미가 있고, 봉封자에는 '거대하다'·'경계'·'영토'·'국경' 의 의미가 있다. 궁예는 고구리 왕실의 후손으로서 조상의 나라인 고구리의 큰 영토를 회복하겠다는 것이다.

연호 무태의 무武자에는 '발자취'·'계승하다' 의 의미가 있고, 태泰자에는 '크다' 는 의미가 있다. 말하자면, 고구리의 '발자취를 크게 계승한다는 것을 나타낸 것이 무태라고 본다.' 수덕만세는 불교의 용어로 수미산須彌山 아래에 어진 덕이 있다는 여덟 가지 물을 말한다.

즉 감수甘水(맛이 좋은 물)·냉수冷水(찬물)·연수軟水(광물질이 들어있지 않은 깨끗한 물)·경수輕水(보통 물)·청정수淸淨水(맑고 깨끗한 물)·불취수不臭水(냄새가 없는 물)·마실 때 목을 상하지 않게 하는 물·물 마신 뒤에 배가 아프지 않은 물을 말한다.

이런 물은 모름지기 인간을 비롯한 모든 생물이 만년을 탈 없이 지내게 할 수 있도록 만든다는 불교의 전설에 따라 궁예는 자신이 세운 나라가 시황제의 진나라처럼 만대까지 백성들이 탈 없이 지내기를 소망하여 정한 것이 수덕만세라는 연호이다. 알려져 있듯이 궁예는 세상에 몸을 드러내기 전에는 승려 생활을 한 바 있다. 승려이므로 수덕이라는 불교의 용어를 정확히 알고 있었다. 그러므로 태봉국의 연호를 불교적인 수덕만세로 잡게 된 것이다.

다음에 알아볼 것은 효공왕이라는 시호와 요嶢라는 이름이다. 효孝자에는 '섬기다'·'본받다'의 의미가 있고, 공恭자에는 '받들다'·'순종하다'·'존중하다'·'조심하다'의 의미가 있다. 효공은 '받들어 섬긴다'는 의미의 글자이다. 헌데 효공왕의 치적이라고 할 수 있는 것은 아무것도 보이지 않는다. 나타나고 있는 것은 궁예와 견훤의 세력 팽창 과정에 관한 것이다. 기록상으로는 혜공왕이 부모에게 효도를 했는지 확인할 수 없다. 아니면 효도를 했으나 기록에서 누락된 것이 아닐까 생각되기도 한다. 여하튼 효공왕 기록은 궁예와 견훤에게 맞춰져 있거니와, 효공왕은 견훤을 훨씬 넘어선 궁예를 섬겨 받들었을 것이라는 느낌이 든다.

이름 요嶢자에는 '뜻이 높다'는 의미가 있다. 효공왕의 뜻은 높았다고 하지만 그 높은 뜻을 이룰 수 있는 시대 상황이 아니었다.

몸가짐과 언행을 크게 조심한
신덕왕 神德王

┤ 제53대왕 ├

재위 기간	원년(912)~6년(917)
성	박씨
이름	경휘景暉
아버지	박예겸朴乂謙
어머니	박씨朴氏 정화부인貞和夫人
왕비	김씨金氏 의성왕후義成王后
아들	경명왕景明王 · 경애왕景哀王

임금의 재위 시에 내세울만한 치적은 아무것도 없다. 궁예와 견훤
에 관한 것만이 눈에 띈다. 3년(914) 궁예는 연호 수덕만세水德萬歲를
정개政開로 고치고, 5년(916)에 견훤은 대야성을 쳐서 함락시키려 했
으나 실패했다. 이때 국토는 대부분 궁예와 견훤의 영토에 들어가 있
어 신라는 경주 지역만을 다스리는데 그쳐 겨우 목숨만 유지되고 있
는 상태였다.

이러한 임금이지만 시호는, 신덕神德으로 정해졌다. 신神자에는
'몸가짐과 언행을 조심하다'의 의미가 있고, 덕德자에는 '크다'는 의

미가 있다. 궁예와 견훤이 국토를 주름잡고 있다 보니 임금은 크게 몸가짐과 언행을 크게 조심할 수밖에 없었을 것이다. 신덕왕이란 시호는 이런 임금에게 잘 어울린다.

궁예가 고친 연호인 정개에는 어떤 의미가 담겨져 있을까. 정政자에는 '정치'·'규칙'·'부정을 바로잡다'의 의미가 있고, 개改자에는 '열다'·'펴다'·'시작하다'의 의미가 있다. 이런 의미를 정리하면, '부정을 바로잡기 시작하다' 또는 '정치를 열어 펼치기 시작하다'라는 말로 표현할 수 있다. 바로잡는다는 부정이란 무엇을 말할까. 신덕왕 때에도 신라의 말기적 현상으로 모든 면에서 이치에 맞지 아니하거나, 도리에 어긋난 부정행위가 거리낌 없이 널리 퍼져 있었기에 새 나라를 세운 궁예는 도리에 벗어난 일을 바로잡아 새로운 나라의 정치를 열어 펼치려 했던 것이다.

태조 왕건을 크게 존중하여 공손히 모신
경명왕景明王

┤제54대왕├

재위 기간   원년(917)~8년(924)
성   박씨
이름   승영昇英
할아버지   박예겸朴乂謙
아버지   신덕왕神德王
어머니   김씨金氏 의성왕후義成王后
아우   위응魏膺

임금의 재위 기간이 짧기도 하지만 내세울 치적이 없다. 2년(918) 일길찬 현승玄昇이 반란을 일으켰다가 목을 베어 죽이는 형벌을 당했으나 신라가 다시 살아날 가망은 점점 적어졌다. 반면에 궁예와 견훤은 뜨는 태양 같았다. 궁예의 지휘를 받는 사람들이 태조 왕건을 떠받드는 바람에 궁예는 도망가다가 살해되었다. 왕건의 명성이 높아가자, 상주의 도적 아자개阿慈蓋는 왕건에게 사자를 보내 항복하였다. 태조 왕건은 국가의 체제를 갖춰 3년(919) 도읍을 송악군으로 옮겼다. 임금은 태조와의 수교가 절실함을 느껴 태조와 사신을 교환하는 등 사이좋게 지내기도 했다. 때를 같이하여 강주康州(경남 진주)의 장군 윤웅閏雄이 태조에게 항복했다. 견훤이 대야성大耶城을 함락시키자, 임금은 태조에게 구원을 요청하였다. 태조의 개입으로 견훤은 여기서 물러났다.

5년(921) 말갈의 별부別部인 달고達姑의 무리가 신라의 북쪽 지방을 침략했다. 태조 휘하의 장수 견권堅權이 기병으로 격파하자, 임금은 사신을 통해 태조에게 고마운 뜻을 나타냈다. 이듬해 명주溟州(강릉)의 장군 순식順式이 태조에게 항복하자 순식에게 왕씨를 내렸다.

지나에서는 당나라 시대가 오대 시대로 바뀌자, 임금은 외교관계를 맺은 후당後唐에 선물을 제공하는 등 나라의 체면을 살리려 했으나 8년(924) 임금은 사망했다.

임금의 시호에 어떤 의미가 있을까. 경景자에는 '크다'·'우러러보다'·'숭배하다'의 의미가 있고, 명明자에는 '숭상하다'·'존중하다'의 의미가 있다. 임금의 재위 시에 왕건이 다음 시대를 열 인물이므로, 임금은 왕건을 '크게 우러러 존중하여 숭배했다'고 할 수 있다. 이름 승昇자에는 '해가 오르다'·'받들다'·'공경하여 높여 모시다'의 의미가 있고, 영英자에는 '명예'·'두드러지다'·'아름답다'의 의미가 있다. 승영이란 이름은 아름답게 오르는 해를 받들듯이 임금이 태조 왕건을 두드러지게 공경하여 높이 모셨다는 의미로 풀이할 수 있다. 왕건은 태양처럼 힘차게 떠올라 어두운 신라 땅을 찬란하게 비추고 있었다. 결국 승영(임금)이 정치를 잘하여 신라 땅에 태양이 찬란하게 비친 것이 아니고 다만 새로운 시대가 열리도록 환경을 제공했을 따름이다.

크게 가엾고 불쌍히 여겨진
경애왕景哀王

┌┤ 제55대왕 ├┐

재위 기간　원년(924)~4년(927)
성　　　　　박씨
이름　　　　위응魏膺(경명왕의 아우)
할아버지　　박예겸朴乂謙
아버지　　　신덕왕神德王
어머니　　　의성왕후義成王后

　위응이 임금의 자리에 오르자, 사신을 태조 왕건에게 보내 우호관계를 유지하고 후백제를 견제하려 했다. 2년(925) 고울부高鬱府(경북 영천)의 장군 능문能文이 태조에게 항복하자, 태조는 고울부가 신라의 왕도와 가깝다는 이유로 돌려보냈다. 같은 해 견훤은 조카 진호眞虎를 고리에 볼모로 보내 화친을 하려고 했다. 헌데 3년(926) 진호의 갑작스런 사망으로 견훤은 크게 노해 군사를 일으켜 웅진을 침공했다.

　이듬해 태조 왕건이 후백제를 공격하자 임금은 군사를 보내 도왔으며, 견훤이 고울부의 신라군을 침공하자 태조에게 구원을 요청했다. 태조의 구원병이 출동했으나 도착하기 전에 견훤은 수도인 금성을 번개같이 급작스럽게 기습하여 성 안으로 들어왔다. 이때 임금은 비빈·종친·외척들과 함께 포석정에서 연회를 즐기고 있었다. 임금은 적군이 쳐들어오는지 모르고 있다가 견훤의 군사에게 잡혔다. 견훤의 진영 안으로 끌려온 임금은 의분을 참지 못해 스스로 목숨을 끊었다. 왕비는 견훤에게, 여자 종으로서 임금의 첩이 된 사람들은 그 부하들에게 욕을 당했다. 야만스러운 행위를 저지른 견훤은 임금의 이종사촌인 김부金傅를 새 임금으로 세웠다. 이이가 신라의 마지막 임금인 경순왕이다.

후삼국 시대를 연 인물은 궁예와 견훤이라고 알려져 있다. 견훤은 나름대로 통일을 이루려고 했으나 목적한바 통일을 이룬 것은 궁예의 부하인 왕건이다. 헌데 궁예와 견훤 외에 뛰어난 재능을 가진 인물이 또 있었다.

신라 말기 지방의 세력가인 호족 중에는 스스로 절도사節度使라고 말한 인물이 있었다. 원래 절도사는 당나라에서 비롯되었다. 당나라 고종 말년에 군사제도인 부병제府兵制가 북방민족의 침입을 방어하는데 힘이 없자 대신 설치한 것이 절도사인데, 지역의 군사·재정·행정권까지 휘어잡았다. 지역의 사령관인 절도사는 오대 시대를 거쳐 송나라 초까지 존재하였다. 그런데 924년(경애왕 1) 왕봉규王逢規는 스스로 천주절도사泉州節度使라 하고 후당後唐에 사신을 파견하였다. 천주는 경남 의령군을 말한다. 이때 경명왕도 사신을 후당에 보냈다.

927년(경애왕 4) 3월 후당의 명종은 왕봉규를 천주절도사泉州節度使 대신에 권지강주사權知康州事에 책봉해 강주[45]의 임시 실력자 정

---

45 경상남도의 진주.

도로 여겼다. 그러다가 4월에 그가 사신 임언林彦을 후당에 보낼 때에는 '임시'를 의미하는 권權자가 빠지고 지강주사知康州事라고 하였다. 이미 그가 강주의 실질적인 세력자로 인정을 받았음을 말한다. 그는 지나와의 교섭을 통해 자신의 존재를 알려 위엄을 나타내 보이려고 했다.

지방의 호족이 지나의 왕조와 교섭을 할 수 있었던 것은, 신라 말기 중앙집권 체제가 무너짐에 따라 신라인들의 왕성한 해상활동이 빚은 결과이다. 927년 이후 왕봉규의 흔적은 알려져 있지 않다. 강주 지역은 그 후 견훤의 지배하에 들어갔다가 다시 왕건의 지배를 받게 되었다.

시호 경애에는 어떤 의미가 있을까. 경景자에는 '우러러 보다'· '숭배하다'· '크다'의 의미가 있고, 애哀자에는 '가련하다'· '불쌍히 여기다'의 의미가 있다. 임금이 도적의 우두머리에게 죽음을 당하였으니 그 운명은 가련하다고 할 수 있다. 임금이 견훤의 침공 시에 왕건에게 구원을 요청할 정도였으니 왕건을 크게 우러러 숭배하였음을 충분히 알 수 있다.

이름 위응魏膺에는 어떤 의미가 있을까. 위魏자에는 '뛰어나다'의 의미가 있고, 응膺자에는 '마음속에 품다'· '맡다'의 의미가 있다. 임금은 뛰어나 신라를 맡았으나 신라가 기울어지는 바람에 뜻을 제대로 펼치지 못해 슬픈 운명을 맞이했다. 경애왕의 재위 시에 신라의 운명은 마치 찬란한 태양이 서산으로 기우는 저녁노을과 같았다.

삼가 왕건 태조를 공손히 받들어 모시며 순응한
경순왕敬順王

┤제56대왕├

재위 기간	원년(927)~9년(935)
성	김씨
이름	부傳
할아버지	추봉된 의흥대왕懿興大王
아버지	효종孝宗(추봉된 신흥대왕)
어머니	김씨金氏 계아태후桂娥太后
큰아들	마의태자麻衣太子
막내아들	범공梵空

신덕왕부터 경애왕까지 이어진 박씨 왕실의 계통은 경순왕의 즉위로 김씨 계통으로 바뀌었으나, 신라는 경명왕 때부터 고리高麗에 의지해 견훤을 견제해왔다. 927년 왕건이 견훤을 공격하자, 김부(경순왕)는 군사를 움직여 왕건을 도왔다. 이에 견훤은 신라의 서울 금성으로 갑자기 들이쳐 경애왕과 왕비를 죽이고 경애왕의 사촌인 김부를 왕으로 세웠다. 임금은 경애왕의 시신을 거두어 장례를 치렀다.

견훤은 고리의 구원병이 오자 금성에서 물러났으나 계속 신라를 침범했다. 사태가 신라에 불리해지자 4년(930) 재암성載巖城의 장군

선필善弼이 고리에 항복하고 견훤에 속해 있던 30여 군이 차례로 고리에 투항하고 동해안의 주·군이 모두 고리에 투항하였다. 태조가 사신 편에 이런 사실을 알리자, 임금은 답례 사신을 통해 만나기를 청했다. 5년(931) 태조가 기병을 이끌고 금성 부근에서 만나보기를 청하자, 임금은 관료를 거느려 함께 예의를 다해 대궐로 맞아들여 연회를 베풀었다. 임금은 견훤의 야만스러운 행위를 돌이켜 생각하면서 슬픔을 나타냈다. 도성 안의 남녀는 태조의 경사스러운 방문을 축하해 마지않았다. 임금은 10여 일을 머물다가 돌아가는 태조에게 사촌 동생 김유렴金裕廉을 볼모로 딸려 보냈다.

8년(934) 후백제의 지배하에 있던 운주運州(충남 홍성)의 30여 군·현이 태조에게 투항했다. 신라의 땅이 모두 다른 나라에 속하게 되어 국가의 형세가 위태로워지자, 임금은 고리에 항복하는 문제를 신하들과 의논하였다. 의견은 찬성과 반대로 갈리었다. 마의태자는 반대했으나 임금은 김봉휴金封休 편에 항복을 청하는 국서를 보냈다. 태조는 대상大相 왕철王鐵 등을 보내 맞아서 대접하게 했다.

임금은 여러 신하들을 거느리고 금성을 떠나 송악으로 향했다. 행차의 길이는 30여 리나 뻗었으며 길은 구경꾼으로 가득 메워졌다. 이들을 교외에서 맞아 대접한 태조는 대궐 동쪽의 가장 좋은 구역을 주고 맏딸 낙랑공주를 아내로 주어 임금을 사위로 삼았다. 임금은 정승공政丞公에 봉해지고 녹봉 1천 석을 받았다. 신라란 나라 이름이 경주로 명칭이 고쳐지면서 임금의 식읍이 되었다. 임금이 나라를 태조에게 넘겨 천년 사직의 신라는 역사 속으로 사라져 버렸다. 당나라의 세력을 빌려 백제와 고구리를 평정하여 대단히 번성했던 신라가 어찌

하여 이 지경에 이르렀을까. 이 문제에 대해 김부식은 『삼국사기』의 편찬 책임자로서 건국 초부터 멸망하는 시기까지 살펴본 신라란 나라의 면모에 대해 나름대로 견해를 내놓았다. 마치 빛과 어둠이 되풀이하여 도는 것에 빗대었다.

'신라 초기에 위에 있는 사람은 검소하고 남에게는 너그러웠으며, 설치한 관직은 간략하고 행사는 간소했다. 성심껏 중국(지나)을 섬겨 배를 타고 바다를 건너 알현하는 사신은 서로 이어져 끊이지 않았으며, 늘 제자를 보내 조정에 이르러 숙위하고, 국학에 들어가 학문을 배워서 익히고 크게 성현의 풍습과 교화를 물려받았다. 아주 오랜 옛날의 습속을 고쳐 예의의 나라를 만들고, 또 당나라 군사의 권위에 의지하여 백제와 고구리를 평정하여 그 땅을 얻어 군현으로 하였으니, 과연 깊이 감탄하여 마음으로 크게 칭찬할 만했다. 그러나 불법佛法을 받들어 그 폐단으로 생기는 해로움을 알지 못해 마을에 탑과 절이 즐비하고 백성들은 승려가 되어 군사와 농민이 점차 줄어들어 국가가 날로 쇠약해졌으니, 어찌 어지럽지 않으며 망하지 않을까.'

임금이 태조에게 반항심을 버리고 순종한 것은 마지못한 일이긴 하지만 칭찬을 받을만하다. 만약 고리의 군사에 맞서서 반항했다면 백성들에게 화가 미칠 것이므로 임금이 왕건에게 순종한 것은 백성에게 덕을 베풀었다는 것이다. 시호 경순敬順에는 어떤 의미가 있을까. 경敬자에는 '공경하다'의 의미가 있고, 순順자에는 '순응하다'의 의미가 있다. 임금이 나라와 백성을 들어 태조에게 넘긴 것은 결국 왕건을 공경하여 순순히 따랐음을 말한다.

이름 부傅자에는 어떤 의미가 있을까. '돌보다'·'보좌하다'·'가까이하다'의 의미가 있다. 태조 왕건이 소망하는 삼한 통일과 관련하여 임금이 태조를 가까이하여 큰 도움을 주었으니 이름대로 살았다고 보는 바이다.

천년 왕국 신라가 경순왕의 현명한 판단에 따라 허물 잡힐 데가 없이 고리로 넘어간 깃은, 마치 찬란한 태양으로 비유되는 신라가 시시히 서산으로 기울어 고요한 밤의 세계로 접어든 그런 모습으로 그려진다.

만주 땅에 고구리인의
혼魂을 심은 고구리

총명하여 동쪽의 비류수에 고구리를 세우고
비류국과 행인국을 차지하여
천자의 존칭을 확실히 받은
동명성왕東明聖王

┤ 제1대왕 ├

재위 기간	원년(기원전 37)~19년(기원전 19)
성	고씨高氏
이름	주몽朱蒙·추모鄒牟·도모都慕·중해衆解·상해象解
아버지	금와金蛙
어머니	유화부인柳花夫人
아들	비류沸流·유리왕瑠璃王·온조왕溫祚王

주몽은 인연이 없는 땅에 발을 들여놓아 고구리란 나라를 힘겹게 세웠다. 이때는 설화시대이므로 그의 출생은 설화의 구성 요소를 갖추고 있다. 늙었으나 아들이 없는 부여왕 해부루解夫婁는 금빛이 나는 개구리 모습의 아이를 얻어 이름을 금와金蛙라고 했다. 해부루가 사망하므로 태자인 금와가 임금의 자리를 이어받았다. 이 무렵 금와왕은 태백산의 남쪽에서 하백河伯(물의 신)의 딸이라는 유화柳花를 만났다. 금와왕은 유화로부터 신기한 얘기를 들었다. 아우들과 놀고 있

는데, 하느님의 아들이라는 해모수解慕漱가 자신을 압록강으로 유인해 정을 통하고서 돌아오지 않았다. 부모는 중매 없이 혼인을 했다 하여 우발수優渤水로 쫓아냈다는 것이다.

금와왕은 하도 이상히 여겨 유화를 방안에 가두었다. 헌데 햇빛이 유화를 따라다니면서 비추더니 그 후 임신하여 알을 낳았는데 닷 되들이만한 크기였다. 금와왕은 버렸으나 개와 돼지는 먹지 않았으며, 말과 소도 피해가고 새들은 날개로 덮어주었다. 임금은 알을 쪼개려 했으나 쪼개지지 않자 유화에게 돌려주었다. 어머니 유화는 정성을 다해 따듯한 곳에 두었더니 사내아이가 알을 깨고 나왔다.

몸을 지탱하는 뼈대와 용모가 남다르게 유별나며 일곱 살 때에 평범한 사람과 달리 재주, 슬기, 풍채가 빼어나고 스스로 활과 화살을 만들어 쏘면 다 맞혔다. 부여말로 활을 잘 쏘는 것을 주몽朱蒙이라 하므로, 이름을 주몽이라고 했다. 말갈족 중에는 몽蒙자가 들어있는 이름이 꽤 많다. 고구리 사람과 말갈족이 함께 만주 땅에 살고 있기 때문에 몽자는 양쪽의 사람들에게 이름자로 많이 사용되고 있었다.

주몽은 금와왕의 아들과 함께 놀곤 했는데 주몽의 재능이 확실히 돋보였다. 금와왕의 맏아들 대소帶素가 주몽에 대해 금와왕에게 아뢰었다. 주몽은 사람이 낳지 않아 용맹스러우니 없애지 않으면 뒷날 걱정과 근심이 있을 것이라고 하며 없애버리기를 청하였다. 금와왕은 대소의 건의를 업신여기고 주몽이 말을 기르게 했다. 주몽은 말에 대해 잘 알고 있어 좋은 말에게는 먹이를 적게 주고, 나쁜 말에게는 먹이를 많이 주어 살이 찌도록 만들었다. 임금은 살찐 말을 타고 주몽에게는 여윈 말을 주었다. 사냥에서도 주몽이 잡은 짐승이 아주 많았다.

여러 아들과 신하들은 주몽을 죽이려고 벼르고 있었다. 주몽의 어머니는 이를 눈치 채고 나랏사람들이 너를 죽이려 하니 지닌 재능과 뛰어난 슬기와 계략으로 멀리 가서 큰일을 하라는 것이다. 주몽은 어머니 말대로 길을 떠났는데 길에서 세 사람을 만나 함께 압록강 동북쪽까지 왔다. 강을 건너야 하는데 다리는 없고 뒤쫓아오며 공격하는 군사에게 잡힐 것 같아 물에게 말을 건넸다. 나는 하느님의 아들이고 하백의 외손인데 어찌해야 하겠느냐고 했더니, 물고기와 자라가 다리가 되어 주몽은 아무런 일이 없이 강을 건넜다.

강을 건넌 주몽은 어진 사람 3명에게 재주와 능력에 맞는 일을 맡겼다. 주몽은 졸본천에 당도하여 이곳에 고을을 정하려 했으나 그럴 만한 겨를이 없어 비류수沸流水(압록강의 지류)가에 나라를 세웠는데, 이름을 고구리高句麗[1]라 하고, 고高를 성姓으로 하였다(기원전 37).

주몽은 이웃하여 있는 말갈의 침략을 물리치고 비류수 상류에 있는 비류국沸流國을 찾아갔다. 송양왕松讓王은 주몽이 자기 나라의 부용국附庸國[2]이 되기를 요구했다. 주몽은 말로 싸우다가 활쏘기를 하여 송양왕의 항복을 받아냈다.

6년(기원전 32) 주몽은 태백산 동남쪽의 행인국荇人國을 쳐서 그 땅을 고을로 삼았다. 19년(기원전 19) 주몽이 사망했는데, 나이가 마흔이다. 시호를 동명성왕東明聖王이라고 했는데, 어떤 의미가 있을까. 동東자에는 '동쪽으로 가다'의 의미가 있고, 명明자에는 '똑똑하

---

1 나라와 땅의 이름을 말할 때에는 발음을 '려'라 하지 않고 '리'로 해야 한다. 필자가 처음 찾아냈다.
2 강대국에 종속되어 그 지배를 받는 약소국가.

다'·'존중하다'·'확실하게' 라는 의미가 있으며, 성聖자에는 '천자의 존칭'·'슬기'·'걸출한 인물'·'총명하다'·'뛰어나다' 의 의미가 있다.

주몽이 일곱 살 때 부여왕의 아들보다 똑똑하며 부여의 추격군에 쫓겼으나 비류수가에 고구리를 세우고 압록강의 동북쪽으로 가서 슬기를 발휘하여 비류국 송양왕의 항복을 받아내고 태백산 동남쪽의 행인국의 땅을 차지하여 하늘을 대신해서 천하를 다스리는 천자의 존칭을 받을만해서 시호가 동명성왕으로 정해졌던 것이다.

유리처럼 분명히 아버지를 찾아낸
유리명왕瑠璃明王

┤ 제2대왕 ├

재위 기간 원년(기원전 19)~37년(기원후 18)
성   고씨
이름   유리類利
아버지   동명성왕
어머니   예씨禮氏
왕비   송양왕松讓王의 딸

　　주몽의 맏아들인 유리類利는 주몽이 부여에 있을 때 예씨禮氏집 처
녀에게 장가를 들어 태어났는데, 주몽이 부여를 떠난 뒤이다. 유리는
어린 시절 아비가 없어 성질이 거칠다고 소문이 났다. 유리는 아버지
가 어떤 사람이며, 지금 어디에 있는지 매우 궁금하였다. 어머니는 아
들의 궁금증에 대해 "네 아버지는 보통 사람이 아니며 부여에서 받아
들이지 않아 남쪽으로 도망을 가 나라를 세워 임금이 되었다." 떠날
때 이런 말을 했다. "사내아이가 태어나면 일곱 모난 돌 위에 있는 소
나무 밑에 내 유물을 감추었으니, 이것을 찾아내는 사람이 내 아들이
다."라고 했다.

유리는 산골짜기로 가서 이를 찾아보았으나 찾지 못했다. 그러다가 어느 날 아침 기둥과 주춧돌 사이에서 무슨 소리가 나는 것 같아 살펴보니 일곱 모난 주춧돌이 있었다. 기둥 밑에서 칼 한 토막을 얻게 되자, 세 사람과 함께 졸본천卒本川[3]으로 가서 부왕을 뵙고 부러진 칼을 바쳤다. 임금(주몽)이 지니고 있던 칼 토막을 맞춰보니 한 자루의 칼이 되었다. 이에 임금은 기뻐서 유리를 태자로 삼았다(기원전 19).

유리는 37년(18) 사망하여 두곡豆谷의 동쪽 언덕에서 장사가 치러지고, 시호를 유리명왕瑠璃明王이라고 했다. 유리란 시호는 무엇을 근거로 정해졌을까. 유리琉璃자에는 '유리'라는 의미가 있다. 유리는 환히 비치도록 맑은 물체이다. 유리명왕에게 그런 투명한 모습이 있을까. 유리가 찾아낸 칼 한 토막이 부왕이 지닌 칼 한 토막과 맞춰보니 한 자루의 칼이 됨으로써 유리는 아버지를, 아버지는 아들을 환히 비치도록 맑은 유리처럼 분명히 찾았다는 데서 시호가 유리명왕으로 정해졌다.

---

3 압록강으로 합류되는 동가강佟佳江으로 추정된다.

지나치게 용맹하며 덕이 높은
대무신왕大武神王

┤ 제3대왕 ├

재위 기간	원년(18)~27년(44)
성	고씨
이름	무휼無恤
아버지	유리명왕
어머니	다물국왕多勿國王 송양松讓의 딸

나면서부터 썩 영리하고 지혜로우며 씩씩하고 용기가 뛰어나며 훌륭한 인품에다 재주와 슬기가 뛰어났다. 열한 살 때 태자가 되고 임금까지 되었다.

임금의 자리에 오른 3년(20) 10월에 무휼은 골구천骨句川으로 사냥을 나가 신비로운 말을 얻었다. 4년(21) 12월에, 무휼은 군사를 내어 부여를 치려고 비류수가에 이르렀다. 물가를 바라보니 어떤 여자가 솥을 가지고 노는 것 같아 가서 보니 솥만 있었다. 사람을 시켜 불을 때게 했다. 헌데 불때기를 기다리지 않고 저절로 뜨거워져 밥을 지어 모든 군사들이 배불리 먹을 수 있었다.

5년(22) 2월에, 무휼은 군사를 부여국으로 보내 부여왕을 잡아서 죽였다. 하지만 부여 사람들이 굴복하지 않아 고구리 군사들은 군량이 떨어지는 어려운 처지에 놓였다. 군사들을 탈출시키려다가 신비로운 말과 큰 솥을 잃어버렸다.

나라로 돌아온 무휼은 군사들이 어려운 처지에 놓이게 된 것에 대해 "내가 부덕하여 가벼이 부여를 쳐서 그 임금은 죽였으나 그 나라를 멸망시키지 못하고 군대에 필요한 물자를 많이 잃은 것은 나의 허물이다."라고 했다. 이어서 군사의 죽음에 대해 슬퍼하며 상주를 위문하고 백성들을 위로했다. 이에 온 나랏사람들은 무휼의 덕에 진심으로 감탄하여 모두 몸을 나라에 바치기로 했다.

5년(22) 3월에, 신비로운 말 거루驅驤가 부여의 말 100필을 거느리고 학반령鶴盤嶺 아래 차회곡車廻谷에 이르렀다. 4월에, 부여왕의 사촌 아우가 1만여 명을 거느리고 고구리에 의지하였다.

9년(26) 10월에, 무휼은 친히 개마국蓋馬國을 쳐서 그 임금을 죽였으나 백성의 물건을 강제로 빼앗지 않고 그 땅을 군현으로 만들었다. 12월에, 구다국왕句茶國王은 개마국이 망했다는 말을 듣고 재앙이 미칠까 두려워 나라를 들어 항복해왔다. 이로써 고구리는 땅을 점점 넓게 개척하였다.

무휼하면 떠오르는 사람이 있다. 왕자 호동好童이다. 호동은 무휼(대무신왕)의 둘째 왕후인 갈사왕曷思王의 손녀가 낳은 아들이다. 얼굴이 아름다워서 임금이 매우 사랑하여 이름을 호동이라고 했다. 원비는 호동이 맏아들의 자리를 빼앗아 태자가 될까 두려워하여 무휼에게 거짓으로 꾸며 헐뜯어 고해바쳤다. 무휼은 원비가 거짓으로 꾸며 헐뜯는 말을 알아보려 하지 않고 호동에게 죄를 주려고 했다. 무휼이 원비의 말을 의심하지 않고 있음을 알게 된 호동은 변명을 하려 하지 않고 자살하였다. 변명하면 죄가 될 만한 어머니의 나쁜 짓을 드러내게 하고 부왕에게 근심을 끼치게 하는 것이니 효도가 아니라는 것이다.

김부식은 이에 대해 논평했다. "임금은 헐뜯는 말을 믿고 죄 없는 사랑하는 아들을 죽였으니, 임금이 어질지 않았다는 것은 말할 것도 없다. 하지만 호동도 죄가 없다고 할 수 없다. 호동은 작은 일을 삼가는데 매달려 중대한 의리에 어두웠다고 할 것이다."라고 하였다.

시호 대무신왕에는 어떤 의미가 있을까. 대大자에는 '지나치다'·'거칠다'는 의미, 무武자에는 '용맹하다'는 의미, 신神자에는 '덕이 높은 사람'·'불가사의 하다'의 의미가 있다. 개마국을 쳐 그 땅을 군현으로 만들었다는 것을 구다국이 알고 항복함으로써 땅이 넓게 개척되었다는 것은, 임금이 무력과 병법을 동원하는 등 용맹했음을 말한다. 그리고 임금이 신령스런 말을 얻고 불을 때지 않아도 저절로 뜨거워지는 솥을 얻어 소중히 여겼다는 것은 불가사의하며 신기한 일이다. 임금이 사랑하는 아들 호동을 죽게 한 것은 지나치게 거친 행동이다.

임금이 부여를 쳤으나 잃은 것이 많은 것을 자신의 허물이라 하고, 죽은 사람을 위문하고 병든 사람을 위문하는 등 사람들을 위로하자, 백성들이 임금의 덕에 진심으로 감탄하여 몸을 나라에 바치기로 했다는 것은 임금의 덕이 높았음을 말한다. 대무신왕이란 시호의 의미를 풀이하면, 지나치게 용맹하며 덕이 높은 사람이라고 할 수 있다.

민중閔中의 석굴에 장사를 치른
민중왕閔中王

┤ 제4대왕 ├

재위 기간	원년(44)~5년(48)
성	고씨
이름	해색주解色朱
아버지	유리명왕
어머니	다물국왕多勿國王 송양의 딸松讓의 딸

　대무신왕이 어린 태자를 두고 사망하자, 나랏사람들이 아우를 떠받들어 임금이 되었다. 임금으로서 취한 첫 조치는 죄수를 풀어주고 나라 동쪽의 큰물을 만나 굶주린 백성에게 곡식을 나누어준 것이다. 임금이 된 3년에, 해색주(민중왕)는 나라 동쪽에서 사냥을 하여 흰 노루를 잡았다.

　노루를 잡은 것이 왜 기록되었을까. 삼국시대 흰 노루는 드물어 상서로운 걸로 여겨져 흰 노루를 잡으면 반드시 기록으로 남겨놓았다. 동이족은 흰색을 소중히 여겨 흰색의 동물을 잡으면 어김없이 기록으로 남겼다. 고구리는 동이족의 나라 중에 대표적이다. 그러니 이때 흰 노루를 잡은 것은 당연히 기록될 수밖에 없다. 이는 최초의 기록이며, 그 뒤에도 흰 노루를 잡았다는 기록이 많다. 지나의 역사 문헌에 의하면, 지나인이 좋아한 색깔은 검은색과 붉은색이지만 동이족이 숭상한 색은 흰색이다.

4년(47) 7월 여름, 임금은 민중閔中 언덕에서 사냥을 했고, 7월에도 민중 언덕에서 사냥을 하다가 석굴石窟을 보게 되었다. 임금은 측근의 신하들에게 "내가 죽거든 꼭 이곳에 장사를 지낼 것이며 따로 무덤을 만들지 말라."고 했다.

같은 해 10월에 잠우락부蠶友落部의 대가大家 대승戴升 등 1만여 호戶⁴가 낙랑으로 가서 후한에 의지하였다.

5년(48) 임금이 사망하자, 왕후와 여러 신하들은 남긴 명령을 어기지 않고 석굴에서 장사를 치루고 시호를 민중왕이라고 했다. 고구리에서 장사를 지낸 땅 이름을 시호로 정한 것은 특이하다. 그러면 고구리에서 왜 땅 이름을 시호로 정했을까. 시호는 원칙적으로 임금의 치적과 도덕적으로 어긋난 행위를 중심으로 정한다. 그럼에도 땅 이름을 시호로 정한 것은, 땅의 중요성을 절실히 느끼고 있었기 때문이 아닐까 한다. 땅 이름을 시호로 정하는 것은, 민중왕 이후에도 여러 차례 나타났다. 신라와 백제에서는 이런 사례가 보이지 않는다.

민중왕의 경우 땅 이름 말고 치적을 중심으로 시호를 정한다면, 어떤 것을 살펴야 할까. 잠우락부의 1만여 호 또는 1만여 명이 낙랑을 거쳐 한나라에 의지한 것이 가능성이 많다고 할 것이다. 시호를 정하

---

4 『후한서』에는 대가 등 1만 여구餘口라고 했다.

는데 근거가 되는 것은, 반드시 긍정적인 치적만이 아니고 부정적인
사건도 포함된다. 신라와 백제의 시호를 보더라도 마찬가지이다.

모본慕本에 장사를 치른
모본왕慕本王

┤ 제5대왕 ├

재위 기간	원년(48)~6년(53)
성	고씨
이름	해우解憂 · 해애루解愛婁
아버지	대무신왕大武神王

　민중왕이 사망하자, 대무신왕의 맏아들인 해우가 임금이 되었으나 사람 됨됨이가 사납고 어질지 못하고 나라 일을 돌보지 않아 백성들이 불평을 품고 미워하였다.

　임금이 된 2년(49) 봄에 장수를 보내 후한의 북평北平 · 어양漁陽 · 상곡上谷 · 태원太原을 습격하게 했다. 헌데 요동태수가 좋게 대함으로 가까이 지냈다. 8월에 사자를 보내 굶주린 백성들을 구제했다. 여기까지는 임금이 정상적으로 국정에 임했다. 허나 이후에는 임금의 사납고 어질지 않은 행동이 나타나기 시작하였다. 4년(51) 임금은 날로 더욱 사납고 악하여 앉을 때 언제나 사람을 깔고 앉으며, 누울 땐 사람을 베고 누우며, 사람이 혹시 움직이면 용서 없이 죽이며 잘못을 고치도록 말하는 신하가 있으면 활을 당겨 쏘았다.

이런 상황이 계속되다 보니 6년(53) 11월에 두로杜魯가 임금을 죽였다. 두로는 모본 사람으로 임금을 모시고 있다가 죽임을 당할까 염려해서이다.

어떤 이가 말하기를, "……지금 임금은 몹시 잔인하고 난폭한 짓을 하여 사람을 죽이니 백성들의 원수이므로 임금을 없애버리시오." 라고 했다. 두로가 칼을 감추고 임금 앞으로 나가자, 임금이 끌어들여 자리에 앉혔다. 이에 칼을 빼어 임금을 죽였다. 장사는 모본 언덕에서 지내고, 시호를 모본왕이라고 했다. 두 번째로 지명을 시호로 정했다.

지명을 시호로 정하지 않았다면 고구리의 장수가 후한의 북평 등지를 습격하자, 요동태수가 고구리와 화친한 것이 시호를 정하는데 근거가 될 수도 있다. 지명을 시호로 정한 것은, 고구리의 고유한 시호 법을 따른 것이다. 그러니 지나식의 시호를 따를 필요가 없다.

고구리를 나라답게 만든 나라의 시조
태조대왕 太祖大王

┤ 제6대왕 ├

재위 기간	원년(53)~94년(146)
성	고씨
이름	어수於漱(어릴 때 이름) · 궁宮
아버지	고재사高再思(유리명왕의 아들)
어머니	부여 여인

모본왕이 사망하자, 태자가 못나고 어리석어 나라를 맡기기에 부족하여 나랏사람들이 유리명왕의 아들인 재사再思의 아들 궁宮을 맞아들여 임금의 자리를 잇게 했다. 궁(임금)은 나면서 눈을 뜨고 볼 수 있으며, 어린데도 사물의 이치나 도리를 분별하는 능력이 들어 영리했으나 일곱 살이므로 태후가 정치를 대리로 처리했다.

고구리 임금의 시호 치고는 남다른 면이 있어 재위 기간의 치적을 살펴보겠다.

3년(55) 2월에 요서 지방에 10개의 성을 쌓아 후한後漢의 군사를 대비하였다.

4년(56) 7월에 동옥저東沃沮를 쳐서 그 땅을 빼앗아 성읍으로 하고, 국
경을 넓혀 큰 바다(동해)에 이르고, 남쪽으로는 살수薩水에 이
르렀다.

10년(62) 8월에 임금은 동쪽으로 사냥을 나가 흰 사슴을 잡았다.

16년(68) 8월에 갈사왕曷思王의 손자 도두都頭가 나라를 들어 항복해
옴으로 그를 우태于台로 삼았다.

20년(72) 2월에 관나부貫那部의 패자沛者[5] 달고達賈를 보내 조나澡那를
쳐서 그 임금을 사로잡았다.

22년(74) 10월에 임금은 환나부桓那部의 패자 설유薛儒를 보내 주나朱那
를 쳐서 그 왕자 을름乙音을 사로잡아 고추가古鄒加로 삼았다.

46년(98) 3월에 임금은 동쪽으로 나가 책성柵城을 순행하다가 책성 서
쪽 계산罽山에 이르러 흰 사슴을 잡았다. 책성에 이르자, 여
러 신하들과 잔치를 베풀어 술을 마시고 책성을 지키는 관리
들에게 비단 등을 내렸다. 임금은 마침내 바위 돌에 공을 기
록하고 돌아왔다.

56년(108) 봄에 크게 가물어 여름까지 땅에 아무것도 없었다. 백성들
이 굶주리므로 임금은 사자를 보내어 구제했다.

66년(118) 6월에 임금은 예맥과 함께 후한의 현도를 습격하여 화려성
華麗城을 쳤다. 8월에 관청에 명하여 경전을 연구하는 학문
에 밝고 덕행이 뛰어난 사람과 효성이 있고 유순한 사람을
천거하게 하고 늙어서 아내가 없는 사람, 남편이 없는 사
람, 어리며 부모가 없는 사람, 자식이 없는 사람과 늙어서
자기의 힘으로 살아갈 수 없는 사람을 위문하고 옷과 음식

_____
5 벼슬 이름. 대로對盧와 같은 위치이다.

을 주었다.

69년(121) 10월에 임금은 부여에 행차하여 태후의 사당에 제사를 드리고 백성 중에 가난하여 살림이 구차한 사람을 위문하고 물건을 내렸다. 숙신의 사신이 와서 자줏빛 여우의 갖옷과 흰 매와 흰 말을 바치므로 임금은 잔치를 베풀고 위로하여 보냈다.

72년(124) 10월에 사신을 후한에 보내 조공했다.

90년(142) 임금의 친족으로 임금의 자리를 엿보려는 자가 있는 듯했다. 우보右輔 고복장高福章은 이에 대해 대왕은 나라를 내 집처럼 근심하고 백성들을 사랑하기를 내 아들처럼 했다.

94년(146) 임금의 동생 수성遂成은 나이 많은 임금을 이어 임금이 되라는 권유를 받았으나 거부했다. 허나 마음이 달라져 임금이 되려는 속셈을 숨김없이 그대로 드러내면서 뜻을 같이하고 지지하는 사람을 구했다. 하지만 도울 사람은 선뜻 나서지 않았다. 임금은 수성이 반란을 꾀하려 한다는 보고를 받자 임금의 자리를 물려주려 했다. 자신은 늙어 모든 정무에 게으르고 하늘의 운수가 수성에 있는 데다 안으로 나라의 정사에 참여했고 밖으로 군사에 관한 일을 묶어 관할하여 국가에 공이 있어 관료와 백성의 기대를 채울 수 있으니 임금의 자리에 올라 길이 행복으로 달리라는 것이다. 임금은 이에 자리를 물려주고 늙어서 임금의 자리에서 손을 떼어 한가롭게 지내고 특별히 따로 지은 궁전으로 물러나왔는데, 시호가 태조대왕이라고 일컬어졌다.

임금의 시호에 어떤 의미가 있을까. 태조대왕의 태太자에는 '처음'·'첫째'·'시조'라는 의미가 있고, 조祖자에는 '국조國祖'·'조상'·'시초'라는 의미가 있다. 태조란 고구리의 첫 번째 시조라는 의미이다. 태조대왕 이전에 다섯 명의 임금이 있었는데, 왜 궁宮을 시조라고 했을까. 이에 대해 다섯 명의 임금은 전설 시대의 임금이고, 실질적인 첫 임금은 태조대왕이라는 견해가 있다. 그러면 태조대왕 앞의 모본왕이 사망하자, 태자가 사물의 이치나 도리를 분별하는 능력이 들지 않고 총명하지 않아 재사再思(유리왕의 아들)를 세우려 했으나 재사가 늙어 그 아들에게 임금의 자리를 양보했다는 대목도 사실로 인정할 수 없게 된다. 태조대왕이 임금의 자리에 오른 과정을 통해 밝혀진 것은 재사가 늙어 그 아들(유리왕의 손자)이 임금이 되었다는 것이다. 따라서 태조대왕이 고구리의 실질적인 첫 임금이라는 견해는 설득력이 없다. 그러면 태조대왕을 어떤 인물로 보아야 할까. 임금의 치적을 통해 태조대왕이 어떤 인물인지 알 수 있다. 태조대왕의 치적을 정리해 보자. 1) 국경을 확대하고, 2) 지방을 순행하였으며, 3) 성城의 지방 관리에게 비단을 제공하고, 4) 공적을 바위에 기록하였으며, 5) 굶주린 백성을 구제하고, 6) 후한에 특산물을 제공하였으며, 7) 어질고 착하며 효성이 있고 성질이나 태도, 표정 따위가 부드럽고 순한 사람을 천거케 하고, 8) 나라를 내 집처럼 여겨 근심하였으며, 9) 백성들을 내 아들처럼 사랑하고, 10) 반란을 꾀하려는 동생에게 임금의 자리를 넘겨주고, 11) 스스로 특별히 따로 지은 궁전으로 물러났다.

태조대왕의 치적 면모는 이전의 임금에게서는 볼 수 없으며, 그 이후 고구리의 역대 임금에게서 그대로 나타나고 있다. 태조대왕은 고구리의 후대 임금이 힘써야 할 치적의 방향을 제시했다. 이런 치적의 면모가 객관적으로 바르게 평가를 받아 태조대왕이라는 시호가 정해졌던 것이다. 태조는 묘호이고, 대왕은 시호이다. 묘호와 시호가 고구리에서 함께 사용된 것은 태조대왕이 유일하다. 그 의미는 신라의 태종무열왕과 같다.

태조대왕 버금갈 정도로 나이가 많고 성품이 지나치게 거친
차대왕次大王

　수성은 태조대왕의 동생으로 임금의 자리를 받아 임금이 되었다. 그때 나이가 76세이다. 성품은 위엄이 있으나 어질고 자애롭지 않아 2년(147) 3월 우보[6] 고복장高福章을 베어 죽였다. 고복장은 수성이 태조대왕에게 충성스럽지 않아 반란을 일으킬 것 같다고 보고한 적이 있다. 이것이 화근이 되어 죽음을 맞게 된 것이다. 멀고 가까운 사람들은 고복장이 형벌을 받았다는 말을 듣고 몹시 분하게 여기며 슬퍼하였다.

―――――
6 고구리 초기에 병마를 모두 관할하는 벼슬.

3년(148) 4월에 임금은 태조대왕의 맏아들인 막근莫勤을 죽였다. 그러자 그 동생 막덕莫德은 재앙이 자신에게 미칠 것을 두려워하여 스스로 목매어 죽었다.

김부식은 임금(수성)이 가까운 사람을 살해한 것에 대해 논하며 비평하였다. "태조왕이 의리를 알지 못하고 높고 귀한 지위를 가벼이 여겨 어질지 못한 아우에게 주어서 불행한 일이 한 충신과 사랑하는 두 아들에게 미치게 했으니 어찌 한탄하지 않겠는가."

20년(165) 수성이 3월에 119세로 사망했는데, 그 해 10월에 연나부椽那部의 조의皂衣 명림답부明臨答夫는, 백성들이 차마 할 수가 없어 수성을 죽이고, 시호를 차대왕次大王이라고 했다.

시호에는 어떤 의미가 있을까. 차次자에는 '버금'·'둘째'라는 의미가 있고, 대大자에는 '거칠다'·'지나치다'는 의미가 있다. 태조대왕은 119살로 사망하고, 임금은 95살로 사망했다. 임금은 태조대왕 버금갈 정도로 나이를 많이 먹었으나 성품이 지나치게 거칠어 측근의 사람을 죽여서 시호가 차대왕으로 정해졌다.

뿌리 깊은 폐단을 새롭게 고친 존귀한
신대왕 新大王

┤ 제8대왕 ├

재위 기간	원년(165)~15년(179)
성	고씨
이름	백고伯固
아버지	고재사高再思
형	태조대왕

　태조대왕의 막내아우인 백고伯固는 몸가짐이 남달리 뛰어나게 훌륭하며 어질고 너그러웠다. 차대왕이 도리에 어긋나고 막되어 해가 자신에게 미칠까 두려워하여 산골짜기에 숨어 지냈다. 차대왕이 죽임을 당하자, 좌보[7] 어지류菸支留가 여러 사람과 의논하여 임금으로 맞아들였다. 그때 나이가 77세이다.

　2년(166) 정월에 백고(신대왕)가 명령하기를, "……두루 백성들과 함께 진실로 깊이 뿌리박힌 잘못을 새롭게 고치고 크게 국내의 죄수를 풀어주는 것을 허락한다."고 했다. 나랏사람들은 사면령을 듣자,

---

7 우보와 함께 군사와 정치를 맡아 본 벼슬.

기뻐서 큰소리로 부르짖으며 손뼉을 치지 않는 이가 없었다. 명림답부의 난리에 차대왕의 태자 추안鄒安은 도망하여 숨어 있다가 백고의 사면령을 듣고 대궐로 나아가 아뢰었다. "……지금 새 정치를 베푼다는 말을 듣고 감히 나와 죄를 아룁니다.……"라고 하였다.

15년(179) 10월 국상 명림답부가 113살로 사망했다. 임금은 몸소 가서 큰 소리로 울면서 슬퍼하고 정치를 7일 동안이나 보지 않았다. 예를 갖추어 질산質山에서 장사를 지내고 묘지기 스무 집을 두었다. 12월에 임금이 사망하자 고국곡故國谷에 장사를 지내고, 시호를 신대왕이라고 했다. 시호에는 어떤 의미가 있을까. 신대왕의 신新자에는 "새롭게 고치다"의 의미가 있고, 대大자에는 "존귀하다"·"훌륭하다"는 의미가 있다. 신대왕이란 시호의 의미는 "뿌리 깊은 폐단을 새롭게 고친 존귀한 임금"이라는 것이다.

고국천 언덕에 장사를 치른
고국천왕故國川王

┤ 제9대왕 ├

재위 기간	원년(179)~19년(197)
성	고씨
이름	남무男武 · 이이모伊夷模
아버지	신대왕
왕후	우씨于氏(연나부椽那部 우소于素의 딸)

    신대왕의 둘째 아들인 이이모(남무)는 키가 아홉 자나 되고 용모가 뛰어나 위엄이 있다. 힘은 큰 솥을 들 수 있고, 일에 임하면 잘 살피며 너그러움과 엄격함이 분명하다.

    6년(184)에 후한後漢의 요동태수가 군사를 일으켜 고구리를 쳐들어 왔다. 임금(고국천왕)은 왕자 계수罽須를 보내 이들을 막게 했으나 이기지 못하므로, 임금이 친히 강한 기병을 거느리고 가서 후한의 군사와 좌원坐原에서 싸워 격파하여 벤 머리가 산처럼 많았다.

    12년(190) 9월 중외대부中畏大夫인 패자沛者 어비류於界留와 평자評者 좌가려左可慮는 모두 왕후의 친척으로서 나라의 권력을 잡고 있어 그 자제들이 세력을 믿고 교만, 사치하고 남의 자녀, 밭과 집을 빼앗으므로 국민들은 원망하고 몹시 분하게 여겼다. 임금은 이를 듣고 노하여 이들을 죽이려 하자, 좌가려 등이 네 연나부와 함께 반란을 꾀하였다. 13년(191) 4월 좌가려 등이 무리를 모아 서울로 쳐들어오자, 임금은 서울 안의 군사들을 강제로 모아 평온하게 진압하고 드디어 명령을 내렸다. "……너희 4부들은 각기 어질고 착한 사람들을 천거하라."

이때 인재로 높은 자리에 올려 쓰게 된 사람이 을파소乙巴素이다. 을파소를 올려 씀으로써 정치와 종교가 밝게 되고 상벌을 신중히 하여 중앙과 지방이 태평해졌다. 김부식은 이에 대해 논하고 비평하는 글을 남겼다.

"…… 임금은 결심이 움직일 수 없을 만큼 확고하여 남과 상의하지 않고 혼자서 판단하거나 결정하여 을파소를 해변에서 뽑아 여러 사람이 나무라는 말에 흔들리지 않고 그를 모든 벼슬아치 위에 두었고, 또한 그를 천거한 사람에게도 상을 주었으니 선대 임금의 법을 깨달았다고 할 수 있다."

을파소의 업적과 관련하여 많은 사람들이 말하고 있는 것은 진대법賑貸法이 실시되었다는 것이다. 진대란 어려운 사람에게 물건을 준다는 것으로, 민중왕 2년(45) 5월에 나라 동쪽에 홍수가 생기자 나라에서 창고를 열어 물건을 주었다. 이때 준 것은 곡식일 것이다. 갑작스런 기상의 이변으로 곡식이 상해 굶주린 농민이 생겼을 때에도 식량을 나누어주어 구제하기도 했다. 민중왕 때에는 천재지변으로 생긴 굶주린 농민에게 곡식을 풀어 구제한 것이므로 곡식을 갚지 않았을 것이다. 허나 고국천왕 16년 10월에 실시된 진대법은 앞의 구제와 내용을 많이 달리한다.

앞의 진대가 부정기적이었으나 고구천왕 때의 진대법은 해마다 3월부터 7월까지 식구의 많고 적음에 따라 관청의 곡식을 풀어주고 같은 해 10월에 갚도록 하는데, 이를 연례적으로 실시한다는 것을 골자로 하였다. 이자를 낸다는 말이 없는 걸로 미루어 먼저 때와 마찬가지로 꾸어먹은 곡식만 갚으면 된듯하다. 진대법의 실시에 대해 서울과 지방의 백성들이 매우 기뻐했다고 한 것도 이자를 내지 않아도 좋다는 점 때문이 아닌가 한다.

임금은 관리에게 명해 늙어서 아내가 없는 사람, 남편이 없는 사람, 부모가 없는 어린 사람, 자식이 없는 늙은 사람, 늙어서 병들고 가난하여 자기 힘으로 생활할 수 없는 사람들을 널리 조사하여 구제하게 했다.

19년(197) 임금이 사망하자 고국천故國川 언덕에 장사를 치르고, 시호를 고국천왕이라 했다. 임금이 베푼 어진 정치를 근거로 시호를 정할법한데 그렇게 하지 않았다. 결국 지명을 시호로 정한 것은, 역시 땅의 중요성이 그만큼 강조되었다는 것을 말하는 것이 아닐까.

산상릉山上陵에 장사를 치른
산상왕山上王

┤ 제10대왕 ├

재위 기간	원년(197)~31년(227)
성	고씨
이름	연우延優·위궁位宮
아버지	신대왕
왕비	우씨于氏
형	고국천왕

　주몽의 후손 궁宮(태조)은 나면서 눈을 뜨고 사물을 볼 수 있었다. 지금 임금(산상왕)은 태조의 증손자로 나면서 사람을 보는 것이 그 증조할아버지인 궁과 닮았다. 고구리 말로 서로 닮은 것을 위位라고 하므로, 이름을 위궁位宮이라 했다.

　임금의 자리에 오른 12년(208) 11월에 관리가 달아나는 교시郊豕[8]를 잡으러 갔으나 잡지 못했다. 그때 교시를 잡은 이가 예쁜 여자라는 애기를 들은 임금은 여인의 집으로 가서 잠자리를 같이 하여 사내아이를 얻었다. 임금은 아들의 이름을 교체郊彘라 하고, 17년(213)에 태자로

――――――
　8 교외에서 하늘과 땅에 지내는 제사 때에 희생으로 쓰는 돼지.

삼았다. 21년(217) 8월에 후한後漢의 평주平州 사람 하요夏瑤가 백성 1천여 호를 이끌고 와서 의지하므로 임금은 이들을 받아들여 책성柵城[9]에 살게 했다. 31년(227) 5월에 임금이 사망하자 산상릉山上陵에 장사를 치르고, 시호를 산상왕山上王이라 했다.

임금이 뜻하지 않게 여인을 만나 태자를 얻게 되고 많은 지나인을 받아들였으니, 이를 근거로 시호를 정할법한데 역시 장사를 지낸 땅의 이름을 시호로 정했다.

---

9 지나의 길림성 연변 조선족 자치주의 도시.

계속 쫓기어 동쪽으로 간
동천왕東川王

┌─ 제11대왕 ├─

재위 기간   원년(227)~22년(248)
성   고씨
이름   교체郊彘 · 우위거憂位居
아버지   산상왕
어머니   주통촌酒桶村 여인

　산상왕의 아들 교체는 성품이 너그럽고 어질며 자애로웠다. 임금
(동천왕)의 재위 기간에 고구리는 지나의 삼국시대 위魏나라의 침공
으로 임금이 동쪽으로 계속 피신하는 등 심한 모욕을 치렀다. 그렇게
된 사연은 고구리가 요동의 서안평西安平을 습격했기 때문이다. 8년
(234) 위나라가 사신을 보내므로 화친했다. 10년(236) 2월 오왕吳王
손권孫權이 사신 호위胡衛를 보내 가까이 지내기를 청했다. 임금은
사신을 억지로 머무르게 했다가 7월 그를 벤 머리를 위나라에 보냈
다. 11년(237) 사신을 위나라에 보내 연호를 고친 것을 축하하며 예를
차렸다. 12년(238) 위나라의 태부太傅 사마선왕司馬宣王[10]이 군사를

──────────
10 사마의司馬懿를 말한다.

거느리고 와서 공손연公孫淵을 토벌하므로, 임금은 주부主簿와 대가大加를 보내 군사 1천 명을 거느리고 가서 그를 돕게 했다.

16년(242) 임금은 장수를 보내 요동의 서안평西安平을 습격하여 쳐부수었다. 서안평은 고구리나 위나라에 전략적으로 중요한 거점이다. 20년(246) 8월 위나라가 유주자사幽州刺史 관구검毌丘儉을 보내 군사 1만 명을 거느리고 현도를 거쳐 침입하므로, 임금은 보병과 기병 2만을 거느리고 비류수 상류에서 맞아 싸워 물리쳐 3천여 명을 목 베었다. 또 군사를 이끌고 다시 양맥곡梁貊谷에서 싸워 물리치고 3천여 명을 베어 죽였다. 관구검은 결사적으로 싸워 우리 군사는 크게 패해 죽은 이가 1만 8천 명이나 되었다. 임금은 1천여의 기병을 거느리고 압록의 언덕으로 달아났다. 10월에 관구검은 환도성을 무찌르고 왕기王頎를 보내 임금을 추격했다. 임금은 남옥저로 달아나 죽령竹嶺에 이르니, 군사들은 흩어져 거의 없어지고 다만 동부 사람 밀우密友만이 혼자 임금의 곁에 있었다.

밀우, 유옥구劉屋句, 뉴유紐由의 전략으로 위기를 벗어난 임금은 위나라 군사를 치자, 위나라 군사들은 낙랑을 거쳐 도망했다. 임금은 나라를 회복한 공로자로 밀우와 뉴유를 으뜸으로 삼아 밀우에게는 거곡巨谷과 청목곡靑木谷을 내리고, 유옥구에게는 압록과 두눌하杜訥河 언덕을 주어 식읍으로 삼게 했다. 또 사망한 뉴유에게 품계를 높여 주어 구사자九使者[11]로 삼고, 또 그 아들 다우多優를 대사자代射者[12]로 삼았다.

---

11 벼슬 이름.
12 열넷 관등 중에 여섯 번째 등급. 지방에 파견되어 조세나 공물을 징수하였다.

21년(247) 2월에 임금은 환도성이 난리를 겪어 다시 도읍으로 쓸 수 없으므로 평양성을 쌓아 백성들과 종묘사직을 옮겼다. 22년(248) 9월에 임금이 사망하자 시원柴原에 장사를 지내고, 시호를 동천왕東 川王이라 했다. 시호의 동東자에는 "동쪽으로 가다"는 의미가 있고, 천川자에는 "계속하다"는 의미가 있다. 임금은 관구검의 침공을 받고 쫓겨 계속 동쪽으로 갔다. 결국 동쪽으로 감으로써 나라를 위기에서 구했기 때문에 시호가 동천왕으로 정했졌다.

중천 언덕에 장사를 치른
중천왕中川王

┤ 제12대왕 ├

재위 기간   원년(248)∼23년(270)
성   고씨
이름   연불然弗
아버지   동천왕
왕후   연씨椽氏

동천왕의 아들 연불은 몸가짐과 인품이 높고 슬기와 계략이 있었다.

1년(248) 임금은 연씨椽氏를 왕후로 삼았다. 임금은 얼굴이 아름답고 머리카락의 길이가 아홉 자나 되는 관나부인貫那夫人을 사랑하여 장차 왕후로 삼으려 하자, 왕후 연씨는 그녀가 사랑을 독차지할까 염려하여 임금에게 말했다. "위魏나라에서 머리카락을 구하는데 많은 돈을 걸었다고 들었습니다. 옛날 우리 선왕先王(동천왕)께서 중국(지나)에 예의를 다하지 않아 재앙을 당해 달아나 거의 나라를 잃을 뻔했습니다. 이제 임금께서 그들이 하고자 하는 바에 따라 한 사신을 보내 머리가 긴 미인을 바치면 그들은 기쁘게 받아들여 다시는 우리를 침범하는 일이 없을 것입니다."

관나부인은 이 말을 듣고 자기에게 해가 미칠까 두려워 도리어 왕후를 헐뜯었다. 즉 "왕후가 저를 가죽 포대에 넣어 바다에 던지려 하니, 대왕께서는 하찮고 천한 첩의 목숨을 살려 집으로 돌려보내 주시기를 바란다."고 했다. 4년(251) 임금은 그것이 거짓임을 알고 노하여 사람을 시켜 바다에 던져버렸다.

12년(259) 12월 위나라 장수 울지해蔚遲楷가 군사를 이끌고 쳐들어오므로, 임금은 날랜 기병 5천 명을 뽑아 거느리고 양맥곡梁貊谷에서 싸워 이를 깨뜨리고 8천여 급을 목 베었다. 15년(262) 7월에 임금은 기구箕丘에서 사냥하여 흰 노루를 잡았다. 흰 노루는 상서롭기 때문에 이를 잡은 것이 기록으로 남겨졌다.

임금이 관나부인의 거짓을 잘 처리하고 위나라 군사의 침공을 격퇴시켜 슬기와 계략이 잘 나타났으나 이는 시호에 반영되지 않았다. 23년(270) 10월에 임금이 사망하자, 중천 언덕에 장사를 치른 것만을 중시하여 시호를 중천왕이라 했다.

서천 언덕에 장사를 치른
서천왕 西川王

┌─ 제13대왕 ├─
재위 기간	원년(270)~23년(292)
성	고씨
이름	약로藥盧 · 약우若友
아버지	중천왕
왕후	대사자大使者 우수于漱의 딸

　중천왕의 둘째 아들인 약로(약우)는 성품이 썩 영리하고 재주가 있으며 어질어 나랏사람들이 사랑하고 공경했다. 7년(276) 4월, 임금(서천왕)은 신성新城으로 가서 사냥을 하다가 흰 사슴을 잡았다.

　11년(280) 10월에 숙신肅愼이 침입하여 변방의 백성들을 살해하므로 임금은 신하들에게 말하기를, "과인은 미약한 몸으로 나라를 잘못 물려받아 덕은 백성을 편안하게 하지 못하고 위엄을 떨치지 못해 이 이웃의 적들이 우리 강토를 어지럽히게 했다. 기묘한 꾀를 잘 쓰는 신하와 용맹한 장수를 만나 적의 침입을 막아내기로 생각하여 여러 분과 상의한다. 각기 기묘하고 남다른 꾀로 장수가 될 만한 재주가 있는 사람을 추천하라." 여러 신하들은 "임금의 아우 달고達賈는 용감하고 사나우며 슬기와 계략이 있어 대장이 될 만하다."고 했다.

임금은 이에 달고를 보내 이를 치게 했다. 달고는 기묘한 계략을 써서 습격하여 단로성檀盧城을 빼앗아 추장을 죽이고, 6백여 호를 부여의 남쪽 오천烏川으로 옮기고 17개 부락의 항복을 받아 속국으로 삼았다. 임금은 크게 기뻐하여 달고를 안국군安國君으로 삼아 중앙과 지방의 군사권을 맡기고 겸해 양맥梁貊과 숙신의 여러 부락을 통솔하게 했다.

23년(292) 임금이 사망했는데, 숙신을 제압한 것을 시호를 정하는 데 반영하지 않고, 서천西川 언덕에 장사를 치른 것이 시호를 정하는 데 반영되어 서천왕西川王이라 했다.

봉산 언덕에 장사를 지른
봉상왕烽上王

┤ 제14대왕 ├

재위 기간   원년(292)~9년(300)
성   고씨
이름   상부相夫 · 삽시루歃矢婁
아버지   서천왕

서천왕의 태자인 상부(삽시루)는 어려서도 지나치게 교만하고 의심을 잘하며 꺼리는 것이 많았다.

원년(292) 3월에 임금은 안국군安國君 달고達賈를 죽였다. 임금은 달고가 아버지와 같은 형제인데다가 큰 공로가 있어 백성들이 우러러보자 의심하여 죽였다. 나랏사람들이 말하기를, "안국군이 없었다면 백성들이 양맥과 숙신의 난을 면할 수 없었을 텐데, 이제 그가 죽었으니 장차 어디에 의지할까." 눈물을 뿌리며 서로 마음 아파하지 않는 이가 없었다.

2년(293) 선비족의 모용외慕容廆가 침입했다. 5년(296)에는 모용외가 또 침입하여 서천왕의 무덤을 파헤치는 불상사가 있었다. 이는 안국군을 죽임으로써 적들을 막아낼 인물이 사라진 탓이다. 9년(300) 임금은 굶주린 백성들을 궁전 안에 있는 방을 수리하는 공사에 동원하여 시달리게 했다. 남부의 대사자大使者 창조리倉助利는 백성들의 입장에서 임금에게 바른말을 하였다. 임금이 이를 받아들이지 않자 여러 신하들과 모의하여 임금을 몰아냈다. 임금은 화를 면하지 못할 것을 알고 스스로 목매어 죽고 두 아들도 따라 죽었다. 봉산 언덕에 장사를 치른 것만을 내세워 시호를 봉상왕烽上王이라 하였다.

미천 언덕에 장사를 치른
미천왕美川王

┤ 제15대왕 ├

재위 기간	원년(300)~32년(331)
성	고씨
이름	을불乙弗·우불憂弗
할아버지	서천왕
아버지	돌고咄固

을불(우불)은 서천왕의 아들 고추가古鄒加 돌고咄固의 아들이다. 봉상왕은 아우 돌고가 배반할 마음을 가진 걸로 의심하여 죽이므로, 아들 을불은 살해될까 두려워서 도망해 숨어 지냈다. 봉상왕을 몰아 낸 국상 창조리가 을불을 받들어 모셔 임금이 되었다.

3년(302) 임금(미천왕)은 군사 3만을 거느리고 현도군에 침입하여 8천여 명을 사로잡아 평양으로 옮겼다. 12년(311) 8월에 낙랑을 침입 하여 남녀 2천여 명을 사로잡았다. 16년(315) 2월에 현도성을 쳐부수 어 죽이고 많은 사람을 사로잡았다. 21년(320) 12월에 임금은 군사를 보내 요동을 약탈하였다. 32년(31) 임금이 사망하자 미천美川 언덕에 장사를 치르고, 시호를 미천왕美川王이라 했다. 포로를 많이 잡은 것이 임금의 치적이 될 만한데, 시호를 정하는데 반영되지 않았다. 역시 이 때도 고구리인이 땅의 소중함을 절실히 느끼고 있었음을 알 수 있다.

고국의 언덕에 장사를 치른
고국원왕 故國原王

제16대왕	
재위 기간	원년(331)~41년(371)
성	고씨
이름	사유斯由 · 쇠釗
아버지	미천왕
어머니	주씨周氏

사유(쇠)가 임금이 된 2년(332)에 시조의 사당에 제사를 지내고 늙고 병든 백성을 구제하였다. 4년(334)에 평양성을 더 늘려 쌓고 이듬해에는 북쪽의 신성新城을 쌓았다. 12년(342)에는 환도성丸都城을 수리하고 국내성을 쌓아 외부 세력의 침공에 대비 태세를 갖추었다.

뜻하지 않게 지나의 5호16국 시대에 전연前燕의 모용황慕容皝은 고구리에 큰 손실을 보게 했다. 즉 모용황은 미천왕의 무덤을 파서 시체와 창고에 있는 여러 대에 걸친 보물을 거두어 돌아갔는데, 돌아가기 전에 궁실에 불사르고 환도성을 헐어버렸다. 13년(343) 임금은 아우를 전연에 보내 스스로 신하라 하고 진귀한 물건을 바치게 했다. 이에 연나라는 미천왕의 시체는 돌려보냈으나 어머니는 보내지 않고 인질로 잡았다. 25년(355) 임금은 사신을 전연에 보내 예물을 바치고 조공을 하면서 어머니를 돌려주기를 청하자, 그 임금 모용준慕容儁이 허락하여 돌려보내고 임금을 정동장군征東將軍 영주자사營州刺史로 삼고 낙랑공樂浪公에 봉하였다.

39년(369) 임금은 군사 2만을 거느리고 치양雉壤[13]에서 백제와 싸웠으나 크게 패했다. 40년(370) 전진前秦의 왕맹王猛이 전연을 격파하자, 연나라 태부太傅 모용평慕容評이 도망해오므로 임금은 그를 잡아 전진으로 보냈다.

41년(371) 백제왕이 군사 3만을 거느리고 와서 평양성을 공격하므로 임금은 군사를 이끌고 나가 막다가 화살을 맞고 사망하자, 고국故國의 언덕에 장사를 치러 시호를 고국원왕이라 했다.

고국원왕은 외적의 침공에 대비하여 축성하는 등 대비 태세를 갖추긴 했으나 외적의 세력이 워낙 강해 심한 모욕을 크게 치렀으니 임금의 치적이라고 할 만한 것은 없다. 그러니 고국의 언덕에서 장사를 치룬 외에 달리 말할 것은 없다.

---

13 황해도 연백.

소수림에 장사를 치른
소수림왕 小獸林王

제17대왕

재위 기간　원년(371)~14년(384)
성　　　　고씨
이름　　　구부丘夫
아버지　　고국원왕

　고국원왕의 아들 구부는 키가 크고 계략이 으리으리하게 컸다. 고국원왕 41년(371)에 태자로 있다가 임금의 자리에 올랐다.

　2년(372) 전진前秦의 임금 부견符堅이 사신과 승려 순도順道를 파견하여 불상과 경문經文을 보내오자, 임금은 사신을 보내 사례한다는 뜻을 표하고 방물을 바쳤다. 태학太學을 세워 자제를 교육했으며, 3년(373)에는 율령을 처음 반포했다. 5년(375) 2월 처음으로 초문사肖門寺[14]를 창건하여 순도에게 절을 맡기고, 또 이불란사伊弗蘭寺를 세워 아도阿道에게 맡겼다. 이것이 우리나라 불법의 시초이다.

---

14 『해동고승전』은 초문사를 성문사省門寺의 오기라고 지적하고 있다.

8년(378) 거란이 북쪽 변경의 마을을 침범하여 여덟 부락을 함락시켰다. 14년(384) 임금이 사망하자 소수림에 장사를 지내고, 시호를 소수림小獸林이라고 하였다. 전대 임금들의 시호가 특정한 땅 이름에 장사를 지냄으로써 정해지는 것이 관례로 내려오다 보니 우리나라 불법이 처음 열리는 바탕을 마련했다는 것을 근거로 시호를 정할 법하지만 결국 장사를 치른 소수림이란 땅 이름을 시호로 정했다.

고국양에 장사를 치른
고국양왕 故國壤王

제18대왕	
재위 기간	원년(384)~9년(392)
성	고씨
이름	이련伊連 · 어지지於只支
아버지	고국원왕
형	소수림왕

소수림왕에게 아들이 없어 아우 이련이 임금의 자리에 올랐다.

2년(385) 6월에 이련(어지지), 즉 임금(고국양왕)은 군사 4만 명을 내어 요동과 현도를 습격하여 남녀 1만 명을 사로잡아 가지고 돌아왔다. 11월에 후연後燕의 모용농慕容農이 군사를 거느리고 침입해와 요동과 현도 두 군을 빼앗아갔다.

3년(386) 정월에 왕자 담덕談德을 태자로 삼았다. 8월에 임금이 군사를 내어 남으로 백제를 쳤다. 7년(390) 9월에 백제가 달솔達率 진가모眞嘉謨를 보내 도압성都押城을 쳐부수고 2백 명을 사로잡아 갔다.

9년(392) 봄 사신을 신라에 보내 사이좋게 지내기를 청하자, 신라의 임금은 조카 실성實聖을 보내 인질로 삼게 했다. 3월에 임금은 명령을 내려 불법을 숭배하고 믿어 복을 구하게 했다. 이는 불교의 생활화를 말하는 것으로, 임금의 시호를 정하는데 문제가 있을 수 없다. 하지만 땅 이름을 시호로 정하는 것이 관례이다 보니 치적을 중시하지 않고 역시 장사를 치른 고국양故國壤을 시호로 정했던 것이다.

영토의 경계선을 넓게 개척한
광개토왕廣開土王

제19대왕	
재위 기간	원년(392)~22년(413)
성	고씨
이름	담덕談德
아버지	고국양왕

　고국양왕의 아들인 광개토대왕의 이름은 담덕이다. 나면서부터 씩씩하고 뛰어나며 신념을 굽히지 아니하고 굳게 지키는 꿋꿋한 태도가 있다. 부왕이 9년(392)에 사망하여 담덕이 임금의 자리에 올랐다. 7월에 백제를 쳐서 10성을 빼앗았으며, 9월에 거란을 쳐 남녀 5백 명을 사로잡고 거란에 붙잡혀 그곳에서 살고 있는 고구리 사람 1만 명을 데리고 왔다. 10월에는 백제의 관미성關彌城을 쳐 함락시켰다. 임금은 거란이 강제로 붙잡아두고 있는 자국민을 한꺼번에 많이 귀환시킴에 따라 2년(393)에, 평양에 아홉 개의 사찰을 세운 걸로 여겨진다. 억류생활을 함으로써 겪었을 정신적 육체적 괴로움을 풀어주려 하여 사찰을 많이 세운듯하다.

임금은 계속 국력 강화를 추진하여 4년(395) 8월 패수 상류에서 백제군을 무찔러 8천여 명을 사로잡았다. 9년(400) 임금은 후연後燕에 조공을 했으나 예의를 갖추지 않은 것이 빌미가 되어 연나라 왕 모용성慕容盛은 3만의 군사로 고구리를 습격하여 신성新城과 남소南蘇 두 성을 빼앗는 등 7백여 리를 넓히고 5천여 호戶를 빼앗아 가지고 돌아갔다. 임금은 보복으로 11년(402) 군사를 내어 후연의 숙군성宿軍城[15]을 공격하자, 평주자사 모용귀慕容歸는 성을 버리고 도주했다.

후연의 임금 모용희慕容熙는 14년(405) 보복으로 요동성을 침공하여 성이 함락될 위기에 처했으나 모용희는 이기지 못했다. 15년(406) 모용희는 고구리의 목저성木底城을 공격했으나 승리하지 못했다. 17년(408) 임금은 사신을 북연北燕에 보내 성姓과 본本이 같은 겨레붙이인 운雲에게 정을 베풀자, 그는 시어사 이발李拔을 보내 받은 예를 도로 갚았다. 운의 할아버지 고화高和는 고구리의 종갓집 계통에서 갈린 피붙이이므로 고高를 씨氏로 삼았는데, 모용보慕容寶가 태자일 때 운이 무예로 동궁을 따라다녀 모용보가 아들로 삼아 모용씨의 성을 내렸다.

18년(409) 4월 왕자 거련巨連을 태자로 삼았다. 7월에 나라 동쪽에 독산禿山 등 여섯 성을 쌓고 평양에 거주하는 백성들의 살림집을 옮겼다. 8월에 임금이 남쪽 지방을 살폈다.

22년(413) 임금이 사망했는데, 시호를 광개토왕廣開土王이라고 하였다. 시호의 의미는 임금이 나라의 땅을 넓게 넓혔다는 것이다.

---

15 후연의 도성인 용성龍城으로 들어가는 주요한 길목이다.

『삼국사기』에는 임금의 치적이 이 정도로 간단하다. 하지만 광개토왕의 능비문에는 『삼국사기』에 실려 있지 않은 임금의 치적이 상세히 기록되어 있다. 양쪽의 기사를 살펴야만 임금의 전체 치적을 확실히 알 수 있다. 능비 연구자들은 능비를 고구리 사람들이 직접 만들었다는 데서 능비의 광개토왕 관련 기사를 『삼국사기』의 기사보다 절대적인 것으로 여기고 있는 듯하다. 진단학회震檀學會가 만든 연표도 능비의 기사를 따르고 있다. 그러다 보니 임금의 즉위와 사망 연도에서 잘못이 나타나고 있다. 왜 이런 잘못이 생기게 되었는지 빈틈없이 살펴야 할 것이다.

● 광개토왕릉 비문의 오류와 오해

우리 민족의 역사상 국제적인 학문으로 인정을 받고 있는 부분의 하나가 '광개토왕릉비학廣開土王陵碑學'이다. 비문이 국제적인 관심을 받고 있는 것은 두 가지 이유에서이다. 『삼국사기』에 실리지 않은 광개토왕의 정복으로 이루어진 공적을 밝혀주고 있고 오랜 세월로 비문이 더러 갈려서 닳아 없어지기도 했으나 글자가 거짓으로 꾸며졌다고 하는 설說의 참과 거짓을 가려내려는 노력이 이어지고 있어서이다.

광개토왕의 정복에 관한 치적을 구체적으로 밝혀주는 기사가 『삼국사기』에 없다 보니 능비문에 관심이 집중될 만하다. 그래서 능비는 긴 세월을 두고 관심사로 되어왔다. 능비를 고구리 사람들이 직접 만들어 세웠다는 데서 능비의 정복 기사를 『삼국사기』의 그것보다 절대적인 것으로 여기는 경향이다. 하지만 꼭 그렇게만 볼 것이 아니다.

『삼국사기』와 그 연표에 따르면, 광개토왕이 392년(임진년)에 임금의 자리에 올랐다. 헌데 진단학회 연표에는 신묘년(391)이 영락永樂 원년이라는 비문에 근거하여 광개토왕이 신묘년에 임금의 자리에 오른 걸로 되어 있다. 영락 원년이 신묘년인 것은 분명하다. 하지만 광개토왕이 임금의 자리에 오른 것은 영락 원년이 아니다. 특히 비문의 영락 6년(396, 병신) 백제 침공 기사는 『삼국사기』의 백제 침공 기사와 어긋난다. 대체적으로 영락 6년의 기사가 옳고 그른지 판단하지 않고 무조건 믿고 있다. 그러다 보니 『삼국사기』의 백제 침공 기사는 무시되었다. 양측의 기사를 검토하여 어느 기사가 옳은지 가려내야 한다.

● 영락 6년 기사 재검토

『삼국사기』 고구리본기 광개토왕 즉위년(392, 영락 2) 10월조의 기사에 따르면, 광개토왕이 백제의 관미성關彌城을 함락시켰다. 백제본기 진사왕 8년(392) 10월조의 기사도 고구리가 관미성을 함락시킨 걸로 되어 있다. 그런데 능비에는 영락 6년(396, 병신)에 광개토왕이 각미성閣彌城을 차지한 걸로 적혀있다. 관미성과 각미성은 같은 성일까. 대체적으로 같은 성이라고 판단해왔다. 성의 명칭이 비슷하여 같은 성으로 보고 있으나 이것만으로는 근거가 미약하다.

『삼국사기』 백제본기 아신왕阿莘王 2년(393) 8월조의 기사에 따르면, 관미성은 백제가 아직 되찾지 못한 요새로 되어 있다. 아신왕은 이를 탈환하기 위하여 좌장左將 진무眞武에게 탈환 작전을 명했다. 관미성이 고구리와 백제 어느 쪽에서 보든지 큰 요새이므로, 이의 점령 기사와 탈환하려는 기사가 『삼국사기』에 실린 것이다. 명칭상 관미성과 각미성이 같은 성의 다른 명칭이라고 하더라도 고구리가 이를 점령한 연대는 둘로 될 수 없다. 관미성 점령 연대가 『삼국사기』에는 392년이고, 광개토왕릉 비문에는 396년에 각미성을 점령한 걸로 되어 있다.

그리고 능비에 396년에 광개토왕이 58개 성을 한꺼번에 점령했다는 기사가 있다. 이 기사에 대한 빈틈없는 분석이 필요하다. 『삼국사기』 고구리본기와 백제본기를 종합하면, 두 나라의 임금이 직접 이끄는 전쟁은 아신왕 8년(399)년까지 있었다. 그런데 능비에 광개토왕 즉위 5년(396)에 전에도 없고 앞으로도 없을 큰 전쟁이 있었다고 하는데, 그러면 『삼국사기』 고구리본기에도 실리는 것이 당연하다. 『삼국사기』에는 고구리와 백제의 크고 작은 전쟁 상황까지 모두 기록되어 있다. 왜 58개 성의 점령 기사가 『삼국사기』에서 빠졌을까.

먼저 말해두지만 한 해에 58개 성을 점령했다는 기사는 의심스럽다. 그런 중대한 기사가 『삼국사기』에 실리지 않은 것으로 보아 같은 해에 이루어진 것이라고 할 수 없다. 광개토왕의 재위 기간에 치러진 백제와의 전쟁에서 점령한 모든 성의 명칭을 늘어놓은 듯하다.

광개토왕의 고구리군이 백제로부터 뺏은 성이 모두 몇 개인지 『삼국사기』를 통해서는 알 수 없다. 능비문에는 고구리가 58개 성과 700개의 촌락을 차지한 걸로 되어 있다. 『삼국사기』 백제본기 진사왕 8년(392) 7월조의 기사에 의하면, 고구리의 임금 담덕이 군사 4만으로 북쪽의 변경으로 쳐들어와 석현성石峴城 등 10여 성을 함락시켰다. 진사왕은 고구리의 임금 담덕이 군사를 잘 부린다는 말을 듣고 나가 싸울 마음을 먹지 못한 탓에 한수漢水 북쪽에 있는 백제의 여러 부락이 거의 함락되었다는 기사가 언급한 700개 부락과 관련이 있어 보이지만 58개 성에 대한 기사는 없다.

이상의 설명을 근거로 광개토왕의 백제 침공 기사로서 믿을만한 것은 『삼국사기』이며, 능비의 기사는 증거로 삼을 만하지 않다. 그렇다고 해서 즉위 5년의 기사에서 건질 것이 없는 것은 아니다. 다음의 두 가지 내용은 『삼국사기』 고구리본기와 백제본기에서 볼 수 없다.

1) 광개토왕이 백제를 무력으로 칠 때 수군까지 동원했다는 것.
2) 광개토왕의 고구리군이 백제의 수도를 포위하자 백잔왕百殘王, 즉 아신왕은 고달프고 노곤하여 힘이 없으며 사로잡은 적 1천 명과 곱고 가늘게 짜여진 삼베 천 필을 바쳐 항복하고, 앞으로 영구히 고구리의 신하가 되겠다고 맹세를 하고 광개토왕은 아신왕의 아우와 대신 10여 명을 데리고 이기고 돌아왔다는 것.

특히 아신왕이 고구리의 신하가 되겠다고 맹세했다는 기사는 사실로 인정을 할만하다. 능비 영락 9년에 백잔(백제)이 맹세를 어기고 왜倭와 화해하고 내왕했다는 기록이 있는데, 『삼국사기』 백제본기 아신

왕 6년(397) 5월조에서도 보이기 때문이다. 백제가 왜와 사이좋게 지
낸 것은 양측의 기사가 일치하지만 연대가 다르다.

능비를 고구리 사람들이 세웠다는 데서 대체적으로 비문의 사료적
가치를 의심하지 않는다. 능비의 기사만을 중시하면, 광개토왕은 396
년(즉위 5, 영락 6)에 백제의 북변과 서해안 및 한강 연안에 걸쳐 대대
적인 군사 작전을 한 차례 한 걸로 보게 된다. 『삼국사기』 고구리본기
에 실려 있는 광개토왕의 재위 기간의 백제에 대한 군사작전 기사를
부인하지 않는 한 능비의 기사와 함께 전체적으로 분석하고 따져야
할 것이다.

● 영락永樂 연호에 대한 오해

광개토왕이 백제에 대해 되풀이되는 공격을 한 것은 사실이다. 따
라서 『삼국사기』의 백제에 대한 침공 기사는 의심하지 않아도 된다.
알아보아야 할 것은 광개토왕이 임금의 자리에 오르자마자 백제를
공격하는 태세로 나온 배경이다. 『삼국사기』 광개토왕 조의 기사에
따르면, 광개토왕은 아버지 고국양왕이 사망한 392년(고국양왕 9) 5
월에 즉위하고, 그해 7월부터 침공에 나서 백제의 10여 성을 빼앗았
고, 9월에 거란을 정벌하여 남녀 5백 명을 포로로 잡고 거란 땅에 억
류되어 살고 있는 1만여 명의 고구리 사람들이 따르도록 깨우쳐 따르
게 했으며, 10월에는 관미성을 함락시킨 걸로 되어 있다.

이렇듯 광개토왕이 임금의 자리에 오른 지 두 달 되는 시기부터 백

제와 거란을 공격하는 태세로 나온 힘의 배경은 무엇일까. 아버지 고국양왕은 임금이 된 이듬해부터 요동군과 현도군을 침공하여 남녀 1만여 명을 포로로 붙잡아 가지고 개선했으며, 386년(즉위 3)에 백제를 침공하는 등 공격적으로 나왔다. 이와 관련하여 『삼국사기』신라본기 내물왕 37년(392, 고국양왕 9) 임진 정월조의 기사에 따르면, 내물왕은 고구리가 매우 강성하여 이찬伊湌 대서지大西知의 아들 실성實聖을 고구리에 인질로 보냈다. 이때 고구리가 매우 강성했음을 똑바로 보아야 한다.

담덕이 공격적으로 나온 것은 고국양왕의 재위 시에 강화된 군사력이 배경인 듯하다. 이런 뒷받침이 없었다면 18세란 젊은 나이의 담덕은 백제를 향해 되풀이되는 군사작전을 하지 못했을 것이다. 다시말해, 고국양왕이 강력한 군사적 토대를 만들어놓은 관계로 광개토왕은 군사적으로 백제·신라·왜를 압도했던 것이다. 더 나아가 광개토왕의 업적이 적혀있는 능비도 만들어지지 못하고, 또한 영락永樂이라는 연호도 사용되지 못했을 것이다. 연호를 영락이라고 한 것은 '국강상광개토경평안호태왕國岡上廣開土境平安好太王'이란 시호에 나타나 있듯이 광개토왕이 영토의 경계를 넓게 개척하여 농경지를 크게 넓혀 놓아 고구리 사람들이 경제적으로 고통 없이 평안하고 즐거운 삶을 누리도록 마련해주었기 때문이다. 당시 고구리 사람들은 이런 담덕을 고구리 최초의 위대한 임금이라고 우러러 받들었다.

능비에 따르면, 영락 원년부터 4년까지 아무 기사가 없다가 5년부터 사건 기사가 나오는데, 비려碑麗[16]가 고구리 사람을 약탈하므로

----

16 시라무렌강 유역을 거점으로 한 거란의 한 갈래. 395년 광개토대왕이 직접 군사를

영락 5년(을미년)에 임금이 친히 군사를 이끌고 가서 토벌했다는 것
이다. 그런데『삼국사기』고구리 본기에 따르면, 을미년은 광개토왕
즉위 4년이다. 그러면 광개토왕의 즉위 시기는 언제일까.『삼국사기』
는 이를 392년이라고 하는데, 능비에는 391년으로 되어 있다.『삼국
사기』와 능비에서 1년의 차이가 난다. 왜일까.

조병순趙炳淳이 펴낸『삼국사기』권 30 연표(中)의 고구리 고국양왕
8년(신묘년)의 두주頭註에서 '廣開土大王陵碑銘 國岡上廣開土境平
安好太王二九登祚(十八歲) 永樂 元年'이라 했다.『삼국사기』에 의하
면, 고국양왕은 임금이 된 9년에 사망했는데, 비문에 따르면 고국양
왕이 즉위 8년(391, 신묘년, 영락 원년)에 사망하고 광개토대왕이 즉
위했다는 것이다.

능비 연구자들의 견해는 조병순의 주장과 다름이 없다.『삼국사
기』연표에 따르면, 신라의 내물왕은 즉위 37년(고국양왕 9, 392)에
고구리에 인질을 보냈다. 헌데 능비에 따르면, 인질을 보낸 것은 광개
토대왕 즉위 2년(392)에 해당하는 걸로 보게 한다.

내물왕이 고구리에 인질을 보낸 것은 고구리가 강성해서이다. 그
때가 고국양왕 9년 (392) 정월이므로, 실제 고구리가 강성해진 것은 고
국양왕 9년 이전으로 보아야 한다. 그런데『삼국사기』고국양왕 8년
(391) 조에는 기사 자체가 없다. 이는 기록에서 빠진 것이라고 본다.

고국양왕이 직접 군사를 이끌고 백제를 침공한 마지막 전투는 재
위 3년(386) 8월이었다. 그러다가 6년과 7년에는 백제가 고구리의 남

이끌고 정벌하여 3개의 부락과 6~700개의 영營을 무찌르고, 소·말·양 등 가축을
노획하였다.

변 변경을 침범하여 빼앗는 등 공격적이었다. 8년에는 아무 기사도 없지만, 9년(392) 신라는 고구리가 힘이 강하고 번성하다는 것을 알고 인질을 고구리에 보냈다. 능비의 신묘년(391)과 『삼국사기』 광개토왕 즉위 원년(392)의 기사는 분명 고구리가 강성해졌음을 보여주고 있다.

왕조시대 국가의 발전은 국왕이 두드러지게 뛰어나 앞장서서 이끌고 지도하는 영도력으로 이루어진다. 고구리의 강성도 마찬가지이다. 그러면 391년(신묘년) 고구리의 강성은 누가 이루어냈을까. 고구리는 고국양왕 6년(389)과 7년(390) 백제의 침공을 받기만 했다. 이때는 고구리의 강성 시기라고 할 수 없다. 『삼국사기』에는 이에 대한 설명이 없다. 고국양왕이 백제를 침공하기 어려운 불가항력적인 상황이 발생한 것이 아닐까. 고국양왕 8년(391) 조에는 사건 기사가 없지만 이때부터 고구리를 실질적으로 이끈 태자 담덕이 군사를 잘 부린다는 소문을 진사왕이 잘 알고 있어 항전하지 않아 결국 한강 이북의 여러 부락이 거의 고구리의 수중에 들어가도록 내버려두었다(8년, 392).

고국양왕이 즉위 2년(385)에 요동군과 현도군을 함락시키고 붙잡아온 1만 명의 포로를 담덕이 백제 침공에 동원하여 침공을 유리하게 이끌었다고 할 것이다.

담덕은 고국양왕 8년(391, 영락 원년)부터 알기 힘든 어떤 종류의 특별한 사정이나 사고를 당한 고국양왕을 대신하여 직접 국정을 챙기기 시작한 듯하다. 국정의 당면 과제는 백제의 집적거림을 막는 일이므로, 담덕은 직접 백제 침공에 나서 크게 승리하는 등 결국 고구리를 군사적으로 강성하게 만들었다. 지적했듯이 고국양왕 8년 조에 아무 기사가 없는 것은 고국양왕에게 닥친 특별한 사정을 겉으로 드러내지 않으려 했기 때문이 아닐까. 9년(392) 조의 유일한 기사는 사망하기 두 달 전인 3월에 명령을 내린 것이다. 다음 내려진 명령 내용이다.

下教 崇信佛法求福 命有司立國社修宗廟

풀이하면, 불법을 숭상하고 믿어 복을 구할 것이며 담당 벼슬아치는 나라의 사직단을 확고히 세우고 종묘를 손질하여 고쳐 갖추게 하라는 것이다. 명령의 내용을 관점에 따라 고국양왕이 사망하기 직전까지 국정을 다스렸다고 할 수도 있겠으나 명령이 사망하기 두 달 전에 갑자기 발표되었다는 점에서 명령을 유언이라고 할 수도 있다. 유언으로 보이는 명령이 재위 9년 3월 조에 실린 점으로 보아 고국양왕은 즉위 8년에 국정을 아들 담덕에게 맡겼다고 보아도 무리는 아닐 것이다.

담덕이 국정을 책임지고 맡아 고구리가 매우 강성해졌음은 『삼국사기』와 능비문의 신묘년(고국양왕 8, 391)의 기사를 통해 알 수 있다. 신묘년의 기사는 관점에 따라 해석이 여러 가지이다. 여기서는 정인보와 박시형의 해석을 끌어 쓰겠다.

왜가 신묘년에 침입해와 (고구리가) 바다를 건너 왜를 격파했다. (그런데) 백제가 (왜와 연결하여) 신라를 침략하여 관리와 백성으로 삼았다.

신묘년에 한반도를 침입한 왜를 고구리가 바다를 건너와 격파한 것은 사실이다. 이는 분명 고구리의 강성해진 모습을 보여준다. 백제는 4세기 후반 고구리와 승패를 가리고 있었다. 그러다 보니 백제는 고구리와의 관계가 나빠진 왜와 연합하고 이를 배경으로 신라를 압박했다. 이에 광개토대왕은 영락 6년(396) 직접 수군을 이끌고 백제를 토벌하여 수도를 함락시켜 아신왕으로부터 항복을 받아냈다.

신묘년에 왜군을 격파한 고구리 군을 이끌었던 인물은 용병술에 두드러지게 뛰어난 담덕이다. 언급했듯이 담덕은 특별한 사정이나 사고를 당한 고국양왕을 대신하여 백제와의 전쟁 등 국정을 완전히 휘어잡음으로써 고구리를 강국으로 끌어올리는 등 실질적인 통치자였으며, 고국양왕이 사망한 그 해(392)에 즉위하였으나 즉위 1년 전에 국정의 대리 통치자로서 해야 할 임무를 충실히 해내어 고국양왕 8년이 영락 원년이 되었다. 보통 연호는 신왕의 즉위 년부터 잡는다. 하지만 광개토왕의 경우 대리 통치했던 신묘년(391)부터 영락이라는 연호가 사용되기 시작했던 것이다.

진단학회震檀學會에서 펴낸 한국사 연표는 고국양왕 8년에 광개토대왕이 즉위한 것으로 만들었다. 고국양왕 8년을 영락 원년으로 잡은 것은 능비에 영락 5년이 을미년이라는 것을 근거로 한 것이다. 대체적으로 능비를 절대시하는 데다 영락 원년이 신묘년이다 보니 신묘년에 광개토대왕이 즉위한 걸로 의심하지 않고 받아들였던 것이다.

신묘년이 영락 원년인 것은 맞지만 광개토대왕이 즉위한 해는 아니다. 임금의 즉위 원년은 『삼국사기』의 연표대로 고국양왕 9년(392)이 맞다. 임금이 신묘년에 즉위했다면 바로잡을 수 없는 문제가 생긴다.『삼국사기』에는 임금이 즉위 22년, 즉 계축년(413)에 사망하고 같은 해에 장수왕이 즉위한 걸로 되어 있다. 광개토왕이 신묘년(391)년에 즉위했다면, 22년 되는 412년(임자년)에 사망한 걸로 되어야 한다. 그런데 진단학회 연표에는 광개토왕이 413년(계축년)에 사망하고 장수왕이 즉위한 걸로 되어 있다. 광개토왕의 즉위 연도는 비문을 따라 1년을 앞당겼으며, 사망 연도는『삼국사기』연표를 따라 1년을 뒤로 미루었다. 광개토왕의 사망과 장수왕의 즉위는 모두 계축으로 바로 잡아야 한다.

『삼국사기』광개토왕의 기사만 보더라도 임금이 영토를 크게 넓혔음을 알 수 있다.『삼국사기』에서 볼 수 없는 임금의 치적이 능비문에서 보인다. 즉 임금의 시호에서 치적이 구체적으로 나타나고 있다.

1) 장사를 국강상國岡上에 지내고, 국강상을 시호로 했다.
2) 임금이 나라와 백성을 평안하게 만들었다.
3) 백성들이 임금을 크게 사랑하고 좋아하였다.

선대 임금들의 시호는 거의 장사를 지낸 지명을 시호로 정했다. 광개토왕의 경우 땅 이름이 시호에 포함되었으나 남다른 것은 임금이 백성을 평안하게 만들어 백성들이 임금을 크게 사랑하고 좋아했다는 것도 시호에 들어 있다. 비문을 고구리 사람들이 직접 만들었으므로, 능비문에 적혀 있는 시호는 구체적이고 아무런 결점이 없다.

광개토대왕의 시호에 들어 있는 강岡·崗자를 시호로 정한 임금은 더 있다. 고국원왕故國原王은 일명 국강상왕國岡上王, 양원왕陽原王은 양강상호왕陽崗上好王, 평원왕平原王은 평강상호왕平崗上好王이라 했다. 강岡·崗, 원原은 산등성이, 언덕을 말한다. 왕릉을 이런 곳에 만들었다는 것이다. 땅 이름을 능의 이름으로 한 것은 고구리에서만 볼 수 있는 특이한 현상이다. 대체적으로 임금의 시호는 어느 시대나 치적을 중심으로 정해진다. 이는 지나식의 시호 방식이다. 고구리는 이와 달리 고유한 시호 법을 정해 놓고 이를 지켜왔다. 하지만 광개토왕의 경우 여느 임금들과 달리 장사가 치러진 땅 이름과 치적이 함께 반영되어 정해진 시호가 '국강상광개토경평안호태왕'이다.

『삼국사기』는 담덕의 치적을 구체적으로 말하지 않고, 다만 영토의 경계선을 넓혔다는 점만을 내세워 시호를 광개토왕이라고 넉 자로 간결하게 표현하고 있다. 담덕의 치적을 빈틈없이 살피려면, 담덕의 치적이 간결하게 기록된 『삼국사기』와 자세하게 기록된 능비문을 함께 주의 깊게 분석하여 따져야 할 것이다.

오래 살아 오래 나라를 다스린
장수왕長壽王

┌─ 제20대왕 ├─

재위 기간 원년(413)~79년(491)
성   고씨
이름   거련巨連
아버지   광개토왕

광개토왕의 맏아들인 거련(장수왕)은 몸차림과 몸가짐이 남보다 훨씬 훌륭하며 의지와 절개가 꿋꿋하고 성격과 인품이 뛰어났다. 즉위 2년(414) 임금은 사천蛇川의 언덕으로 사냥을 나가 흰 노루를 잡았다. 흰색 노루를 잡은 것을 기록으로 남긴 것은 흰색 숭상이 변함없이 유지되어 왔음을 말한다. 15년(427) 수도를 평양平壤으로 옮겼다.

79년간 재위한 장수왕 시기는 지나의 위진남북조시대魏晉南北朝時代이다. 이 시기 고구리의 대외정책은 주로 지나에 맞춰져 남조, 북조와 조공 관계를 맺었다. 고구리가 조공을 했던 나라는 동진東晉, 북위北魏, 송宋, 제齊인데, 조공을 가장 많이 했던 나라는 북위로 42차례나 된다. 한 해에 두 차례, 어떤 때는 세 차례나 조공하기도 했다.

당시 조공은 고구리 대외정책의 기본이다. 조공을 함으로써 고구리는 북위와 외교적, 군사적 충돌을 피해갈 수 있었다. 한편 백제와 신라에 대해서는 어떤 정책을 펼쳤을까. 12년(424) 신라가 사신을 통해 예물을 바치자 임금은 사신을 후하게 대접하였다. 헌데 28년(440) 신라 사람이 고구리 변경 지방의 장수를 습격하여 죽이는 사건이 있었다. 임금이 군사를 일으켜 신라를 무력으로 치자 신라의 눌지왕訥祗王이 용서를 빌었다. 56년(468) 임금은 말갈 군사 1만으로 신라의 실직주성悉直州城을 빼앗았다.

임금은 백제에 대해서도 군사적 압박을 가해 63년(475) 군사 3만으로 한성漢城을 함락시켜 개로왕蓋鹵王을 죽이고 남녀 8천을 사로잡았다. 임금은 지나와의 관계를 원만하게 이끌어 나감으로써 백제와 신라 침공을 뜻대로 밀고 나아갔다. 위나라에 대한 잦은 조공을 근거로 하면, 임금은 조공왕朝貢王이라고 할 수 있다. 조공이 고구리의 입장에서는 대외정책의 기본적인 방향이지만 조공을 했다는 것이 시호에 반영되지 않았다. 또한 수도를 평양으로 옮긴 것은 가벼운 사건이 아니다. 그러면 수도 이전도 시호를 정하는데 반영될 만하다. 하지만 당시 임금이 오래 사는 것이 흔한 일이 아니므로, 임금이 오래 살아 나라를 오래 다스렸다는 사실을 중요하게 여겨 시호가 장수왕으로 정해졌다. 광개토왕에 이어 종전에 볼 수 없었던 새로운 시호 방법이 등장하였다.

북위가 바치라는 황금과 흰 옥돌을
바칠 수 없는 이유를 북위에 조리있게 밝힌
문자명왕 文咨明王

┤ 제21대왕 ├

재위 기간   원년(492)~28년(519)
성   고씨
이름   나운羅雲
할아버지   장수왕
아버지   고추대가古鄒大加 조다助多

장수왕은 아들 조다助多가 일찍 사망하자, 궁중에서 손자 나운을
보살펴 키웠다. 장수왕이 재위 79년에 사망하자, 나운이 임금의 자리
에 올랐다.

임금은 재위 28년 동안에 장수왕의 대외정책을 그대로 본받아 북
위北魏에 대한 조공을 29차례나 하였다. 조공은 한 해에 한 차례로 그
치지 않고 세 차례에 이르기도 했다(원년 27년). 한편 남조인 양梁나
라에 대한 조공은 네 차례(11, 17, 21, 25년), 제齊나라에 대한 조공은
한 차례로 그쳤다(5년).

북위에 대한 조공 문제에서 특별한 것은 북위가 고구리에 조공할

물품의 이름을 구체적으로 내밀어 보인 것이다. 13년(504) 북위의 세종 선무제宣武帝는 고구리의 사신 예실불芮悉弗을 부른 자리에서 황금과 가옥珈玉(흰 옥돌)을 바치라고 하였다. 이에 대해 예실불은 고구리는 정성을 다해 끊임없이 바쳤다 하고, 황금과 흰 옥돌은 고구리에서 생산되는 것이 아니라고 밝혔다. 세종은 조공을 어긴 책임이 고구리왕에게 있다 하면서 위 물품을 반드시 바치라는 것이다.

북위가 특정한 품목의 예물을 지시해서인지 고구리는 거의 해마다 어김없이 조공하였다. 그러면 임금은 남쪽의 신라와 백제에 대해 어떤 태도를 취했을까. 군사적 충돌은 빈번하지 않아 어수선함이 그치고 조용한 상태가 유지되었다. 하지만 백제와 신라는 연합 관계를 이루었다.

28년(519) 임금이 사망하자, 시호가 문자명왕文咨明王으로 정해졌다. 시호에는 어떤 의미가 있을까. 문文자에는 '조리', 자咨에는 '꾀하다'·'상의하다', 명明자에는 '밝히다'·'밝게'·'확실하게'의 의미가 있다. 임금은 이들 물품을 바칠 수 없는 이유를 북위와 상의하고 조리 있게 밝혔다는 데서 문자명왕文咨明王이라는 시호가 정해졌던 것이다.

곳간의 곡식을 풀어주어 굶주린 백성이 편안히 지내게 하고 북위와의 서먹서먹한 관계를 의식하여 좋은 말을 뇌물로 보낸 안장왕 安臧王

┤ 제22대왕 ├

재위 기간   원년(519)~13년(531)
성   고씨
이름   흥안興安
아버지   문자명왕

문자명왕의 큰아들인 흥안興安은 재위 13년 동안에 문자명왕이 북조에 치중한 대외 정책과 달리 남조인 양梁나라에 네 차례 조공을 했다(원년 정월, 9월, 8년, 9년). 반면에 북위에 대한 조공은 한 차례로 그쳤다(5년). 문자명왕 때 북위에 대한 빈번한 조공으로 고구리는 북위와의 관계를 편안하게 이끌었기 때문에 안장왕은 소홀했던 남조인 양나라와의 분위기를 만드는데 중점을 두었다. 그러면서도 5년(532) 북위에 좋은 말 10필을 뇌물로 바쳤다.

남쪽의 백제와 신라에 대해서는 어떤 태도를 나타냈을까. 5년

(523) 백제를 한 차례 침범하고, 11년(529)에는 임금이 백제와 오곡五
谷에서 싸워 2천여 급을 베었다. 그러면 임금의 재위 기간에 국내 문
제는 어떠했을까. 3년(521) 시조의 사당에 제사를 지내고 졸본에서
귀환했는데 통과하는 주읍州邑의 가난한 사람들에게 곡식을 한 사람
당 1곡斛(한 말)씩 주었다. 5년(523)에는 굶주린 백성들을 구제하기
위해 창고를 열었다. 그러니 방출된 곡식은 상당히 많았을 것이다.

13년(531) 임금이 사망하자, 시호를 안장왕安臧王이라 했다. 시호
에 어떤 의미가 있을까. 안安자에는 '편안하게 하다' · '편안하게 지
내다' · '즐거움에 빠지다', 장臧자에는 '곳간' · '뇌물'의 의미가 있
다. 임금이 곳간을 열어 굶주린 백성을 구제했으므로 백성들은 즐거
워하며 편안하게 지냈을 것이다. 고구리가 지나의 왕조에 물건을 갖
다주는 것을 조공이라 하였다. 무슨 물건을 주었는지 물품의 목록은
밝혀져 있지 않다. 그런데 북위에 좋은 말 10필을 선물로 주었다고
하여 품목이 밝혀져 있다. 이는 뇌물의 성격이 강하다. 양나라에 대
한 조공에 중점을 두어 빚어질 북위와의 서먹서먹한 관계를 의식하
여 좋은 말을 뇌물로 보낸 것 같다.

굶주린 백성을 편안하게 하고 거듭 지나의
남조와 북조에 조공하여 나라를 편안하게 한
안원왕 安原王

제23대왕	
재위 기간	원년(531)~15년(545)
성	고씨
이름	보연寶延
아버지	문자명왕
형	안장왕

안장왕의 아우인 보연은 안원왕으로 재위 15년 동안에 외교적으로 지나의 남조보다 북조에 관심을 더 기울여 북위에 대한 조공은 세 차례(2, 3, 4년)이지만, 북위의 동서 분열로 생긴 동위東魏에 대한 조공은 여섯 차례 (4, 7, 10, 12, 13, 14년)이며, 남조의 양梁나라에 대한 조공은 네 차례였다(2년 4월, 11월, 5년, 11년).

임금은 국내 문제로 굶주린 백성을 구제하기 위해 각처로 돌아다니면서 백성들의 마음을 위로하고 물질을 제공하였다(6, 7년). 그런 임금이 사망하자, 시호를 안원왕이라 했다. 시호에는 어떤 의미가 있을까. 안安자에는 '편안하게 하다'·'편안하게 지내다'의 의미, 원原

자에는 '거듭'·'거듭하다'의 의미가 있다. 임금은 굶주린 백성들을 위로하고 구제하는 등 백성들이 편안하게 지내게 하였으며 거듭 지나의 남조와 북조에 조공하여 나라를 편안하게 한 것이 반영되어 시호가 안원왕安原王으로 정해졌다.

거짓으로 거듭 지나의 북조에 조공함으로써 화친하여 나라를 편안하게 한
양원왕 陽原王

┤ 제24대왕 ├

재위 기간   원년(545)~15년(559)
성   고씨
이름   평성平成
아버지   안원왕

안원왕의 맏아들인 평성은 나서면서부터 총명하고 지혜로우며 자라서 어른이 되자 선대왕처럼 지나의 북조에 대한 조공 관계를 유지하였다. 동위東魏에 대한 조공은 다섯 차례(1, 2, 3, 4, 5년), 서위西魏의 분열에 따른 북제北齊에 대한 조공은 두 차례(6, 7년)였다. 신라와 백제에 대한 임금의 태도는 어떠했을까. 4년(548) 임금은 군사 6천을 거느리고 백제의 독산성獨山城을 쳤으나 신라의 구원으로 이기지 못했다. 6년(550) 정월에는 백제가 도살성道薩城을 함락시켰으며, 3월에 고구리가 백제의 금현성錦峴城을 침공했으나 신라가 이 틈을 타서 두 성을 빼앗아가고, 7년(551) 신라가 침범하여 성城 열 개를 빼앗아

갔다. 10년(554) 고구리가 백제의 웅천성熊川城을 침공했으나 이기지 못했다.

임금의 재위 시에 고구리는 신라와 백제에게 성이 빼앗기는 등 세력을 떨치지 못했다. 15년(559) 임금이 사망하자, 시호를 양원왕陽原王이라 했다. 시호에는 어떤 의미가 있을까. 양陽자에는 '거짓으로'의 의미가 있고, 원原자에는 '거듭'이라는 의미가 있다. 임금(양원왕)은 총명하여 거짓으로 거듭 지나의 북조에 조공을 함으로써 화친하여 나라를 편안하게 한 것이 반영되어 시호가 양원왕陽原王으로 정해졌다.

겁이 없고 용감하여 거듭 지나의 남조와 북조에 조공하여 나라를 편안하게 한 평원왕平原王

┤제25대왕├

재위 기간	원년(559)~32년(590)
성	고씨
이름	양성陽成
아버지	양원왕

양원왕의 맏아들인 양성은 용감하여 겁이 없고 말 타기와 활쏘기를 잘했다. 재위 기간에 임금이 온 힘을 기울인 것은 국내문제보다 거의 지나와의 대외관계이다. 국내문제로서 유일한 것은, 2년(560)에 시조의 사당에서 제사를 지내고 돌아오는 중에 주군州郡의 감옥에 갇혀 있는 죄수 중에 참수형과 교수형을 제외하고는 모두 풀어주고 13년(571) 패하浿河의 언덕에서 50일 동안 사냥을 하고 메뚜기 떼로 인한 재해와 가뭄으로 궁전 수리 공사를 그만두었다는 것이 전부이다.

선대왕이 했듯이 조공을 자주 함으로써 지나와의 관계를 유지하려 했다. 지나가 남북조시대이므로 임금은 북조와 남조에 모두 조공을 했다. 남조에 대한 조공을 보면 진陳나라에 대한 조공을 자주 하여 횟수가 일곱 차례(3, 8, 12, 13, 16, 27년)나 된다. 북조에 대해서는 조공을 비중 있게 여기지 않아 북제北齊에 대한 조공은 두 차례(6, 7년), 북주北周에 대한 조공은 한 차례(19년)로 그쳤다. 그러다가 수나라가 남북조를 통일하게 되자, 조공 횟수가 일곱 차례(23, 24, 25, 26년)로 늘어났다. 특히 임금은 24년(582)에 두 차례, 25년(583)에는 세 차례나 했다.

임금은 남조의 마지막 왕조인 진陳나라가 멸망했다는 소식을 듣고 크게 두려워하여 군비를 강화하고 군량을 쌓는 등 대비책을 튼튼히 세웠다. 수나라의 고조는 고구리의 국방 강화책에 대해 칙서를 보내 고구리가 제후의 나라라고 하지만 정성과 예절이 아직 충분하지 않아 못마땅하게 여긴다고 하면서 임금은 지난 허물을 뉘우쳐 깨닫고 새로운 길로 들어서라고 했다.

임금은 이러한 글을 받고 위축되어 외교문서를 보내 까닭을 설명하고 사과의 말을 하려 했으나 결말을 짓지 못했다. 그해 임금이 사망하자, 시호를 평원왕平原王이라 했다. 시호에는 어떤 의미가 있을까. 평平자에는 '편안하다'·'화친하다'의 의미가 있고 원原자에는 '거듭'이란 의미가 있다. 임금은 겁이 없고 용감하여 거듭 지나의 남조와 북조에 조공함으로써 화친관계를 이루어 나라를 편안하게 한 것이 반영되어 시호가 평원왕으로 정해졌다.

을지문덕이 거짓으로 수나라에 항복하여 수나라 양제가 걸려들게 한
영양왕 嬰陽王

제26대왕	
재위 기간	원년(590)~29년(618)
성	고씨
이름	대원大元
아버지	평원왕

평원왕의 맏아들인 대원은 겉모습이 의젓하며 인품이 높고 재주와 슬기가 뛰어나게 똑똑하였다. 세상을 구하고 백성을 편안하게 하는 것을 자신의 임무로 여겼다. 임금은 과연 뜻한 대로 국정을 이끌었을까. 이를 살피려면 고구리와 지나의 통일 왕조인 수나라의 관계를 들여다봐야 할 것 같다.

임금의 재위 시에 국내문제로 주목할 것은 11년(600) 태학박사太學博士 이문진李文眞이 고구리 초기의 역사서인 『유기留記』100권을 『신집新集』 다섯 권으로 간추린 것이다. 헌데 『유기』에 담겨져 있는 내용은 밝혀져 있지 않다. 고구리의 건국 시기를 기원전 37년으로 잡는다면, 이 역사책은 주몽의 고구리가 나오기 이전에 소노부消奴部의 귀족 집단에 의해 세워진 고구리의 역사를 엮은 것이라고 보아야 할 것이다. 『후한서』와 『삼국지』에 소노부가 왕권을 잡고 내려오다가 계루부가 이를 대신하여 임금 노릇을 했다는 기사가 있다.

그러면 고구리는 주몽에 의해 처음 세워진 것이 아니라 기원전 37년 이전부터 소노부 집단에 의해 존재하였고, 기원전 37년에 정권 교체가 이루어졌다고 보는 것이 옳을 것이다. 전왕조의 역사를 다음 왕조에서 엮는 것이 역사 편찬의 기본 정신이므로, 주몽의 고구리가 국초에 소노부 중심의 고구리 역사를 엮는 것은 더할 수 없이 당연하다.

따라서 『삼국사기』 신라본기 문무왕 10년(670)조에서 고구리가 800년 동안 유지되었다는 말이나 당나라의 가언충賈言忠이 『고리비기高麗祕記』를 들어 고구리가 나라를 세운지 900년이나 되었다고 한 말은 근거가 없다고 잘라 말하기 힘들 것이다.

결국 고구리의 건국은 두 시기로 나눠보아야 한다. 즉 이전의 고구리는 기원전 소노부 귀족 집단에 의해 세워졌으며, 이후의 고구리는 계루부桂婁部 출신의 주몽이 소노부의 왕권을 차지하여 왕권이 바뀐 고씨의 신왕조인 것이다.

그런데도 『삼국사기』 고구리 본기에 고구리의 건국 연대가 기원전 37년으로 나와 있는 것은 김부식이 주몽의 신고구리新高句麗 등장 사실에만 초점을 맞춘 데서 비롯되었다고 보면 될 것이다.

이러한 입장에 보면, 김부식조차도 주몽의 정권을 뜻하는 고구리가 등장하기 이전에 소노부 귀족이 정권을 쥐고 내려온 유구한 역사와 전통을 가진 고구리가 본래 있었다는 사실을 모르고 있었던 것이 아닌가 한다.

그러면 임금의 큰 치적이라면 『신집新集』을 편찬한 것을 들 수 있다. 과연 이것이 시호에 반영되었을까. 영양왕이란 시호의 의미를 알아보자. 영嬰자에는 '걸리다'·'걸려들다'의 의미가 있고, 양陽자에는 '거짓으로'·'거짓으로 꾸미다'의 의미가 있다. 이런 의미에 해당하는 것은 수나라 양제의 고구리 침공 시에 크게 활약한 을지문덕과 관련된 사건에서 보인다.

수나라는 지나의 남북조시대를 통일했다지만 지나 땅에는 고구리인들이 다수 거주하고 있었다. 이들을 몰아내기 위하여 일으킨 전쟁이 고구리 침공이다. 591년 수나라 문제는 임금이 부왕父王의 요동군공遼東郡公이라는 작위를 이어받게 하고 옷 한 벌을 보내왔다. 이듬해 임금은 사신을 수나라에 보내 사례하고 임금으로 봉해주기를 청하였다. 문제가 고구리 임금으로 책봉하고 수레와 옷 등을 보내오자 임금은 문제에게 사례했다.

그런데 9년(598) 임금은 군사 1만 명을 이끌고 요서지방을 침공하였다. 문제는 수군과 육군 30만 명을 동원하여 고구리를 치게 하였다. 임금은 두려워하여 사신을 보내 사죄하고 자신을 '요동의 썩은 흙의 신하 아무개'라고 하였다. 문제는 이에 군사를 철수하고 고구리를 전처럼 대하였다.

18년(607) 수나라 양제가 돌궐의 계민가간啓民可汗의 장막에 들렀는데 여기에 고구리의 사신이 와 있었다. 이로 인해 고구리가 신하 노릇을 하지 않고 있다 하여 신하들이 양제에게 침공을 부추겼다. 이에 따라 22년(611) 양제의 명령으로 고구리 침공이 시작되었다. 침공의 명분은 다음과 같다.

① 임금이 수나라 조정에 들어가 양제를 뵙는 예절을 지키지 않은 일.
② 임금이 수나라의 배반자들을 무수히 받아들인 일.
③ 말갈의 행동을 본받아 요서지방을 침략한 일.
④ 신라와 백제가 바치는 보물을 빼앗고 두 나라의 사신의 왕래를 막은 일.
⑤ 고구리의 노인과 어린아이들도 탄압이 혹독하다고 탄식하고 있다는 일.

이를 명분으로 23년(612) 2월 시작된 수나라군의 침공으로 고구리 군의 전사자가 1만 명이나 되었다. 6월 수나라군이 평양성에서 60리 떨어진 곳까지 이르자 임금은 을지문덕을 수나라군 진영으로 보내 거짓으로 항복을 청하였다. 실은 수나라군의 방비 상태를 엿보려는 것이다. 수나라군 지휘부의 의견이 일치하지 않아 을지문덕은 무사히 돌아왔다. 문덕은 수나라군에 굶주린 기색이 있음을 알아차려 수나라군을 피로케 하려고 싸울 때마다 달아나는 전법을 썼다. 수나라군은 살수를 건너 평양성에서 30리 떨어진 곳에 진을 쳤다. 문덕은 사자를 보내 거짓으로 항복을 청하였는데 수나라군이 돌아가면 임금을 모시고 행재소로 가서 양제를 뵙겠다고 했다. 수나라군은 거짓인 줄 모르고 돌아가다가 고구리군의 습격을 받아 크게 참패하였다.

24년(613) 정월, 양제는 조서를 통해 군사를 대대적으로 징발하고 군량을 저장케 했다. 4월 요하를 건넌 양제는, 우문술宇文述이 평양을 향하게 하고 각종 무기를 동원하여 요동성을 공격했으나 함락되지 않아 급박해졌다. 이때 예부상서 양현감楊玄感이 반역했다는 보고가 들어오자 양제는 크게 두려워했다. 마침 병부시랑 곡사정斛斯政이 양현감과 친해 고구리로 도망해 왔다. 양제의 명령으로 돌아가는 수나라군을 고구리군이 공격하여 수천 명을 죽였다.

25년(614) 양제는 조시를 내려 고구리를 치려 했다. 이에 대해 누구도 말하지 않았다. 또 조서를 통해 군사를 징발하려 했으나 군사들은 명령을 어겨 오지 않았다. 이때 고구리도 지쳐 있었다. 수나라의 내호아來護兒가 평양으로 향하려 하자, 임금은 두려워서 사신을 보내 항복을 청하고 곡사정을 돌려보냈다. 군사를 돌린 양제는 임금이 수나라에 들어오라고 했으나 임금이 따르지 않자 다시 침공을 꾀했으나 실행되지 않았다. 이때 청한 항복 역시 거짓이었다.

29년(618) 임금이 세상을 떠나자, 시호를 영양왕嬰陽王이라고 했다.

시호는 어떤 의미가 있을까. 영嬰자에는 '걸려들다'의 의미가 있고, 양陽자에는 '거짓으로'의 의미가 있다.

을지문덕이 세 차례나 수나라 양제에게 거짓으로 항복하여 양제는 침공을 멈췄다. 결국 양제는 을지문덕의 치밀한 전략에 걸려들고 말았다. 이 전략은 임금과 을지문덕을 중심으로 한 지휘부가 짜낸 것이다. 이를 반영하여 시호가 영양왕으로 정해지게 되었다.

건무建武의 재위로 고구리에
영광스러운 기운을 오래 머물게 한
영류왕榮留王

┤ 제27대왕 ├

재위 기간 원년(618)~25년(642)
성   고씨
이름   건무建武 · 성成
아버지   평원왕
형   영양왕

영양왕의 이복동생인 건무는 지나에서 당나라가 세워진 618년에 임금의 자리에 올랐다. 고구리를 끊임없이 침입해온 수나라가 사라지고 중원에 새 왕조(당나라)가 세워진 것을 고구리는 환영한다는 뜻에서 이듬해 사신을 파견했다. 양현감楊玄感의 수나라에 대한 반란시에 한 구성원이었던 형부시랑 곡사정斛斯政의 고구리 망명으로 고구리는 당나라의 건국 이유를 알고 있었기 때문에 사신을 먼저 보낸 듯하다.

당나라를 세운 고조는 수나라의 고구리 침공이 이치에 맞지 않다고 결론지었다. 그렇다고 해서 고구리가 계속 중원 정권에 대해 자주국으로 머무는 것을 슬며시 인정한다는 것은 아니었다. 일단 당나라는 건국 초의 국내문제를 안정시키고, 특히 수나라가 벌인 고구리 침략 전쟁을 수습할 필요가 있었다. 그리고 난 후 고구리의 자주성에 대해 강력히 제동을 걸 생각이었을 것이다.

아무튼 우선 당나라가 해결해야 할 것 중의 하나는 고구리에 억지로 머무르고 있는 수나라 포로를 데려오는 일이다. 6년(623) 당고조는 당나라에 들어온 고구리 사신에게 포로의 송환문제를 처음 꺼냈다. 그리고 먼저 지나 땅에 억지로 머무르고 있는 고구리 사람들을 찾아내어 고구리로 돌려보냈다. 고구리는 이에 보조를 맞춰 국내에 머물러 살고 있는 수나라의 포로 1만여 명을 당나라로 돌려보냈다.

포로를 서로 주고받은 것은 두 나라 간에 화해 분위기가 만들어졌음을 보여준다. 이러한 분위기에 따라 7년(624) 봄, 당나라 고조는 사신을 고구리에 보내 영류왕에게 상주국요동군공上柱國遼東郡公 고구리왕高句麗王이란 벼슬과 작위를 주었으며, 당나라의 도사道士들이 도교의 최고신인 천존상天尊像과 도교의 법을 고구리에 들여오고 노자老子를 강론케 함으로써 처음 도교를 고구리에 전해주었다.

한편 고구리는 당나라와의 화해 분위기를 만드는데 노력을 기울이면서도 남쪽의 신라와 백제가 발전하는 것을 막고자 두 나라의 사신이 당나라에 들어가는 것을 중간에서 가로막았다. 9년(626) 고조는 두 나라 사신을 통해 이 같은 사건이 있었음을 직접 확인했다.

고구리의 이러한 행동이 당나라의 이익에 손해가 된다고 판단한 고조는, 사신 주자사朱子奢를 고구리에 보내 신라와 백제가 당나라와 통하는 것을 방해하지 않게 하라고 단단히 부탁하였다. 당나라가 군사행동에 나서지 않고 타이른 정도로 그친 것은 군사행동에 나설 만한 준비가 되어있지 않았기 때문이며, 고구리도 모처럼의 화해 분위기를 해칠 생각이 없었으므로 순순히 당나라의 의견을 받아들였다.

10년(627) 즉위한 태종은 딱 잘라 단정을 내리지 못하는 고조와는 달리 끊임없는 군사행동을 통해 변방의 안정에 힘을 쏟았다. 이듬해 태종이 돌궐의 힐리칸(頡利可汗)을 사로잡은 소식을 전해들은 영류왕은 같은 해 겨울 사신을 보내 축하하고 아울러 봉역도封域圖를 전달했다.

봉역도는 고구리의 통치권이 미치고 있는 영역의 지도를 말하는 것으로, 두 나라의 경계를 분명히 해두려는 의미에서 전달한 것으로 보인다. 이러한 자주적 태도는 14년(631)에 일어난 사건으로도 명확하다. 즉 고구리는 수나라를 상대로 한 전쟁에서 승리한 기념으로 전사한 수나라 군을 파묻고 그 위에 흙을 덮어 만든 거대한 무덤, 즉 경관京觀을 만들었다. 당태종이 파견한 사신 장손사長孫師는 경관이 지나인의 민족적 자존심을 건드리고 더럽히는 거북한 조성물이라고 판단하여 고구리에 허물 것을 강요하였다. 경관의 조성을 통해 지나에 대한 자주성, 나아가 적개심을 북돋우려 했던 고구리로서는 당연히 당나라의 이러한 요구를 받아들이지 않았다. 고구리가 경계심을 더욱 높여 천리장성을 쌓기로 나선 것도 이 때문일 것이다. 결국 당나라는 고구리와의 정면 대결을 통해 이 경관을 허물었다.

봉역도의 글자를 그대로 풀이하여 고구리의 당나라에 대한 충성의 표시라고 보는 주장도 있는데, 만약 그렇다면 마땅히 고구리는 당나라의 요구대로 경관을 허물어뜨려야 했을 것이며, 영류왕이 노동력을 동원하여 당나라 침공을 막기 위해 천여 리의 장성을 쌓지도 말았어야 할 것이다. 따라서 고구리가 봉역도를 전달한 것은 두 나라의 경계를 분명히 하여 군사적 충돌을 미리 방지하려는 것이었다고 보는 것이 사리에 맞는 듯하다.

봉역도에 관한 구체적인 기록이 없다 보니 해석을 제멋대로 하기도 한다. 지나인의 견해를 잘 나타내고 있는 『고구리간사高句麗簡史』(124쪽)는 이를 당나라에 대한 충성의 표시로 보고 있다. 북한의 견해도 표현만 다르지 내용은 거의 비슷하여 『고구려 역사』(247~248쪽)에는 "영양왕은 봉역도를 당나라 태종에게 보내 매국 행위를 했으니, 봉역도를 적에게 넘겨주는 것은 군사기밀을 넘겨주는 것을 의미하므로, 그것은 죄가 되는 매국적 행위이므로 죄를 처단해야 한다."고 되어 있다. 영류왕은 당나라와의 긴장이 느슨해지는 것을 데면데면할 수 없다는 판단에 따라 23년(640) 아들 환권桓權 등을 당나라에 보낸 김에 당나라의 국학國學에 고구리의 유학생이 들어가 공부하도록 허가해 달라고 청했다. 이는 고구리의 당나라에 대한 화친과 전쟁 두 가지 정책이라고 할 수 있는데, 두 나라 간에 긴장된 느낌이 감돌았던 것을 미루어 보면 당나라가 이를 눈치채지 못했을 리 없다.

24년(641) 태종은 환권이 당나라에 들어온 것에 대한 답례 형식으로 사신 진대덕陳大德을 들여보냈다. 고구리에 들어온 이후 그의 활동은 고구리의 중요한 비밀을 직접 몰래 살펴 알아내는 것이 주된 임무였다. 그는 고구리에 들어온 이래 발길이 닿는 곳마다 비단 등의 뇌물로 고구리의 현지 관리를 돈이나 물건으로 자기편으로 만들어 고구리에서 진행되고 있는 전쟁 준비 상황을 일일이 알아내는 정탐꾼으로 임무를 빈틈없이 마치고 돌아갔다.

그런데도 영류왕 이하 그를 안내한 관리들조차 아무도 눈치를 채지 못할 만큼 고구리의 드러나지 않은 사정을 몰래 살펴 알아내는 행위는 꼼꼼하였다. 그가 구석구석 다 살필 수 있었던 것은 안내를 맡은 관리들이 성심껏 도와주었기 때문이다. 그러므로 심지어 전쟁터에 끌려나왔다가 붙잡혀 억지로 머물고 있는 수나라군 포로까지 만나보는 자리에서 지나 내 친척들의 소식까지 전해줄 정도로 활동은 꼼꼼하고도 느긋하였다.

진대덕의 보고는 앞으로 고구리를 침공할 방법을 구상하는데 절대적인 도움이 되어 태종을 기쁘게 했다. 고구리는 진대덕의 주된 임무가 고구리의 전쟁 준비 상황과 지리적 빈틈 등을 살피는 데 있었음을 전혀 알지 못했으나 당나라에 대한 경계만큼은 늦추지 않아 진행 중에 있던 장성 공사를 빠른 시일 안에 마무리짓기 위해 감독권을 연개소문에게 맡겼다.

이로부터 아홉 달이 지난 25년(642) 겨울, 연개소문은 영류왕을 시해했다. 다음 달 이 소식을 접한 태종은 슬픔을 표하고 사신을 고구리에 보내 제사를 지내도록 했다.

연개소문은 왜 영류왕을 시해했을까. 두 사람의 국가 경영에 대한 견해가 다르다는 것을 원인으로 꼽아야 할 것이다. 영류왕이 당나라에 대처한 것을 보면 평화를 추구한 걸로 보게 된다. 그러면 연개소문은 평화보다 전쟁을 통해 나라를 지키려고 한 것이 아닐까 여겨진다. 하지만 연개소문은 당나라를 용서하고 사이좋게 지내자는 몸짓을 한 일이 있다. 당나라를 세운 고조 이연李淵의 조상이 노자老子라는 점을 중시하여 도교를 끌어들이자고 힘주어 말한 인물이 연개소문이다. 연개소문이 의견을 내놓아 도교가 실제 고구리에 들어와 불교를 꼼짝 못하게 하여 불교의 사원이 도교의 도관道觀으로 바뀔 정도였다. 그러니 불교와 도교 간에 종교전쟁이 벌어졌을 것으로 추론이 가능하다.

연개소문이 임금을 비롯하여 180여 명을 아주 모질게 살해했다는 단순한 논리만으로 보면, 누구나 그를 굳세게 버티어 굽히지 않는 인물로 보게 된다. 사실상 연개소문을 그런 인물로 보게 한 것은 당나라 태종이다. 고구리에서 임금이 시해당한 것은 전에도 있었던 일이다. 하지만 지나의 왕조는 이를 비난하거나 헐뜯은 바가 없다. 연개소문 역시 전반기에는 평화를 추구했다. 그런데도 당 태종은 임금을 시해했다는 점을 내세워 당 태종은 연개소문에게 비난을 퍼부었다. 이로 인해 연개소문은 대당 온건노선에서 벗어나 강경노선으로 마음을 굳혔다. 연개소문이 임금을 시해한 것은 임금이 먼저 연개소문을 죽이려고 해서 일어난 자기 방패막이에 불과하다. 임금은 왜 연개소문을 죽이려고 했을까. 영류왕은 연개소문의 당나라에 대한 온건노선이 나라를 구하는 것이 아니라고 판단해서이다. 연개소문의 온건노선 전모를 살피지 않고 무조건 임금을 시해했다는 관점에서 그는 강경파로 몰리고 있다. 연개소문의 영류왕 시해 사건은 논쟁거리이므로 전후 사정을 빈틈없이 살펴야 할 것이다.

영류왕의 시호에는 어떤 의미가 담겨져 있을까. 영榮자에는 '영광스럽다'·'기운이 나타하다'의 의미가 있고, 류留자에는 '머무르다'·'오래다'의 의미가 있다. 임금의 재위로 영광스러운 평화 기운이 고구리에 오래 머물렀다. 이렇게 된 데에는 고구리와 수나라의 포로 교환을 비롯하여 도교의 도입, 당나라에 봉역도 전달, 고구리 자제들의 당나라 국학 입학 등을 들 수 있다. 이런 것이 치적으로 평가되어 시호가 영류 왕榮留王으로 정해졌다.

김부식에 의해 시호가 정해진
보장왕寶藏王

┤ 제28대왕 ├

재위 기간   원년(642)~27년(668)
성   고씨
이름   보장寶藏
아버지   영류왕의 아우인 대양왕大陽王

영류왕의 동생인 대양왕大陽王의 아들 보장은 영류왕의 시해로 연개소문에 의해 임금의 자리에 올랐다. 쿠데타의 주역 연개소문은 임금 자리에 오르지 않고 대신 보장을 임금으로 받들어 모시고 막리지에 취임하여 고구리의 모든 권력을 휘어잡았다. 그의 집권으로 고구리의 기존 대내외적 정책 방향이 바뀐 것을 주목해야 할 것이다.

지금까지는 유교와 불교가 고구리 사람들의 풍습·사상·윤리 등 정신계를 이끌어왔는데, 연개소문은 도교의 중요성을 힘주어 말하며 도교로써 사람들을 가르칠 것을 보장왕에게 정식 건의했다. 이미 당나라는 고구리와의 화해 분위기가 무르익은 영류왕 7년(624) 도사를 보내와 고구리에서 처음 노자에 대한 해설과 토론이 열린 바 있다.

그러므로 연개소문이 도사의 파견 문제를 건의한 것은 도교의 도입을 촉진하기 위한 후속 조치이며, 두 나라의 화해 분위기를 말해주는 상징적 요소라고 할 수 있다.

실제 행사할 수 있는 권력이 없는 보장왕은 연개소문의 판단에 따라 도사의 파견을 당나라에 청하여 보장왕 2년(643) 3월에 당태종의 지시에 따라 도사 숙달叔達 등 8명이 들어와 노자의 『도덕경道德經』을 전해주었다.

연개소문이 이렇듯 도교의 새로운 바람을 일으키려 한 것은 모처럼 불기 시작한 두 나라의 화해 분위기를 다지려는 데서 구상된 듯하다. 그렇다면 그 즈음에 두 나라 사이에는 아무런 불상사도 일어나지 말아야 할 것이다.

그러나 사정은 달라 3년(644) 봄, 태종은 사신 상리현장相里玄獎을 보내와 연개소문의 주도하에 벌어지고 있는 고구리와 백제의 신라 침공을 당장 그만둘 것을 권하였다. 이는 신라가 당나라에 구원을 청한 것에 대한 당나라의 반응이다. 당나라가 이에 끼어들고 나선 것은 고구리를 침공할 구실을 찾기 위함이었다.

연개소문은 수나라군의 고구리 침공을 틈타 신라가 차지한 500리의 영토를 되찾겠다는 한 가지 생각에서 당나라 사신의 설득을 무시하고 계획을 무릅쓰고 행하려 하였다. 보장왕의 설득으로 연개소문은 이를 중지하기는 했으나 영토 회복의 의지는 여전하여 그 후 당나라의 권유를 거부했다. 연개소문의 태도가 굳세며 고집이 센 것을 확인한 태종은 이 기회를 이용하여 차라리 고구리를 침공하기로 결심하게 되었다.

결국 당나라가 한반도 문제에 개입하기로 나선 것은, 신라의 입장을 고려해서가 아니고 고구리를 침공할 구실을 찾기 위해서였다. 그러나 구실이 보잘 것 없이 아주 작다는 것을 알고 있는 태종은 방법을 바꿔 고구리의 내부 문제에 눈을 돌렸다. 연개소문은 임금을 시해하고 백성들을 학대하고 있어 군사를 일으켜 그 죄를 묻고 백성들을 구해야 한다고 호소함과 동시에 전국에 동원령을 내려 침공 준비를 서둘렀다.

이렇듯 당나라의 고구리에 대한 감정이 더할 수 없이 심하게 나쁜 쪽으로 바뀌었는데도 연개소문은 당나라에 백금을 바쳤다. 당나라의 태도를 알아보기 위한 의도인 듯하다. 연개소문이 보낸 사신은 막리지가 관리 50명을 보내 태종을 숙직하면서 지킬 뜻이 있다는 것을 밝혔다. 연개소문의 화해 몸짓에도 태종은 아랑곳하지 않고 한 치도 물러서지 않았다.

당태종은 영류왕이 시해되어 고구리의 정권이 바뀌었는데도 연개소문을 널리 터놓고 나쁘게 말하였다. 상리현장의 보고를 받은 후 태종의 강경한 태도는 처음부터 끝까지 한결같이 연개소문의 도리에 어그러진 정치를 숨김없이 나쁘게 한 말과 행동에 잘 나타나 있다. 태종은 644년에서 645년 사이에 아홉 차례나 연개소문을 나쁘게 말하였다. 이는 그 신하들 앞에서 직접 말로 하거나 명령 문서를 통해 한 외에도 고구리 사신에게 직접 하기도 했다.

어디까지나 침공의 구실을 찾기 위해 내뱉은 나쁜 말은 신하들로부터 호응을 얻지 못하였다. 호응을 구하기 위한 구실을 찾다 보니 나쁜 말은 횟수가 많아지고 심지어 수양제 때의 침공까지 들추어냈다.

당시 사랑으로 백성을 다스렸던 고구리와 달리 양제는 백성들을 몹시 괴롭혔음으로 일으킨 침공은 실패하게 되었으며, 지금은 사정이 달라져 당나라가 패할 아무런 이유가 없으니 도와달라고 하소연하였다.

태종은 수나라 군이 패한 원인을 침착하게 살펴보니 고구리 침공을 앞두고 양제가 말한바 영양왕이 정치를 잘못했다는 것은 사실이 아니라는 것이다.

연개소문은 왕권을 차지하지 않았으나 고구리의 실질적인 일인자로서 신라를 치지 말라는 당태종의 경고를 무시하였다. 이에 당태종은 고구리를 치기로 결심하면서 신하들의 호응을 구하는 외에 전쟁터에 나갈 장정들의 아버지를 설득시키는 일에도 신경을 썼다. 특히 장안의 60세 이상의 노인들을 안심시키고 옷감과 곡식을 나누어주는 등 침공이 부득이하다는 것을 강조하였다.

태종은 어느 정도 침공을 반대하는 세력을 달래고 설득시키는 데 성공했다고 판단하여 전국에 동원령을 내리고 침공 준비에 들어갔다. 고구리 침공에 확고한 태종은 일찍이 양제를 따라 실전 경험이 있는 전의주자사前 宜州刺史 정원숙鄭元璹의 침공 반대론도 귀담아 듣지 않았다. 반대론은 고구리로 가는 길이 멀어 군량을 옮기기가 어려우며 고구리 사람들은 성을 잘 수비하므로 공격해도 무너뜨릴 수 없다는 것이다.

이렇듯 태종은 실전 경험이 있는 당사자의 반대까지 업신여겨 침공을 군혔다. 이에 많은 목공 기술자들이 성을 부수는 기계를 만들기 시작했으며 무사들은 침공군 모집에 응했다. 4년(645) 침공은 예정대로 감행되어 태종이 이끄는 침공군은 요동성을 공격하여 무너뜨리고 여기에 요주遼州를 두었다.

힘들여 요동성을 차지한 당나라군은 싸움에서 이긴 기세를 몰아 백암성白巖城을 손쉽게 차지하고, 이곳에 암주巖州를 두고 다음으로 안시성을 공격 목표로 정하였다. 태종이 친히 지휘하므로 고구리는 군사적으로 아주 중요한 안시성을 죽을힘을 다하여 지키기 위해 고구리인으로 구성된 구원병 이외에 말갈군(15만)까지 즉시 파견했다. 북부욕살 고연수와 남부욕살 고혜진이 이끄는 연합 구원군은 그 대열이 40리에 이르는 등 더할 수 없이 기세가 몹시 사납고 세찼다.

이를 보고 겁을 먹은 태종은 사신을 고연수에게 보내 침공 배경을 설명케 하였다. 영류왕을 시해한 연개소문의 죄를 묻다 보니 싸움을 하게 되었으며, 여러 성을 공격한 것은 당나라군에 식량을 주지 않은 탓이며, 고구리가 당나라에 대해 신하의 예를 갖추면 빼앗은 성들을 되돌려주겠다는 것이다.

아들 강하왕江夏王 이도종李道宗은 평양성을 공격하여 차지하는 것이 전략상 이치로 보아 옳다고 내다보고 의견을 내놓았으나 태종은 이를 거부하고 다시 사신을 고연수에게 보내 한 걸음 뒤로 물러서겠다고 알려왔다. 태종이 고연수 등의 구원병에 꼼짝 못 하게 되었기 때문이다.

관련 기록을 더 보면, 이처럼 고연수를 안심시켜 여유를 갖게 된 태종은, 고연수가 부대 대열을 더 강화하지 않는 틈을 타 결정적인 순간에 전쟁의 실제 상황을 뒤집어놓았다. 이에 고연수와 고혜진은 36,800명을 이끌고 당나라에 항복하기에 이르렀다.

안시성 구원병이 이처럼 태종에게 항복한 것이 사실이라면 안시성은 외톨이가 된 상태이므로 무너뜨리기는 어려운 일이 아니었을 것이다. 그런데도 태종은 안시성 공격을 뒤로 미루고 먼저 건안성建安城을 공격하기로 방침을 바꾸었다. 이처럼 태종이 안시성 공격을 미룬 것은 그 성의 우두머리가 용감하고 사납다는 것을 잘 알고 있었기 때문이다. 태종은 백암성에서 승리를 거둘 때 안시성의 우두머리가 연개소문의 쿠데타에도 굴복하지 않아 연개소문도 하는 수 없이 성을 그대로 다스리는 것을 인정했다고 이세적에게 설명한 적이 있다.

태종의 이러한 태도와는 달리 이세적은 안시성 공격을 건의하자 태종은 이를 받아들였다. 안시성 공격을 꺼린 태종이 방침을 바꾼 것은 당나라군이 건안성을 공격하면 요동에 있는 당나라군의 식량이 고구리군의 침공을 받아 그 보급이 막힐 것이라는 이세적의 주장이 옳았기 때문이다.

공격을 받은 안시성 사람들은 태종의 예상대로 욕을 퍼부으면서 굳세게 저항하였다. 태종은 성을 무너뜨리면 남자들을 모조리 죽이겠다고 했다. 이는 안시성 사람들을 더욱 굳게 하여 밤낮으로 맹렬한 공격을 퍼부어 댄 당나라군의 공격을 마침내 물리쳤다.

그런데 안시성을 지킨 고구리군이 적의 공격을 맞아 지키는 입장에서 물리친 것이 아니었다. 성을 부수기 위한 대포까지 앞세운 당나라군의 공격으로 성이 무너지면 즉시 성 안에서 말뚝을 세워 공격을 막아냈다.

이처럼 공성 무기로도 아무런 전과를 거두지 못하자 성 밖에서 성 안을 내려다보며 공격하기 위해 당나라군은 흙으로 산을 만들었다. 그러나 이조차 고구리군이 점령하여 안시성 포위 공격을 완전히 무찔렀다. 안시성 사람들이 성 안에서만 싸우고 성 밖으로 나와 흙산을 차지하지 못했다면, 당나라군은 계속 공격을 퍼부어 성을 무너뜨리고 말았을 것이다.

당나라군은 요동 침공 결과 현도·요동 등 10성의 고구리 사람을 요주遼州·개주蓋州·암주巖州로 옮기고, 그중 7만여 명을 지나의 중심지로 옮겼다는 기사가 있다. 이 기록대로라면 당나라군은 안시성을 무너뜨리는데 실패했으나 대체적으로 요동 침공에서는 승리를 거두었다고 할 수 있다. 그런데도 태종이 침공군을 이끌고 돌아온 후 침공 실패를 깊이 한탄하여 숨을 쉬었다는 기록이 자주 보인다.

전쟁에서 이기고 지는 것은 흔한 일이지만 이처럼 태종이 크게 한탄했다는 것은 안시성 싸움에서 졌기 때문만은 아닐 것이다. 『당서』·『신당서』와 『자치통감』 및 『삼국사기』는 안시성 싸움을 포함한 요동 침공과 관련된 전쟁의 실제 상황을 큰 차이 없이 기록으로 남기고 있다.

그럼에도 『삼국사기』는 요동 침공이 과연 어느 쪽의 승리로 끝났는지에 대해 의문을 갖게 하는 새로운 문제를 던져주고 있어 매우 흥미롭다. 특히 『삼국사기』 편찬자가 이 문제에 큰 관심을 갖게 된 것은, 침공을 일으킬 당시 당나라의 국가 이익과 관련하여 의견을 내놓은 사람들이 한두 명이 아닌데다가 고연수 등 구원병의 위엄찬 모습에 태종이 겁을 집어 먹었고, 당나라군이 고연수의 구원병을 뜻하는 검은 깃발의 포위를 당하리라는 말을 태종이 듣고 이곳을 스스로 빠져나가려 했다는 기록이 유공권柳公權[17]의 소설小說에 있음을 보았기

---

17 당나라 사람. 29세에 진사과에 합격하여 지방에서 하급 관료 생활을 하다가 독특한 서체로 40세에 황실로 올라왔다. 778~865년의 약 50년간 서예계를 대표하였다.

때문이다.

　침공군의 총 지휘자인 태종이 겁을 집어먹은 것을 사실로 인정한 『삼국사기』의 편찬자는 『당서』·『신당서』와 『자치통감』에서 이런 내용을 말하지 않은 것은 당나라의 체면을 상하게 하는 일이 되기 때문이었을 것이라고 결론짓고 있다. 즉 사실대로 기록하면, 당나라에 부끄럼이 되므로 이를 감추고자 아예 기록에서 누락시킨 듯하다고 풀이하고 있다.

　결국 태종의 후회와 깊은 탄식은 안시성 싸움에서의 패배 때문이 아니라 한 마디로 요동 침공이 완전히 실패로 끝난 것과 직접 관련되어 있는 것은 아닐까. 지나측의 기록에 따르면, 태종이 안시성 싸움을 포기하고 장비를 거두어 물러난 것은 요동지방의 추위와 바닥난 식량 때문인 것으로 되어 있다. 다가올 추위를 피하기 위한 것이야 그렇다 치고 식량이 다 떨어질 듯해서 물러났다는 것은 설득력이 없다. 당나라군은 안시성을 공격하기까지 10성을 무너뜨렸다고 한다. 그렇다면 이들 여러 성의 식량까지 모두 빼앗아 식량문제는 완전히 해결되었을 것이 아닌가.

　식량 부족이 철수의 한 조건이 되었다면 당나라군의 10성 함락 기사는 사실이 아닐 수도 있다. 실제로 당나라군의 요동 침공이 끝까지 실패의 연속이었음을 말해주는 기록이 눈에 띄어 주목된다. 바로 『환단고기桓檀古記』에서 관련 기록이 보인다. 이를 보면, 우선 전쟁 상황이 지나측의 기록과는 완전히 다르다. 똑같은 싸움이 이처럼 전혀 다른 모습으로 기록되기까지 그만한 까닭이 있다고 할 수 있다. 하지만 이를 분명히 가려내기란 쉽지 않다. 어쨌든 이를 좀 더 자세히 분석하여 따져보자.

당나라군이 요동을 침공하는 직접적인 원인이 된 고구리의 신라·백제 남침만 해도 『환단고기』에는 전혀 다르게 기록되어 있다. 즉 연개소문은 세 나라의 나쁜 관계를 정상화시키려고 고위급 인물을 불러 모았다. 먼저 백제와의 관계를 더 좋게 만든 후 다음으로 신라와의 적대관계도 깨끗이 해결하기 위해 김춘추를 자신의 집으로 맞아들였다고 한다.

연개소문은 당나라 사람들이 도리를 거스르는 일이 많았다고 지적하고 앞으로 두 나라가 적대관계를 깨끗이 해결하고 삼국이 힘을 합쳐 당나라의 장안을 비참하고 끔찍하게 공격하면, 당나라의 지저분하고 잡스러움을 잡을 수 있으며 당나라와의 싸움에서 승리를 거둔 후 서로 침범하지 말 것이며, 영원히 이를 지키는 것이 어떠하겠느냐고 세 차례나 권했으나 김춘추가 끝내 거부했다는 것이다.

연개소문의 주도 하에 열린 세 나라의 평화회담이 김춘추의 거부로 실패했으며, 당나라군의 요동 침공은 신라의 평화회담 거부에다 나·당 야합으로 이루어졌다.

안시성 구원병을 지휘했던 고혜진과 고연수의 움직임도 전혀 다르다. 두 욕살褥薩[18]이 이끄는 고구리군은 싸움 초반부터 당나라의 군사용 말을 빼앗아 당나라군은 감히 맞서 겨루지도 못했으며, 돌아가려 해도 진흙과 수렁에 막혀 나아갈 수도 없고 물러설 수도 없는 궁지

---

18 고구리의 지방장관. 지나의 도독都督에 해당한다. 지방통치조직을 대성大城, 중성中城, 소성小城으로 나누고 중앙에서 관리를 파견하는데 대성의 장관이 욕살이다. 행정구역이 5부이므로 욕살은 다섯 명이다.

에 빠졌다는 것이다.

고연수는 자신의 구원병이 안시성에서 40리 떨어진 거리에 와 있음을 확인하고 실전 경험이 많은 대로對盧 벼슬을 갖고 있는 고정의 高正義에게 사람을 보내 대처할 계획을 물었다. 고정의는 이에 대해, 태종은 당나라의 병력을 이끌고 왔으니 만큼 가볍게 볼 수 없으므로, 정면으로 대항하지 말고 시간을 오래 끌다가 기병을 동원해 당나라군의 식량 보급로를 끊어버리면 양식이 다 떨어져 싸우려 해도 싸울 수 없고 돌아가려 해도 길이 막혀 돌아갈 수 없게 될 것이라고 일러주었다. 여기까지는 지나측의 기록과『환단고기』의 기록이 일치한다.

그런데 지나측의 기록은 고연수가 이 말을 듣지 않고 싸우다가 패했다고 기록한 반면,『환단고기』는 고연수가 고정의의 지시대로 오랫동안 싸우는 전쟁으로 나가다가 당나라군의 식량 보급로에 불을 질러 이를 빼앗아 가졌다고 적고 있다.『환단고기』에 따르면, 태종은 식량 보급을 받지 못한 가운데 고구리군의 야간 기습으로 포위를 당해 사태가 매우 다급하고 절박해지자, 겁에 질려 두려운 빛을 감추지 못하다가 사신을 고연수에게 보내 재물과 보물을 전하면서 "귀국이 예를 닦고 사귐을 받아주면 반드시 돌아가겠다."고 알렸다는 것이다.

그리고 이후의 진행 상황은 다시 전혀 다르다. 즉 속임수를 써서 전쟁의 실제 상황을 뒤집었다는 지나측 기록과 달리『환단고기』는 고연수의 답변 내용을 상세히 소개하고 있다. 이를 보면, 고연수는 태종의 알림을 받아들이겠다고 했으나 대신 한 가지 조건을 제시했다. 즉 당나라군이 현재 위치에서 30리 밖으로 물러나면 태종을 만나보겠다는 것이다. 또 요동 침공의 명분으로 태종이 연개소문의 영류왕 시해 사건을 쳐들고 있는 것에 대해 고연수는 막리지가 고구리의 기둥돌이라면서 이를 듣고도 못 들은 척하였다. 오히려 고연수는 이세민(태종)이 그 아버지를 몰아내고 형을 죽였을 뿐 아니라 아우의 아내까지 빼앗은 것이야말로 고구리가 들추어 물어볼 범죄 행위의 죄목이라고 분명히 해주었다.

이처럼 당나라가 연개소문의 명예를 손상시킨 것에 대해 고구리는 태종의 패륜 행동을 지적하는 자존심 대결을 벌였고, 결국 당나라군이 물러나는 의논은 찢어져 전쟁을 시작하게 되었다. 고연수 등은 틈을 주지 않고 당나라군의 허술함을 엿보다가 갑자기 들이쳤다.

태종은 온갖 꾀를 다 동원했으나 이길 가망이 전혀 보이지 않자, 요동 출병을 후회하며 한탄하였다. 『환단고기』는 이와 관련하여 유공권柳公權의 소설 대목을 알맞게 끌어 쓰고 있다. 그것은 앞에서 본 그대로이므로 더 이상 들추지 않는다.

당나라군이 건안성보다 안시성을 먼저 공격하기로 방침을 바꾼 것에 대해서는 지나측 기록과 일치하고 있다.

태종은 증원하려고 보내는 군대마저 고구리군에 의해 막히자 더욱 탄식해 마지않았다. 어려운 처지에 놓이게 된 당나라군의 지휘관 중에는 평양성을 직접 공격하자고 주장하는 등 의견이 엇갈리기도 했으나 위험 부담을 더는 것이 몹시 급하다는 태종의 주장이 우세하여 안시성을 다시 공격하기로 확정되었다.

이를 알아차린 안시성의 우두머리인 양만춘楊萬春이 이끄는 정예군은 밤중에 밧줄을 타고 성 밖으로 나와 불의에 적을 습격하는 전투로 맞섰다. 큰 혼란이 일어나 당나라군은 자기편끼리 싸워 많은 인명 손실을 보게 되었다. 또한 안시성군은 성의 틈 사이로 나와 당나라군이 쌓은 흙산을 점령함으로써 당나라군의 싸우려는 의욕을 완전히 뭉개버렸다.

또한 『환단고기』는 연개소문의 총지휘관으로서의 모습을 상세히 기록으로 남기고 있다. 수십 기를 이끌고 돌아다니며 사정을 보살피던 연개소문은 상세한 전쟁 상황을 보고받고 나서 총공격을 하게 했다는 것이 그것이다. 『환단고기』의 기록에서 보이는 놀랄만한 사실은 태종에게 항복했다는 고연수가 건재하여 말갈군을 이끌고 당나라군을 양쪽에서 공격했다는 점이다.

『환단고기』에 따르면, 당시 고연수는 안시성의 구원군으로 성 밖에서 당나라군을 공격하였고, 성의 우두머리 양만춘은 성 위에서 싸움을 독려하려고 성 안의 사기를 크게 북돋았다고 한다. 더욱 놀라운 것은 태종이 앞에 나섰다가 양만춘이 날린 화살에 왼쪽 눈을 맞아 어찌할 바를 모르다가 군사들 틈에 끼어 도망쳤는데, 이세적과 태종의 아들 이도종이 보병과 기병을 이끌고 그 뒤를 따르면서 지켰다는 것이다.

도망치는 길은 온통 진흙탕이라 장손무기長孫無忌에게 명해 뒤를 따르는 모든 병사들에게 풀을 베어다 길에 깔게 하고 운반하는 등 길을 고르는 작업을 거들었다고 한다. 어려움은 또 있었다. 10월 포오거浦吾渠(늪)에 이르러 말을 쉬게 하고 수렁길이 메워지기를 기다리다가 모든 군사가 발착수渤錯水(늪지)를 건너려 하는데, 매서운 눈보라가 몰아쳐 많은 병졸들이 얼어 죽자 길에 불을 지피고 눈보라가 그치기를 기다렸다는 것이다.

진흙 수렁과 눈보라로 당나라군이 큰 어려움을 만난 장면은 지나 측 기록에도 상세히 표현되고 있다. 도주하는 당나라군이 어렵게 된 처지에 처해 있었다면 고구리군이 그 뒤를 사납고 세차게 추격할 것은 빤하다. 『환단고기』는 고구리군이 뒤쫓아가며 공격하는 장면을 상세히 적고 있다.

이를 보면, 막리지 연개소문은 이긴 기세를 몰아 빠른 속도로 쫓아가며 공격하였다. 단순히 뒤를 쫓는 것으로 그치지 않고 뒤로 물러날 길을 막기 위해 추정국鄒定國으로 하여금 적봉赤峯에서 하간현河間縣으로 가게 하고 양만춘은 직접 신성으로 향하게 했다. 또 일군은 요동성을 지키게 하고, 일군은 태종의 뒤를 뒤쫓아 공격하게 하였다.

요동성 함락 기사도 『환단고기』에는 보이지 않는다. 놀라운 일이다. 더욱 놀랄만한 것은 또 다른 일군이 장성 남쪽의 상곡上谷을 점령하였고, 궁지에 몰린 태종이 어찌할 바를 모르다가 고구리에 항복을 청하자, 추정국과 양만춘을 비롯하여 수만 기를 이끈 연개소문이 태종을 앞세우고 장안으로 들어가 태종으로부터 영토의 일부를 넘겨받았다는 것이다.

이로써 지나의 산서성·하북성·산동성·강좌江左(양자강)가 고구리에 넘어가 고구리는 지나 땅에서 백제와 서로 겨루는 사이가 되었다는 것이다. 지나의 역사책에는 백제가 차지한 땅이 요서의 진평晉平이라는 기사가 자주 보인다.

태종의 침공과 관련하여 『환단고기』는 태종이 연개소문에게 항복 조건으로 당나라의 영토 일부를 고구리에 넘겨준 것으로 마무리를 짓고 있다. 당나라의 요동 침공이 성공으로 돌아갔다고 보기에 미심

쩍은 부분이 있는 참에 지나측 기록과 완전히 다른 내용을 남기고 있는 『환단고기』는 일단 큰 관심을 불러일으킬 만하다.

『환단고기』 자체가 역사적 사실 면에서 세상 사람으로부터 찬성과 반대론을 불러일으키고 있고 요동 침공 관련 기사에 문제점이 없는 것도 아니다. 하지만 위에서 본 대로 태종의 석연찮은 태도나 『삼국사기』의 야릇하고 묘한 의문 등을 보건대, 『환단고기』의 관련 기사를 완전히 무시하기보다는 일단 관심을 갖고 분석하여 따지는 것이 바람직할 것이다.

8년(646) 2월, 태종은 침공에서 돌아온 후 이정李靖에게 "내가 천하의 무리를 거느렸는데도 소이所夷(고구리)에게 어려움을 당한 것이 무슨 까닭인가." 하고 물어보았던 것도 분석해 보아야 할 것이다. 그러한 의미에서 같은 해 5월 보장왕과 연개소문이 당나라에 사신을 보내 사죄하고 그 표시로 미녀를 바쳤다는 것은 뭔가 앞뒤가 맞지 않는다.

또한 태종이 돌아가려 할 때 활과 화살 통을 연개소문에게 주었다고 하는데, 이는 고구리군이 승리를 거두는 데 전체를 통솔한 연개소문에 대한 존경의 표시라고 보아야 할 것이다. 그러니 연개소문은 받고도 사례를 하지 않았다

이후 연개소문이 더욱 잘난체하며 뽐내고 건방져 고구리 사신이 가지고 온 글 또한 모두 억설로 가득 찼다거나 당나라 사신을 거만한 태도로 대했을 뿐 아니라, 늘 변경의 틈을 엿보았다는 것은 어디까지나 싸움에서 패한 당나라의 곤란한 입장을 살리는 동시에 싸움에서 이긴 고구리 또는 연개소문의 명예를 깎아내리려는 생각에서 빚어진 것이라고 보는 것이 이치상 맞을 것이다.

사건의 뒤바뀜이 이러하므로 태종이 제나라로 돌아온 직후 일어난 고구리와 당나라 간의 일련의 사건들은 싸움을 승리로 이끈 고구리를 중심으로 다시 설명되어야 할 것이다. 즉 사신을 보내 사죄하고 미녀를 바친 것은 고구리가 아니라 당나라이며, 미녀를 거부한 것도 고구리로 바꾸어야 하는 것이 아닐까.

또한 태종이 준 활과 회살 통을 연개소문이 받고도 사례하지 않아 예의가 없고 건방지다고 기록한 것은, 고구리인의 존경을 한 몸에 받고 있는 연개소문의 명예를 의도적으로 흠집 내려는 나쁜 마음에서 비롯된 걸로 보인다.

고구리 사신이 가지고 온 글도 궤변 투성이라고 하는데, 패전 사실을 감추려 했던 당나라의 입장으로서는 고압적인 내용의 글을 이런 말로 밖에 표현할 수 없었을 것이다. 연개소문이 당나라 사신을 건방진 태도로 대했다고 한 것은 싸움을 승리로 이끈 연개소문으로서야 당연한 태도일 것이다.

아무튼 당나라가 침공군을 일으킨 것은 신라 침공을 중지하라는 당나라의 권유를 고구리가 거부했기 때문이다. 그렇다면 싸움에서 이긴 후 고구리는 계속 신라를 침공할 수 있으며, 당나라는 더 이상 신라 침공 중지를 고구리에 말할 수 있는 입장이 못 되었을 것이다.

또한 태종이 더 이상 고구리의 조공을 받지 말라고 엄한 명령을 내렸다고 하는데, 『환단고기』의 내용이 맞는다고 한다면 오히려 당나라 사신이 가지고 온 글이 억지투성이라 보장왕 또는 연개소문이 당나라의 조공을 받지 말게 했다는 내용으로 바꾸어 볼 수도 있지 않을까 한다.

요동 싸움에서 고구리가 패했다면, 당나라에 보내는 글이 처음부터 끝까지 궤변으로 될 수 없으며 더구나 신라 침공을 중지하라는 요청도 거부하기 힘들었을 것이다. 반면 당나라가 패했다면 태종은 후일 고구리 침공을 다시 의논케 할 수 있다. 그러나 이는 침공이라는 표현보다 복수하기 위한 싸움이라는 성격을 가지고 있으므로 복수하기 위한 싸움이라는 말로 바꾸어야 할 것이 아닌가 한다.

싸움에서 지고 돌아온 태종은 2년 후인 647년(보장왕 6) 복수전을 이리저리 생각하기 시작하였다. 그러나 당나라 조정은 뜻을 같이 하지 않았다. 앞서 치렀던 침공에서 패한 것이 큰 교훈이 되었기 때문인데, 그 내용은 대개 이러하다. 고구리는 산을 의지하여 성을 만들었으므로 쉽게 함락시킬 수 없고, 먼저 침공을 통해 볼 수 있듯이 지나인들이 싸움터에 나가는 바람에 밭을 갈고 씨를 뿌릴 수 없으며, 고구리는 계속된 가뭄으로 주민의 거의 절반이 식량난으로 허덕이고 있다는 것을 내세워 본격적인 복수전을 반대했던 것이다.

대신 제한된 소규모의 군사력으로 고구리를 시끄럽고 어수선하게 하여 주민들이 피로하게 되면 몇 해 지나지 않아 요동의 천리 땅은 싸우지 않고서도 차지할 수 있다고 내다보고 소규모의 복수전만을 주장했다.

쓰라린 패전 경험이 있는 태종은, 이를 받아들여 제1차로 1만 명 미만의 소규모 수군을 동원하여 바다와 육지 두 곳에서 침공케 했다. 지나측의 기록에 의하면, 고구리군의 굳센 저항을 받으면서도 요동도행군도총관 이세적은 성을 불태우고 돌아왔다. 그러나 등주에서 떠난 수군이 전투에서 얻은 성과에 대해서는 전혀 말이 없다.

제2차로 같은 해 7월, 제1차 보복전 때 가담한 좌무위대장군 우진 달牛進達 등이 이끈 당나라군은 고구리군과 1백여 차례 싸워 조금 손실을 준듯하다. 제3차 보복전을 앞두고 태종은 강남 12주의 기술자를 동원하여 선박 수백 척을 만들게 했다.

647년(보장왕 6)에 치른 제3차 보복전은 등주에서 떠난 수군 3만 여 명에 의해 치러졌는데 약간의 소란을 일으켰을 따름이다. 같은 해 4월, 제4차 보복전은 두 나라 사이에 해전으로 그치는 정도였다. 다음 해 태종은 제5차 보복전을 앞두고 대책을 의논케 했다. 태종이 따르기로 정해놓고 가진 의논은 대규모 병력을 동원하기 위해서는 소요되는 막대한 양곡을 선박으로 운반해야 하는데, 수나라 말기의 침공 때 사천성泗川省이 가담하지 않아 그곳 주민들이 경제적으로 넉넉하므로 사천성에서 선박을 만들자는 얘기가 오갔다.

제6차 보복전은 같은 해 9월에 치러졌는데, 역시 제한된 수군이 동원되었으며 소란을 일으킨 곳은 압록강 하류의 박작성泊灼城이었다. 여기서도 고구리에 대해 소란만 피웠을 뿐 큰 타격을 주지는 못했다.

결국 여섯 차례에 걸친 당나라의 보복전은 제한된 소규모 병력을 동원하여 고구리를 자주 괴롭혀 소란을 일으키는 정도로 그치고 말았다. 태종은 이 보복전이 고구리 사람들에게 어느 정도 심리적으로 불안감을 주었다고 판단해서인지 병기와 양곡을 발해 가운데 있는 오호도烏胡島로 운반, 저장케 하고 대규모의 보복전을 일으키려 했다.

그 구상이 실현되기 얼마 전 당나라에 다행인지 불행인지 알 수 없으나 태종이 사망하였다. 그는 남긴 조서에서 준비한 대규모 복수전을 중지하라고 지시했다. 죽음을 앞두고서 태종은 안시성 싸움에서 성공하지 못한 것을 두고 깊이 후회하고 탄식하며 "만약 위징魏徵이 있었더라면 나에게 이번 걸음을 않게 했을 것이다."라고 했다.

요동 침공을 성공으로 마무리 짓기 위해 여섯 차례에 걸쳐 소규모의 수군을 동원한 것은 어디까지나 대규모 병력을 동원하여 개인 차원의 보복전을 마무리 짓기 위한 심리전적 성격의 전초전이었음에 틀림없다.

태종이 전적으로 이끈 개인적 성격의 복수전을 모두 물리친 고구리는 고종의 재위 5년 동안 당나라의 침공이 없자, 654년(보장왕 14) 백제 및 말갈과 함께 신라의 북쪽 33성을 점령했다. 다음해 정월 신라로부터 구원 요청을 받은 고종의 주도하에 영주도독 정명진程名振이 이끈 당나라군은 고구리를 침공하였다. 같은 해 5월에도 정명진이 이끈 당나라군은 요하를 건너와 소란을 피우고 돌아갔다(제1차).

다시 658년(보장왕 17) 6월, 정명진이 이끈 당나라군이 침공해왔으나 패하고 돌아갔다(제2차). 659년 1월에는 설인귀薛仁貴가 군대를 이끌고 쳐들어왔으나 황산橫山에서 온사문溫沙門이 이끈 고구리군에게 패해 돌아갔다(제3차). 660년 11월, 수를 알 수 없는 당나라군이 설필하력契苾何力 등의 지휘 하에 쳐들어왔으나 전투 상황이 나와 있지 않은 걸로 미루어 소란을 피우는 정도로 그친 듯하다(제4차).

661년 정월 하남·하북·회남淮南의 67주에서 모집한 4만 4천여 명과 위구르(回紇) 등 유목민으로 구성된 당나라군이 평양을 침공해왔으나 역시 전투 상황은 나와 있지 않다(제5차). 같은 해 5월 고종은 임아상任雅相 등이 이끄는 침공군으로 하여금 바다와 육지로 침공케 했으며(제6차), 고종은 친히 대군을 이끌고 침공하려 했으나 측천무후 등이 못하게 말려 침공에 나서지 않았다.

밝혀진 전황을 보면, 8월 소정방이 이끄는 당나라군은 패강을 건너와 평양성을 포위하였다. 고구리에서는 연개소문의 맏아들 남생男生이 수만 명의 용맹스러운 정예군으로 압록강을 수비하여 당나라군은 강을 건너오지 못했으나 설필하력만은 얼어붙은 강을 건너 진격함으로써 고구리군은 방어에 실패했다. 그런데 무후의 반대가 있어서였는지 철수하라는 고종의 명령에 따라 당나라군은 곧 철수하고 말았다.

662년 정월, 방효태龐孝泰가 이끄는 당나라군은 연개소문과 청천강에서 싸우다가 섬멸당해 방효태는 13명의 아들과 함께 전사했으며, 평양성을 포위한 소정방은 고종의 철수 명령이 내려진데다가 큰 눈을 만나 되돌아갔다. 이렇듯 당나라군은 고종의 재위 시에 해마다 고구리를 침공하여 한때 평양성을 포위한 적도 있으나, 대체적으로 이렇다 할 전투성과를 올리지 못하고 적의 군수품을 소모시켜 승리를 거두려는 싸움으로 그치고 말았다.

태종이 요동 침공에 실패한 후 고구리에 대해 벌린 여섯 차례에 걸친 개인적 보복전이나 고종이 태종의 맺힌 한을 풀어주기 위해 시도한 여섯 차례의 침공은 모두 일종의 소모전 양상을 띠었다는 데서 성격을 같이했다.

소모전이 태종 연간으로 그치지 않고 고종 시대까지 이어진 걸로 미루어 고구리에서 돌발적인 나쁜 사태가 발생하지 않는 한 당나라가 당장 고구리에 대해 대규모 침공을 일으키기는 힘들었을 것이다. 고구리가 12차례나 당나라 침공을 물리친 배경으로는 고구리인들의 빈틈없는 국가관을 빼어놓고 생각할 수 없다 하겠으나, 어려운 시기에 연개소문이 두드러지게 뛰어나 앞장서서 이끌고 지도한 능력 또한 과소평가해서는 안 될 것이다.

이처럼 고구리를 침략 전쟁의 소용돌이에서 구해낸 연개소문이 666년 사망함에 따라 맏아들 남생이 막리지가 되어 국정을 이끌어나가게 되었다. 국정을 몸소 살피며 남다른 노력을 기울이던 남생은 두 아우에 의해 정권에서 밀려나 당나라로 망명하는 길을 택했다. 그리고 그 대신 동생인 남건男建이 막리지 자리를 차지하여 전국의 군사권을 쥐게 되었다.

연개소문 집안의 권력 다툼은, 고구리 자체적으로 보면 그리 큰 변화라 할 수 없으나 고구리 최고의 권력자였던 남생이 적국인 당나라로 정치적 망명을 한 것은 중대한 일이다. 고종의 특별 명령에 따른 고구리 침공과 여섯 차례의 복수전에 참가한 경험이 있는 설필하력의 영접을 받은 그는 특진요동도독겸평양도안무대사特進遼東都督兼平壤道按撫大使라는 벼슬에다 현도군공玄菟郡公이라는 작위까지 받았다.

이를 기회로 고종은 본격적인 침공 준비에 들어가 지휘 체제를 정리하여 제대로 갖추고 화북 여러 주의 조세를 모두 요동지방으로 보내게 하는 등 군량을 모으는데 모든 힘을 기울였다(제7차 침공 준비).

남생의 망명을 기회로 어느 때보다 전쟁 준비를 충실히 한 당나라의 다가올 침공은 일찍이 있었던 단순한 소모전과는 그 성격을 달리할 수밖에 없었다. 마침내 667년(보장왕 26) 제7차 침공이 개시되고 요동도행군겸안무대사遼東道行軍兼按撫大使인 이세적은 신성 등 16성을 무너뜨렸다.

신성을 되찾기 위해 남건이 보낸 고구리군은 당나라군과 맹렬하게 공방전을 벌였으나 끝내 남소성南蘇城·목저성木底城·창암성蒼岩城 등 3성을 잃었다. 안시성 침공 시에 평양성을 직접 침공하자는 이도종의 건의가 받아들여지지 않아 요동 침공이 실패로 돌아간 것을 거울삼은 당나라는 이번에는 요동에서 승리를 거두고 있는 것과 때를 같이하여 설인귀가 남생과 함께 수군을 이끌고 평양성을 향해 쳐들어갔다.

전투 상황과 전투성과는 알 수 없으나 요동지방에서 이기려는 기회를 잡은 당나라군은 이세적으로부터 식량 보급이 늦어진데다 남건이 통솔하는 고구리군의 강력한 방어에 부딪혀 끝내 압록강을 건너지 못했다.

제7차 침공의 특징은 당나라군이 평양성 침략을 목표로 정하고 바다와 육지 두 곳으로 침공했다는 점이다. 그러나 당나라군의 두 방면 침공에도 평양성은 여전히 건재하였다. 당나라군이 압록강을 넘어오려고 했던 때에 안시성 또한 건재하여 고구리군이 휘어잡고 있었다.

이로 보아 압록강까지 이른 당나라군은 요동지방을 완전히 장악하지 못했음을 알 수 있다. 그렇기 때문에 평양성이 무사할 수 있었을 것이다.

668년 정월이 되자, 고종은 제8차 침공의 지휘체제를 마련했다. 여기에서 가장 두드러진 특징은 신라의 김인문金仁問을 요동도부대총관의 부관으로 한 신라군이 참전한 사실이다. 실전 경험이 많은 이세적이 이끄는 당나라군은 2월 부여성을 점령하여 전쟁 초기에 이길 기회를 잡음으로써 부여천을 끼고 있는 40여 성을 어렵지 않게 차지했다.

전쟁 시작 초기에 당나라군이 큰 승리를 거두게 되자, 침공군에 행동을 같이 한 시어사 가언충賈言忠은 전쟁의 실제 상황을 보고하기 위해 귀국하였다. 보고 내용을 간추리면 당나라군의 결정적 승리를 확신한다는 것이다. 여러 차례 침공이 있었으나 이처럼 전투 상황을 직접 보고한 것은 처음 있는 일이다.

승리를 확신한 것은 남생의 망명으로 당나라군이 고구리의 실제 사정을 완전히 알고 있었기 때문이다. 당나라군이 아는 고구리의 실제 사정이란 전쟁을 치르고 있는 고구리의 민심, 군사시설의 배치 상황 등 당나라군이 승리를 거두기 위해 알고자 했던 모든 것이었다.

보고에 따르면, 당나라군은 고구리의 모든 사정을 알아내어 어느 때보다 승부를 결정짓는 태세를 가다듬고 있으며, 침략을 막아야 할 고구리인은 굶주림에 허덕이며 서로 약탈하다 보니 국토는 크게 황폐해지고 민심은 크게 흔들리고 있었다.

당나라군이 부여성 등 40여 성을 일시에 차지한 것도 남생이 당나라군을 안내해 줌으로써 매우 빠르게 이루어진 듯하다. 부여성이 전략적으로 중요한 만큼 남건은 부여성을 회복하기 위해 5만 명의 구원병을 보냈는데, 이는 알맞은 조치이다.

그러나 고구리군은 끝내 부여성을 회복하지 못하고 당나라군은 대행성大行城을 거쳐 압록강까지 이르렀다. 고구리군은 결사적으로 방어했으나 이세적이 이끄는 당나라군은 강에서 200리 남쪽에 있는 욕이성辱夷城을 무너뜨렸다. 설필하력에 이어 이세적이 뒤따라 평양성에 도착했고 이들은 한 달 이상 평양성을 포위 공격했다.

남산과 수령 98명은 보장왕을 대신해 이세적에게 항복했다. 그러나 남건은 결사적으로 항전했다. 결국 남산을 대신한 승려 신성信誠

은 내통하기로 이세적에게 약속한지 5일 만에 성문을 열었다. 그리하여 보장왕과 남건은 포로가 되어 이세적에 의해 당나라로 끌려갔다.

수차례에 걸친 당나라의 포위 공격에도 끄떡 않던 평양성이 제8차 침공에서 무너진 배경에는 남생의 당나라 망명이 있었던 것이다.

태종은 안시성을 구원하고자 말갈군을 이끌고 있었던 고연수에게 영류왕을 시해한 연개소문의 죄를 묻기 위해 본의 아니게 싸우게 되었다고 밝힌 바 있다. 이것이 사실이라면, 고종 치하의 당나라군은 고구리를 멸망시킬 것이 아니고 당나라에 굽혀 복종하기로 밝힌 남생을 고구리의 통치자로 내세웠어야 할 것이다.

그러므로 태종이 연개소문의 시해 사건을 구실로 일으킨 침공은 고구리를 멸망시키는데 그 목적이 있었던 것이 분명해졌다. 이런 면에서 고구리의 멸망은 태종이 개인적으로 앙갚음하려는 감정이 낳은 결과라고 본다. 그러나 보복을 위해 당나라가 동원한 많은 인원과 물자에 비한다면 사실 얻은 것이 그리 많지 않다. 신라의 경우 고구리의 멸망으로 땅과 인구를 얻어 크게 발전할 수 있는 기반을 마련했다고 하는데 맞는 말인 듯하다.

그렇다고 해서 신라가 절대적으로 많은 땅을 차지한 것은 아니다. 경제적으로나 군사적으로 중요한 요동지방은 당나라에 넘어갔고, 대략적으로 대동강 이남의 땅을 차지하는데 그쳤다.

고구리의 멸망은 나·당이 좋지 못한 목적으로 서로 어울려 빚어졌던 만큼 고구리의 모든 땅은 이 두 나라의 침공 공헌도에 따라 나누어져야 할 것이다. 그런데 당나라는 압록강 이북에 있는 고구리의 많은 성들 중에 11개의 성만을 차지하는데 그쳤다. 그러므로 압록강을 중심으로 고구리의 동북지방에는 당나라의 통치력이 미치지 못한 것이 분명하다.

그리하여 발해국의 제2대 무왕이 말했듯이, 고구리 땅은 발해 혹은 말갈의 땅이 되었다. 당나라가 고구리 멸망에 주동적인 권리를 행사했음에도 그 땅을 전부 차지하지 않은 것은 무슨 이유일까. 당나라는 보복심에서 고구리 정권을 멸망시키는 데에만 온 힘을 기울여 평양에서 멀리 떨어져 있는 땅에 대해서는 별로 관심을 두지 않았던 것이 큰 이유라고 할 수 있다. 다시 말해, 당나라는 고구리의 모든 땅을 차지하려는 영토 욕망에서 고구리를 멸망시켰다고는 생각되지 않는다.

게다가 농업을 국가산업의 기본으로 삼고 있는 당나라로서는 고구리의 동북지방은 농업에 그리 도움이 되지 않는 삼림지대라 일찌감치 이 지역에 관심을 두지 않았다. 말갈군이 군사 면에서 고구리에 대해 적지 않은 도움을 준 사실로 보면, 고구리의 멸망 시에 당나라는 이들에 대한 보복적 차원에서 말갈인의 생활 터전까지 짓밟을 수도 있다.

그러나 당나라는 이를 피했다. 말갈인의 생화 터전에 관심을 두지 않았다는 것을 말해준다. 농업 위주의 당나라가 삼림지대인 만주의 동북지방에 관심을 갖지 않았음은 후대 거란契丹이 발해국을 멸망시킨 후 이 지역이 유목생활에 도움이 되지 않아 관할권을 포기한 사실로도 알 수 있다.

발해국의 수도에 세워진 동란국東丹國은 요양遼陽으로 옮겨졌다. 유목생활을 하는 거란의 입장에서는 이 지역에 경제적 가치가 없는 이외에 발해국 유민이 거세게 저항을 했기 때문이다.

이 점에 있어 당나라도 사정은 마찬가지였다. 당나라가 포기한 이 지역에는 옛 고구리의 세력이 남아 있었다. 고구리의 멸망 후에도 말갈은 고구리에 대한 좋은 감정을 그대로 간직하고 있었다. 거기에다 고구리인의 세력이 그대로 존재하고 있던 관계로 당나라의 영주營州 지방으로 끌려간 대조영大祚榮 등 반당적인 세력이 이곳으로 찾아들었다. 동서로 갈라져 있던 고구리의 유민 세력이 행동을 같이하여 세워진 국가가 발해국이었다.

따라서 당나라는 발해국을 껄끄러운 존재로 느껴 흑수말갈黑水靺鞨을 부추겨 발해국을 억누르려고 하였다. 과거 고구리에 대한 당나라의 보복적 심리가 다시 나타났다. 대조영 집단이 말갈 땅으로 들어옴으로써 건국 시기가 앞당겨졌으나 발해국의 건국은 고구리를 다시 세울만한 세력이 만주 땅에 남아 있어 가능하였다.

얘기를 다시 고구리 멸망 당시로 돌려보자. 남생 형제의 정권 다툼으로 당나라는 전략상 큰 이익을 보았다. 그것은 부여성의 함락일 것이다. 헌데 고구리 총 176개 성의 약 1/4이 넘는 성들이 단 한 차례의 침공으로 한꺼번에 항복했다는 것은 군사비밀을 찾아낸 성과라고 하더라도 이해하기 어려운 점이 있다. 더욱이 당나라는 고구리의 성이 견고하다는 것을 잘 알고 있었다. 헌데 그 많은 성들이 쉽게 무너졌다. 여기에는 반드시 어떤 사연이 있을법하다. 단편적인 몇 가지 기록에서 그 단서가 보인다.

과거 안시성 등 요동지방을 침공했다가 패하고 돌아온 태종이 647년 고구리에 대한 앙갚음을 일으키려 할 때 나온 조정의 의론 중에 당시 고구리 사람들의 식량난이 매우 절박하다는 내용이 언급되고 있다. 즉 고구리에 가뭄이 계속되어 고구리인들이 큰 식량난을 겪고 있었다는 것이다.

이렇듯 고구리 사람들이 식량난으로 고생을 하고 있는 상황이므로 소규모의 병력을 동원하여 고구리를 자주 시끄럽게 하고, 그 사람들을 피로하게 만들면 살아가기가 바쁘게 되며, 몇 년 사이에 요동 천여리가 거칠어져 못쓰게 되어 민심이 저절로 떨어져나가게 될 것이니, 압록강 이북은 싸우지 않고도 차지할 수 있다는 것이 상세히 논의되었다.

667년 9월, 이세적이 고구리의 서쪽 요새인 신성을 차지하지 못하면 다른 성들을 차지하기가 쉽지 않을 것이라고 여러 장수들에게 말한 것으로 보면, 이 성의 저항은 매우 강력했어야 할 것이다. 그런데도 신성 사람 사부구師夫仇가 성주를 얽어매가지고 성문을 열고 나와 항복하였다.

결국 당나라군은 668년 정월, 부여성을 차지함으로써 40여 개 성을 모두 점령하였다. 더 이상 강력하게 저항할 수 없는 조건이 있었다는 얘기이다. 그 조건이란 군사상의 열세가 아니라 요동 전 지역에 걸쳐 계속된 가뭄으로 식량이 다 떨어졌거나 부족했음을 말하는 것이리라. 당나라군이 한때 안시성의 철통같은 방어를 의식하여 먼저 건안성을 치기로 결정한 것도 이곳에 식량이 적다는 것을 알고 있었기 때문일 것이다.

668년 침공에서 일거에 40여 개 성이 스스로 항복하는 등 전년에 비해 고구리군이 덧없이 항복하는 길을 선택한 것도 전년보다 식량난이 더욱 절박했음을 말해주는 것이라고밖에 판단되지 않는다.

대체적으로 고구리군은 667년과 668년의 당나라군의 침공을 제외하고 보면 싸우다 죽을지언정 스스로 항복을 택한 일은 없다시피 했다. 헌데 668년 평양성의 함락을 목표로 압록강을 건너온 당나라군이 욕이성을 차지하자, 그 주변의 여러 성에서 도망하거나 항복하는 고구리군이 잇따라 나왔다. 이 역시 식량난이 절박하여 끝까지 저항할 수 없는 불리한 상황에서 빚어진 듯하다.

이러한 상황은 고구리의 남쪽 지역도 마찬가지였다. 668년 6월, 대곡성大谷城(平山)·한성漢城(廣州) 등 2군의 12개 성이 당나라군에게 항복했으며, 2년 전인 666년 12월에도 연정토淵淨土가 12개 성의 763호(3,543명)를 이끌고 신라에 항복하였다. 물론 연정토의 경우는 가뭄으로 인한 식량난만이 아니라 연개소문 아들 간의 정권 다툼이 직접적인 동기가 되어 항복한 듯하여 좀 더 복잡한 사정이 얽혀있기는 하다.

이러한 고구리에 비한다면, 당나라는 농사지을 사람이 전쟁터로 끌려나가 제때에 땅을 갈고 씨를 뿌리지 못해 농사를 지을 수 없는 그런 어려움은 있었으나 가뭄으로 인한 극심한 식량난은 겪지 않아 보다 유리한 조건에 놓여 있어 전쟁의 승패를 결정적으로 가름한 것으로 생각된다.

이처럼 고구리의 식량난은 한두 해로 끝날 문제가 아니므로 고구리 멸망 후에도 당장 해결하기 어려웠을 것이다. 멸망 이듬해, 즉 669년 여름 원산만 일대의 천정泉井(德源)·비열홀比列忽(安邊)·각차各車(淮陽) 등 3군의 고구리 유민들이 식량 부족으로 굶주리자 창고에 미리 모아둔 식량을 내놓아 이를 배급받아 식량난을 덜 수 있었다. 이는 멸망 다음해에도 고구리 땅에서 식량난이 계속되었음을 보여주는 유일한 자료로 가치가 매우 크다.

오늘날 원산만을 끼고 있는 옛 고구리의 3군에서 굶주린 주민이 많았던 것으로 보면, 이런 현상은 평양성을 중심으로 한 지역에서도 나타났을 것이다. 허나 평양 등 서해안 지역에서도 식량난이 있었음을 전해주는 기록은 없다. 이 지역이 당나라의 관할 하에 놓여 있어 신라가 끼어들 입장이 아닌 관계로 굶주린 현상에 관한 기록이 남겨지지 않게 된 것으로 보인다.

이처럼 여러 해에 걸쳐 고구리에서 굶주린 현상이 일어났다면 인접한 신라도 정도 차이야 있겠지만 사정은 마찬가지였을 것이다. 672년 곡식이 귀해 사람들이 굶주렸다는 기사가 있는데, 고구리가 멸망한 지 4년째에 해당한다.

이와 관련하여 백제 땅으로 눈을 돌려보기로 하자. 의자왕 13년(653) 봄에 큰 가뭄이 들어 굶주림이 심했다는 기록이 보이며, 17년(657) 4월에도 역시 큰 가뭄이 들어 농사짓는 땅이 붉은색으로 변했다는 기사도 보인다.

653년에서 657년이라 하면, 당나라가 요동지방을 침공함으로써 고구리에 가뭄이 오래 계속되고 있음을 직접 확인하고서 소란을 피워 고구리의 인심을 갈라놓게 하려는 속셈에서 소규모의 병력을 동원하여 요동지방을 자주 괴롭히고 있었던 그때였다.

요컨대 고구리는 멸망 몇 해 전부터 장기적인 가뭄에 따른 굶주림으로 국가적 위기 상황에 빠져있었고 당나라는 이를 놓치지 않았다. 지속적인 소모전으로 고구리의 힘을 빼놓았고, 결국에는 많은 성들이 끝까지 싸우기보다 일시에 당나라군에 항복하는 길을 택하였다. 고구리의 멸망으로 이어진 평양성 항복도 이렇게 해서 빚어졌다.

이때 싸울 의사를 잃어버린 것을 제외한다면 고구리는 처음부터 끝까지 계속해서 수·당에 결사적으로 나섰고, 그 배경에는 지나인이 이해할 수 없는 강한 애국심이 있었다.

오늘날 지나인은 고구려와 수·당 간의 싸움을 고구리라는 소수민족의 할거정권과 지나라는 통일정권 사이의 싸움, 즉 통제에 대한 반항으로 빚어진 중원정권 통치 범위 안의 내부 모순으로 이해하고 있다. 따라서 수·당의 고구리 침공은 침략이 아니며, 고구리의 저항은 침략 반대가 아니라고 한다. 결국 고구리와 수·당의 관계는 자주국가 간의 관계가 아니라고 이치에 닿지 아니한 것을 끝까지 굽히지 않고 주장하고 있다. 이러한 억지는 오늘날 처음 나타난 것이 아니다. 수·당나라 시대와 그 이후에도 지나인 사이에 고정관념으로 자리잡고 있었던 것이라 사실 새로울 것은 없다.

헌데 수·당의 침략 책임을 고구리에 떠넘기지 않고 그 책임이 전적으로 수와 당나라는 중원 정권에 있다고 밝힌 지나인이 있어 주목을 끈다. 당나라 사람으로 당시 사공司空(御史大夫)이라는 벼슬을 갖고 있는 방현령房玄齡이었다.

태종이 요동 침공의 실패로 후회를 하면서도 다시 침공군을 일으키려 하자, 병으로 누워있던 방현령은 노자의 말을 끌어대며 이제 고구리 침공을 그만둘 것을 간절히 청했다. 다음은 그 내용이다.

"노자老子는 '만족할 줄 알면 욕됨이 없고 그칠 줄 알면 위태롭지 않다.'고 말씀했습니다. 폐하는 위대한 명성과 공덕이 이미 만족하다 할 만한데도 땅을 개척하고 강토를 넓히고자 하는데, 이를 그만두는 것이 좋겠습니다. 또한 폐하는 언제나 죄인 한 명을 처형하는 데도 반드시 세 번 조사하라고 명령하시며, 잡수시는 것을 줄이며 음악도 그만두게 하라고 하셨는데, 사람의 목숨을 중히 여기시는 까닭에서가 아닙니까. 그런데 지금 무고한 군사를 모아 칼날 아래 맡겨두려 하시는데, 이는 곧 간과 머릿골을 땅에 물들이게 하시는 일이오니, 어찌 민망한 일이 아니겠습니까. 고구리가 신하의 절개를 어겼다면 이를 벌주는 것이 옳고, 백성이 소란을 피웠다면 멸하는 것이 옳고, 다른 날 중국의 우환이 되면 제거하는 것이 좋겠습니다. 지금은 이 세 가지 조건이 없습니다. 그런데도 앉아서 중국을 번거롭게 하고 안으로 앞 시대의 수치를 씻으려 하고 밖으로 신라의 원수를 갚아준다 하니, 어찌 살핀 것이 적으며 손해를 보는 것이 크지 않겠습니까. 바라건대, 폐하는 고구리가 스스로 새로워지기를 허락하시고 바다 위의 배들을 불태워버리고 모아들인 군사를 헤쳐버리면, 자연히 화이華夷(지나와 동이)가 서로 기뻐하여 의지하고 멀리는 엄숙해지고 가까운 곳은 편안해질 것입니다."

침공을 반대하는 건의문은 내용상 다섯 가지로 이루어져 있다.

① 침공 야망의 폭로—태종은 많은 땅을 다스리고 있으므로 더 이상 땅을 개척하고 영토를 넓힐 필요가 없다고 했다. 고구리를 침공하여 크게 무엇을 이루어보겠다는 태종의 희망이 영토를 넓히는데 있었음을 분명히 보여준다.

② 침공 이유의 부재—고구리가 당나라에 대해 상식 이하의 행동을 하지 않아 당나라로서는 고구리를 침공할 구실이 없다는 것을 밝

혀주고 있다.

③ 침공 시기의 부적당 — 침공할 이유가 없으므로, 지금은 침공할 시기가 아님을 보여주고 있다.

④ 침공 명분의 허구성 — 수나라가 패전한 수치를 씻고 신라의 원수를 갚아준다는 것은, 얻는 것보다 잃는 것이 많다고 지적, 명분이 허구에 차 있음을 보여주고 있다.

⑤ 평화공존의 역설 — 전쟁 준비를 백지화시키면 고구리와 중국 사람이 모두 평화를 누리게 되리라고 기대하여 평화공존에 대해 강조했음을 보여주고 있다.

고구리 침공을 반대한 신하들은 실전을 통해 고구리의 실체를 정확히 알고 있었고, 따라서 주로 전략적인 면에서 침공이 실패할 것을 염려하여 이를 반대했다. 이에 비해 방현령의 반대론은 전략적이 측면이 아니고, 두 당사국이 서로 특별한 혜택을 주고받는 입장을 충분히 고려하는 등 여러 각도에서 헤아려 본 것을 중심으로 했던 것이다. 그런 면에서 남다르다 할 것이다.

이렇듯 태종의 고구리 침공이 침략 행위임에 틀림없는데도 침략이라고 여기지 않는 것은 『당서』·『신당서』와 『자치통감』 등의 역사서에서도 분명히 드러나 있다.

이러한 지나인의 자존적 태도, 바꾸어 말해 고구리를 낮추려는 저의를 합리화시키기 위해 곧잘 이용하고 있는 것이 바로 고구리를 구성한 맥족貊族이 당나라 시대 다민족 중 한 구성 분자라던가 고구리가 당나라의 벼슬과 작위를 받고 조공을 했다는 주장이다.

그러나 이러한 주장은 고구리가 어디까지나 수·당나라에 대해 자주적인 태도를 굳게 지녔음이 명확한 이상 어느 모로나 설득력이 없다. 책봉 문제도 그렇다. 고구리 국왕이 지나로부터 책봉을 받았다고 한다면, 맥족은 지나 다민족 중 일원이 될 수밖에 없다. 그러나 정말 중요한 것은, 과연 고구리 국왕이 받은 책봉이 본래의 의미대로 유지되었을까 하는 점이다. 물론 아니다.

고구리가 끊임없이 수·당으로부터 침공을 받은거나 당나라의 침공을 받고 멸망되기에 이르렀다는 것은 이미 책봉이 기능을 발휘하지 못했음을 반증한다. 사실 지나는 책봉을 제후국 내지 속국으로 만드는 장치로 보았지만, 고구리로서는 자국의 이익을 유지하고 평화공존을 위한 하나의 수단으로 보았을 뿐이다.

조공의 경우도 마찬가지이다. 책봉에 대한 견해가 서로 다르다 보니 두 나라 사이에서는 언제나 충돌이 있을 수밖에 없었다. 그 마찰이 표면화되지 않을 때 고구리의 사신이 수·당나라에 들어오는 것을 지나측에서는 조공이라고 표현했다. 그러나 책봉만큼이나 조공 또한 지나인의 자존적인 표현에 지나지 않는다.

예컨대 수나라가 지나의 남북조를 통일했다는 소식을 접한 고구리가 사신을 보내 조공을 한다 하면서도 드러나지 아니하게 수나라의 침공을 경계하여 군사적 대응책을 여러 방면으로 마련한 것이나 더 나아가 표면상 조공을 빌미로 수나라에 들어간 사신이 정탐꾼으로 수나라의 움직임을 몰래 살펴 알아내는 것을 주된 임무로 한 것 등은 바로 책봉과 조공에 대한 두 나라의 생각이 전혀 달랐음을 생생히 보여주는 좋은 예이다.

더욱이 고구리는 수나 당나라보다 훨씬 이전에 건국된 나라로서 수 · 당의 외교적 승인 대상에도 전혀 해당되지 않는다. 고구리가 아득하게 오래된 나라이므로 지나의 역대 왕조는 대항하기 위해 실마리를 잡은 것이 바로 지나인의 전통적인 사유思惟 관념 속에 자리 잡고 있는 주나라 봉건제도의 주종관계였다. 사실 오래 유지되지 못한 역대 지나의 왕조들로서는 대제국인 고구리와 대결하기 위해 이 방법 밖에 선택할 수 없었을 것이다.

여기서 고구리의 대제국으로서의 면모를 알아보자. 양의 동서를 떠나 고대시대에는 전쟁 등 투쟁의 역사가 전개되었다. 고구리도 예외는 아니었다. 고구리 관련 지나의 역사기록은 이를 잘 보여주고 있는데, 지나와 고구리는 각기 상대방과 영토 확장 전쟁을 전개했다. 지나 역사상 한漢 · 수隋 · 당唐을 제국으로 보고 있으나 이들 나라와 싸운 고구리를 제국으로 보려는 견해는 아직 나와 있지 않다. 과연 고구리는 제국으로서의 조건을 갖추지 못했을까.

역사상 제국이라 하면, 본국의 세력이 다른 나라 또는 다른 종족을 큰 규모로 합치는 그런 나라를 말한다. 고구리의 경우 소왕을 거느렸으며 동시에 국외로 영토를 크게 팽창시켰음은 지나의 역사책 속에서도 분명히 밝혀진 사실이다. 특히 고구리가 수나라 이전에 영토를 지나쪽으로 확대시켰다는 것은 수양제가 공식적으로 인정한 바이다. 즉 대업 8년(612), 양제는 고구리가 요서지방으로 군대를 내보낸 일과 관련하여 고구를 침공하기로 결심하고 내린 명령 문서에는 이러한 내용이 나온다. 한나라 이전 시대 고구리 사람들은 갈석산碣石山과 장성 남쪽 연안의 발해군으로 진출했으며 요동과 요서지방을 조금씩 먹어 들어갔다. 한나라와 위나라가 동쪽으로 진출하여 고구리 사람들은 이곳의 생활터전이 무너졌으나 북조시대의 혼란을 틈타 다시 살던 곳으로 들어와 612년까지 손을 대어 거두지 않고 내버려두어 거칠어진 땅을 일구어 쓸모 있는 땅으로 만들어 씨앗을 뿌리고 열매를 거두는 등 타국 생활을 해왔던 것이다. 고구리 사람들의 이런 생활을 양제가 인정한 점으로 보아 거짓이 아님이 분명하며 특히 양제가 고구리에 대한 첫 침공을 앞두고 발표한 명령 문서에서 밝혀진 만큼 양제의 고구리 침공은 수나라 영토 안의 고구리 사람들을 내몰기 위한 일종의 인종 청소 작전의 성격을 띠었다고 보아도 좋을 것이다.

고구리 사람들이 지나의 발해군까지 들어가 생활한 만큼 고구리의 영토는 서쪽으로 크게 확장된 것으로 보이는데, 이 점에 관해 『통전』 고구리전은 주목할 기사를 보여주고 있다. 즉 한나라 때 사방 2천 리였던 고구리의 영토는 위나라 때 남북의 영토가 줄어들어 천여 리에 지나지 않다가 수나라 때 점차 커져 동서의 길이가 6천 리에 이르렀다. 다시 말해, 양제의 명령 문서에서 밝혀졌듯이 고구리의 서쪽 영토는 장성 남쪽의 발해군이었으며, 여기서 동쪽으로 잡아본 영토의 길이가 6천 리에 이르렀다는 것이다. 고구리가 특히 서쪽으로 영토를 크게 확장시킨 만큼 이 시기의 고구리는 분명 대제국이라고 보아야 사리에 맞다. 이런 강한 세력을 가졌기 때문에 수나라 또는 당나라에 대해 스스로 신하라고 자처하기를 거부했고 설사 그러했다고 하더라도 형식에 그쳤다.

이렇듯 실상과는 달리 봉건제도의 남은 찌꺼기인 책봉, 조공이라는 정치적 용어가 마치 사실인양 모습을 드러냈으나, 이는 대외용이며 대내적으로는 그렇지 않았던 것이다.

고구리 시대에 해당하는 지나의 역사기록은 고구리가 지나의 속국이었다며 구체적 예로 스스로 신하라고 자처하고 조공한 것을 들고있다. 그러나 외교문서에서 신하라고 자처했다고 하더라도 본심이아니라 외교상 거짓으로 꾸몄다면 진정한 신하로 보기 힘들다. 이것은 고구리 국왕이 고구리에 온 지나 사신에 대한 태도에서도 분명해진다. 즉 『위서』를 보면, 북위의 효문제 태화 연간(477~499)에 원외상시員外常侍 벼슬을 가지고 있는 방량房亮이 고구리에 사신으로 왔는데 고구리의 장수왕은 병을 핑계대고 그에게 절을 하지 않았다. 그는 귀국하여 나라를 욕되게 했다는 죄의 이름으로 낮은 지위로 떨어져 지방관으로 쫓겨났다.

또한 『당서』에 의하면, 고구리 영류왕은 평상에 앉은 채로 사신으로 온 이의염李義琰을 만났는데, 그는 자신이 천자의 사신으로서 고구리 임금과 대등하다며 끝내 영류왕에게 절을 하지 않았다. 그 후 그의 동생 이의침李義琛도 고구리에 사신으로 왔는데, 영류왕이 앉아서부르자 그는 영류왕 앞으로 엉금엉금 기어가 절을 하고 나서도 엎드려 있었다. 고구리 임금이 지나의 사신에게 절을 하지 않았음을 확인할 수 있는 기사는 이 정도 밖에 없다. 그렇다면 그 이외의 경우는 달랐을까. 당나라 고조는 여러 신하들에게 이렇게 말한 적이 있다. 고구리가 수나라에 신하라고 자처했으나 끝내 양제를 거부했으니 수나라에 대해 신하라고 했겠느냐고 되받아 물었다. 고구리가 수나라에절대 신하라고 자처하지 않았음을 고조가 확인시켜준 것이다.

이는 당나라에 대해서도 마찬가지였다. 태종이 신라의 선덕여왕을위로하고 어루만져 달래는 글 가운데 고구리가 험한 지형만 믿고 당나라에 대해 건방지게 흉악한 행동을 했다고 한 기사가 이를 보여준다. 고구리가 태종 때에도 지나에서 멀리 떨어져 있는 데다 험한 지형만 믿고 당나라에 계획적으로 신하의 예를 다하지 않았던 것은 서역(중앙아시아)의 투루판(吐蕃)에서도 잘 알고 있었다.

이렇듯 고구리가 수·당에 대해 자주적 입장을 굳게 지킨 것은 단지 험한 지형만을 믿어서는 아닐 것이다. 고구리의 높은 학문적 수준에 대해서는 태종도 익히 알고 있었다. 고구리와 백제가 신라를 침공하여 신라가 위급한 상황에 처해 있다는 긴급한 보고를 받은 태종은, 627년 삼국 문제에 간섭하기로 하고 나서 학문적인 풍채와 용모가 넘치는 주자사朱子奢란 인물을 특별히 선발하여 사신으로 파견했다. 그때 태종은 백제와 고구리의 학문 수준이 높다는 점을 들어 당나라의 사신으로서 위엄이나 기품이 다치는 말과 행동을 삼갈 것을 몇 번씩이나 단단히 부탁하였다. 이로 보아 고구리 사람들은 학문 등 문화면에서 당당함과 당당히 여기는 마음을 가지고 있었던 것이 분명하다.

이것이 지나의 역대 왕조에 대해 고구리가 자주적인 태도를 지킨 중요한 배경이 되었음은 물론이다. 흥미로운 것은 오히려 고구리의 건재 시에 지나인이 고구리 영토에서 거주한 사실이 있음을 보여주는 자료가 무수히 많다는 것이다. 이들 자료만 본다면, 오히려 지나인이 고구리 다민족 중의 일원이었다고 할 수 있다.

당나라 고종의 고구리 침공과 관련하여 김부식이 논하여 비평한 글이 있다.

"고구리는 중국에 겸손하지 않아 중국의 국경을 침범하고 그 군현에 들어가 자리를 잡고 살았다. 수와 당나라 시대에도 천자의 명령을 거절하고 순순히 따르지 않아 황제의 사신을 토굴에 감금하는 등 고집이 세어 두려워하지 않아 중국이 죄를 묻는 군사를 보냈으며, 혹 속임수를 써서 대군을 꾐수에 빠트렸으나 마침내 임금이 항복하여 나라가 멸망되어서야 전쟁이 그쳤다."고 했다.

김부식은 당 태종의 고구리 침공에 대해 침공이 당 태종의 영토 확장 욕심에 있었다고 했으나, 고종의 침공에 대해서는 "고구리가 수와 당나라의 황제 명령을 거절해서 일어났다."고 하여 사대적인 입장에서 침공을 합리화했다.

보장왕은 고구리의 마지막 임금이므로, 고구리인에 의해 시호가 정해질 수 없는 슬픈 운명의 군주였다. 보장왕寶藏王이란 시호는 김부식에 의해 정해진 걸로 여겨진다.

저항심을 뿌리 깊게
심은 백제

백성들에게 복을 넉넉하게 내려 따뜻하게 하여 천자의 존칭을 받은 온조왕溫祚王

제1대왕	
재위 기간	원년(기원전 18)~46년(기원후 28)
성	부여씨扶餘氏
이름	온조溫祚
아버지	추모鄒牟 · 주몽朱蒙
어머니	졸본부여왕卒本扶餘王의 둘째 딸

역사적으로 동서양을 막론하고 국가를 세움에 있어 조건이 필요하다. 사람들의 존경을 받아야 하며 그들에게 봉사할 마음이 철저해야 한다. 무조건 사람들을 지배하려는 사람도 국가를 세우기도 한다. 봉사정신이 철저하면 사람들은 모여들기 마련이다. 허나 국가를 세우는 것은 한 사람의 힘만으로는 안 된다. 국가가 세워졌다 해도 최고 통치자가 권력에 취하면, 측근 세력을 내세워 함께 국가를 세운 공신들을 제거하기도 한다.

그러면 백제 건국 당시의 상황은 어떠했을까. 주몽이 북부여에서 낳은 태자에게 밀린 비류沸流와 온조가 남쪽으로 갈 때 따라 나선 사람은 고작 10명이었으나 이들을 따르는 백성은 많았다. 온조는 하남河南 위례성慰禮城에 나라의 도읍을 정하고 나서 나라 이름을 십제十濟라 했다(기원전 18).

주몽의 맏아들 비류沸流도 따르는 백성을 이끌고 미추홀彌鄒忽에 미물렀다. 힌데 이곳 땅은 물이 짜시 사람이 실기에 적힙하지 않았다. 잠시 헤어졌던 비류는 동생 온조가 정한 도읍을 살펴보았다. 백성들이 편히 살고 있었다. 비류는 자신이 선택한 행동을 부끄럽게 여겨 사망하자, 지도자를 잃은 백성들은 온조왕의 위례성으로 모여들었다. 비류가 부끄러워 사망했다 하지만, 아우 온조왕이 나라와 백성들을 잘 이끌어 나가고 있음을 직접 보고 마음이 거북하여 갑자기 사망했다고 보는 것이 맞을 것이다.

비류의 백성들이 모두 온조왕에게 돌아옴으로써 나라의 인구가 크게 늘어나자, 나라 이름을 고쳐 백제百濟라 하였다. 여기서 말하는 백百은 많은 숫자를 나타내는 꾸밈말이며, 백제라는 나라 이름은 망할 때까지 계속 사용되었다. 십제가 백제로 바뀐 이후 백제는 계속 크게 발전하여 마한馬韓이 통치하고 있는 땅을 점차 거두어들이기 시작함으로써 삼국의 대열에 당당히 끼게 되었다.

온조왕은 십제라는 나라 이름이 정해진 통치 원년(기원전 18)에 동명왕東明王의 사당을 세웠다. 고대국가는 나라가 세워지면 의례히 조상의 사당을 세운다. 동명왕은 누구일까. 아버지 주몽을 말한다. 사당까지 세웠으니 겉으로 보기에 나라의 체제는 갖춰진 셈이다.

아무 연고도 없는 곳에 나라를 세운 온조의 백제는 기반 시설이 없는 장소에 세워져 나라의 힘은 미약할 수밖에 없다. 그런데다 백제 주변의 세력이 백제를 침범하기 시작했다. 건국 초기에 침범과 약탈을 제멋대로 행한 것은 북쪽 변방의 말갈靺鞨이다. 온조는 이에 대처하기 위하여 부족의 우두머리인 을음乙音에게 군사와 말을 모두 관리하는 벼슬을 맡겨 군사문제를 전담케 했다.

고대시대에는 전쟁이 나면 임금이 직접 군사를 이끌고 적과 싸우는 일이 허다했다. 즉위 원년에 온조는 북쪽 변경을 침범한 말갈을 크게 격파하였다. 말갈은 즉위 8년(기원전 11)에 위례성을 포위하였다. 이번 말갈의 포위는 5년 전에 있었던 패배에 대한 앙갚음으로 보인다. 온조는 처음에 말갈군 3천과의 맞붙는 싸움을 피하고 성을 지키는 전법으로 맞섰다. 이에 말갈은 식량이 떨어져 후퇴하게 되자, 온조는 강한 군사를 이끌고 뒤쫓아 공격하여 크게 승리하였다.

온조가 말갈의 침입에 대처하기 위해 마수성馬首城에 성을 쌓게 되자 낙랑 태수가 시비를 걸어왔다. 낙랑 태수는 사신 편에 백제의 축성이 자기 땅을 먹어 들어가는 걸로 판단하여 성과 요새를 허물 것을 요구했다. 온조는 이에 대해 낙랑 태수는 의심할 필요가 없다 하고, 만약 낙랑 태수가 군사를 동원한다면 백제는 이에 맞설 수밖에 없다고 알렸다. 이 일로 인해 백제와 낙랑의 관계는 나빠지게 되었다. 온조의 백제는 말갈, 낙랑과 사이가 나빠졌는데 남쪽의 마한과의 관계는 어떠했을까.

가뜩이나 말갈, 낙랑과의 관계가 나빠진 마당에 마한과의 관계가 또한 나빠지게 되면, 백제는 누구의 도움도 받을 수 없는 고립 상태에 빠지게 되고 말 것이다. 온조는 마한과의 관계가 나빠지는 것을 원치 않아 온조는 즉위 10년(기원전 9)에 사냥 나갔다가 잡은 '신록神鹿'을 마한에 선물로 보냈다. 온조는 즉위 5년(기원전 14)에도 북쪽 변방을 두루 돌아다니면서 백성들의 마음을 위로하고 달래다가 '신록'을 잡기도 했다.

'신록'은 어떤 상징성을 갖고 있으며, 무엇이기에 백제본기에 실리게 되었을까. '신록'은 백제의 본기에서만 언급되고 있는데, 백제의 임금을 상징하는 상상의 동물이다. 백제의 금동대향로金銅大香爐에도 2마리가 새겨져 있다. 고구리와 신라본기에는 흰 사슴이 자주 등장한다. 온조가 '신록'을 마한에 바쳤다는 것은 자신을 낮춰 마한의 임금에게 복종한다는 의미이므로 가장 크게 성의를 보인 것이다.

말갈과의 나빠진 관계는 좋은 쪽으로 바뀔 낌새가 전혀 보이질 않았다. 백제에 적대적인 낙랑은 즉위 11년(기원전 8) 말갈을 부추겨 백제의 병산책瓶山柵을 습격하여 백제 사람들을 죽이고 노략질하게 했다. 온조는 도읍 위례성의 방비가 무르고 약하다는 것을 알고 즉위 13년(기원전 6) 7월에 한산漢山 밑으로 성과 요새를 옮길 의사를 마한에 알렸다. 이때 정해진 국경은 북쪽은 패하浿河(예성강), 남쪽은 웅천熊川, 서쪽은 바다에 접하고, 동쪽은 주양走壤(춘천 지역)에 이르렀다.

즉위 14년(기원전 5)에 도읍을 옮긴 온조는 부락을 돌아다니면서 백성들을 위로하고 농사일에 힘을 쓰도록 감독하며 격려하였다. 즉위 17년(기원전 2) 낙랑이 비어 있는 위례성에 불을 질렀으며, 다음 해에는 말갈이 들이닥쳐 옴으로 온조가 친히 나가 싸워 칠중하七重河(임진강)에서 적의 추장을 잡아 마한으로 이송하고 남은 무리들을 구덩이에 묻어버렸다. 말갈의 추장을 마한으로 보낸 것은, 백제가 마한과의 관계를 호의적으로 이끌려고 했음을 의미한다. 즉위 22년(4) 온조는 부현斧峴 동쪽에서 사냥하다가 만난 말갈을 쳐부수고 사로잡은 자들을 장수에게 나누어주었다.

그간 관계가 나쁘지 않았던 마한과의 관계는 즉위 24년(6) 백제가 웅천책熊川柵을 만듦으로써 뒤바뀌기 시작했다. 마한의 임금은 사신 편에 성을 쌓는 문제를 나무라며 못마땅하게 여기는 말을 했다. 그 말에 따르면, 온조가 북쪽에서 남으로 와서 처음 발을 붙인 땅은 마한의 땅이다. 마한의 임금은 갈 데가 없는 온조에게 마한의 동북 1백 리 땅을 내줌으로써 발 부칠 곳이 생겼다. 마한의 임금이 땅을 내준 것은 누가 보아도 온조를 너그럽게 대우한 것이다. 땅을 내준 마한의 임금은 온조가 마한에 은혜를 갚으리라고 기대하였다. 마한의 임금은 백성들이 온조에게 모여드는 것을 보고 누구도 온조에게 맞서 겨룰 사람이 없게 되었다고 판단하여 온조를 마한에 싸움을 거는 세력으로 판단하였다.

온조는 마한의 임금이 꾸짖어 못마땅하게 여기는 말을 접하고서 스스로 부끄러워했다. 그 후 백성의 집에서 기르는 말이 소를 낳았는데, 머리 하나에 몸은 둘이었다. 이는 온조가 이웃 나라를 합칠 징조라고 상서로운 날을 잡는 사람의 말에 따라 진한과 마한을 합칠 생각을 하게 되었다. 온조가 마한에 대해 살핀 바에 따르면, 마한은 점점 쇠약해지고 있어 오래 갈 수 없을 것이라고 판단하여 먼저 마한을 손아귀에 넣기로 결정하였다. 온조는 결정한 대로 사냥을 하러 간다고 핑계를 대고 마한을 습격하여 도읍을 합쳤다. 그렇다고 해서 온조가 완전히 마한을 휘어잡은 것은 아니다. 원산圓山과 금현錦峴 두 성이 온조에게 항복하지 않았기 때문이다. 저항하던 두 성은 즉위 27년(9) 온조에게 항복함으로써 마한은 결국 멸망하고 말았다.

7년 뒤 즉위 34년(16), 마한의 옛 장수 주근周勤이 우곡성牛谷城을 활동의 중요한 지점으로 반란을 일으켰다. 난은 온조가 친히 거느린 백제 군사 5천 명에 의해 진압되었다. 저항하는 마한의 남아 있는 세력이 완전히 제거된 후 온조는 국내문제에 힘을 쏟았다. 즉위 36년(18) 마한의 옛 성인 원산과 금현 두 성을 수리하고, 즉위 38년(20)에는 50일에 걸쳐 지방을 돌아다녀 동쪽은 주양에 이르고, 북쪽은 패하까지 이르렀다.

돌아다닌 것은 돌아다니기 1년 전에 한수漢水의 동북 부락에 흉년으로 먹을 양식이 모자라 굶주림이 있어 1천여 호가 한꺼번에 고구려로 도망함으로써 패수와 대방 사이의 땅에서 사람을 찾아볼 수 없을 정도이기 때문이다. 돌아다닌 이후 사자使者[1]를 보내 농사와 누에치기를 권장하였다.

백제 초기부터 백제를 침범해 온 말갈은 즉위 40년(22) 술천성述川城을 침범하고 부현성斧峴城을 습격하여 사람을 마구 죽이고 약탈을 제멋대로 하였다. 즉위 43년(25) 남옥저의 구파해仇頗解 등 20여 호가 부양斧壤에 이르러 복종을 청하자, 온조는 이들을 받아들여 한산漢山의 서쪽 지방에서 살게 했다.

온조가 지방을 돌아다닐 때 지방의 조직은 잘 이루어져 있었을까. 즉위 41년(23) 한수漢水의 동북 지방의 여러 부락에서 15세 이상 되는

---

1 어떤 사명을 맡아 심부름을 하는 사람.

사람을 들추어 옛 도읍이었던 위례성을 고쳐 쌓았다. 백성의 집을 남부와 북부로 나누고, 3년 뒤에는 동부와 서부를 더 설치했다. 이로써 백제의 지방은 동서남북의 4부로 나누어지는 등 중앙정부가 전국을 완전히 통제하게 되었다.

온조의 지방 조직은 마한이 진한과 변한까지 식민 상태로 통치한 지방조직을 그대로 행한 걸로 보인다. 국가 운영상 중앙정부가 지방을 휘어잡는 것은 불가피하다. 하지만 농사가 잘 안되어 먹을 양식이 모자라 굶주리게 되면, 백성들은 살기 좋은 곳으로 옮기거나 도주한다. 즉위 37년(19) 한수의 동북 부락에 굶주림이 발생하자 1천여 호가 고구리로 도망하기도 했다. 대체적으로 백성들은 특정한 국가에 예속되어 있지만 굶주림으로 살아남기 위해 비록 그곳이 적국일지라도 생활환경이 좋으면 그곳으로 도망한다. 남옥저의 20여 호가 백제로 귀순한 것도 같은 경우라고 할 수 있다.

자연재해는 온조 치하의 중앙정부도 막을 수 있는 것이 아니다. 즉위 45년(27) 봄과 여름에 가물어 초목들이 타들어가 말랐다. 게다가 지진으로 백성들의 집이 무너졌다. 온조로서는 나쁜 재앙이다. 온조는 이에 대한 아무런 해결책을 마련하지 못하고, 즉위 46년(28)에 사망하였다.

그러면 온조를 어떤 말로 평가해야 할까. 이를 살피려면, 시호의 의미를 찾아보아야 할 것이다. 시호의 온溫자에는 '따듯하게 하다' · '부드럽다' · '넉넉하다' 의 의미가 있고, 조祚자에는 '천자의 자리' · '하늘이 복을 내리다' 의 의미가 있다. 온조왕의 재위 시에 자연재해로 굶주린 백성들이 고구리로 도망해 들어갔지만 대체적으로 하늘이

복을 내리듯이, 온조는 백성들에게 복을 넉넉하게 내려 따듯하게 했다는 여러 사람들의 의견에 따라 정해진 시호가 온조왕溫祚王이다.

　온조가 내린 복을 누린 사람들은 누구일까. 백제는 마한 땅에서 나라가 세워졌으므로, 복을 누린 사람들은 백제 사람과 마한 사람들이다. 온조의 백제는 떠오르는 태양이며, 기존의 마한은 저무는 해 그 자체였다. 백제의 새 시대가 열리고 마한의 시대가 막을 내리게 한 장본인은 바로 온조이다. 온조가 즉위 26년(8) 마한에 대해 살펴 바에 의하면, 윗사람과 아랫사람이 화목하지 않고 서로 갈리어 배반하려는 형국이었다. 온조는 이미 마한의 멸망을 미리 내다보고 있었다. 마한의 멸망이 빨리 나타난 것은 새롭고 산뜻한 온조의 백제 건국으로 빚어진 것이다. 백제의 건국을 크게 환영한 것은 마한의 백성일 것이다. 그러니 온조의 따듯하며 부드러운 통치로 마한 사람들은 온조를 적극 지지했으며, 온조가 내린 복을 누린 사람은 바로 마한 사람들이었다. 온조왕이라는 시호는 백제 사람을 포함한 마한 사람 전체의 입장에서 정해진 것이라고 보는 것이 사리에 맞을 것이다.

말갈 또는 신라와 맞붙는 싸움이 자주 겹친
다루왕多婁王

┤ 제2대왕 ├
재위 기간 원년(28)~50년(77)
성   부여씨
아버지   온조왕

온조왕의 맏아들로 타고난 성품이 너그럽고 권위와 명망이 있었다. 온조왕의 즉위 28년(10)에 태자가 되고, 즉위 46년(28)에 온조왕의 사망으로 임금의 자리를 계승하였다. 임금으로서 처음에 한 것은, 시조 동명왕東明王의 사당을 참배하고 천지의 조화를 부리는 온갖 신령에게 제사를 올린 것이다.

말갈은 다루왕 때에도 백제를 괴롭혔다. 즉위 3년(30) 마수산馬首山 서쪽에서 치룬 말갈과의 충돌에서 승리를 거두었다. 이듬해에도 말갈과의 전쟁에서 크게 승리했다. 같은 해 임금은 횡악橫岳 밑에서 사슴 두 마리를 사냥하여 잡았다. 이때의 사슴은 신록이라 하지 않고 그냥 사슴이라고 표현했다. 이 광경을 곁에서 가까이 모시는 사람들은 마음속 깊이 느끼고 놀랐다. 사슴 두 마리를 연달아 맞혔기 때문이다. 임금이 먼 길을 떠남으로 많은 신하들이 함께하기 마련이다. 이들은 그냥 임금의 가마를 모시는 일 외에 사냥 몰이를 한 것으로 보인다. 말갈의 침범에 맞서 임금이 직접 군사를 이끌고 지휘해온 사실을 근거로, 임금의 사냥은 일종의 군사연습이었을 것이다.

임금이 사냥을 한지 4년 뒤, 즉 즉위 7년(34) 말갈은 4년 전에 싸움에서 진 것을 보복이라고 하듯이 마수성을 무너뜨리고 불을 질러 백성들의 집을 불태웠다. 한 달이 지난 뒤에도 말갈은 병산瓶山의 성과 요새를 습격하였다. 말갈의 침공은 즉위 28년(55)에도 있었다. 이듬해 말갈의 침공을 대비하기 위해 동부에 우곡성牛谷城을 쌓았다. 이후 말갈의 침공은 다시 찾아볼 수 없게 되었다. 그 대신 집중적인 기사는 신라 문제에 대한 것이다. 즉위 36년(63) 임금은 신라와의 화합을 청하는 사신을 보냈는데, 신라는 응하지 않았다. 그래서인지 임금은 이듬해 군사로 하여금 신라의 와산성蛙山城을 침공케 하고, 또 구양성狗壤城을 공격케 했으나 백제군이 패했다.

백제군과 싸운 신라군은 기병이었다. 임금은 패전에 대한 보복으로 39년(66)에 와산성을 공격하여 1백 명이 여기에 주둔케 했으나 신라군에게 뺏기고 말았다. 임금은 43년(70), 47년(74) 신라를 침범했으나 승패 기록이 없다. 승패 기사는 48년(75) 와산성을 회복하였다가 이듬해 다시 신라에게 빼앗겼다는 것이 마지막이다.

임금의 국내 정치로 볼 수 있는 것은, 즉위 6년(33) 남쪽의 주군州郡이 벼를 심을 논을 만들게 하고, 11년(38) 백성을 위로하며 스스로 살 능력이 없는 백성에게 곡식 두 섬을 주고, 36년(63) 낭자곡성娘子谷城(청주)까지 땅을 쓸모 있는 땅으로 만들었다는 것이 전부이다.

임금의 재위 기간에 사건이 빈번하였다. 그것은 무엇일까. 말갈 또는 신라와 맞붙는 싸움이다. 말갈과 관련된 기사는 6회이며, 신라와 관련된 기사는 7회이다. 그러니 임금의 재위 기간에 내세울만한 사건은 결국 말갈 또는 신라와 맞붙는 싸움이 으뜸이라고 할 수 있다. 그러면 임금의 시호는 어떻게 정해졌을까. 시호의 다多자에는 '늘어나다'·'겹치다'라는 의미가 있고, 루婁자에는 '자주'라는 의미가 있다. 다루왕이라는 시호는 말갈의 침공 또는 신라와의 싸움에서 승패가 자주 겹쳤다는 것이 시호를 정하는데 반영된 걸로 본다.

자신을 다스리고 자주 신라를 끌어당겨 평화를 거둔 기루왕己婁王

┤ 제3대왕 ├

재위 기간   원년(77)~52년(128)
성   부여씨
아버지   다루왕

다루왕의 맏아들인 기루왕은 뜻과 학식, 견문이 크고 넓어 작은 일에 마음을 두지 않았다. 임금은 아버지 다루왕 때 신라와의 평화가 깨져서인지 즉위 9년(85) 신라의 변경을 침범했다. 승패 여부와 침범한 사연은 밝혀져 있지 않다. 그 후 10년 뒤인 29년(105)에 신라에 사신을 보내 화친을 청했다. 응답 기록이 없는 것을 근거로 하면, 신라는 화친에 응한 것 같지 않다. 임금은 그래도 신라와의 관계가 부드럽고 너그러워지기를 바라고 있었던 듯하다. 그래서인지 재위 37년(113)에 사신 편에 예물을 보냈다. 그 예물이 무엇인지 알 수 없으나 즉위 27년(103)에 한산漢山에서 사냥해서 잡은 '신록'을 예물로 보내지 않았을까. 온조왕이 잡은 '신록'을 마한에 보낸 전례가 있으니, 신라와의 평화를 간절히 바란다는 뜻에서 보낸 듯하다.

다루왕이 사냥에서 잡은 사슴을 보통 사슴이라고 했는데, 온조왕이 잡은 사슴이 '신록'이라는 점에서 기루왕이 신라에 보냈다는 사슴도 '신록'이라고 본다. 그러면 '신록'과 사슴의 차이는 무엇일까. 사슴은 문자 그대로 흔히 보는 일반 사슴이고, '신록'은 흔히 볼 수 없는 사슴인 듯하다. 짐작하건대 '신록'은 흔하지 않은 흰색의 사슴이라고 본다. 고구리·백제·신라에서는 흰색의 사슴을 지방에서 바쳤다는 사례가 있다. 이로 보아 마한과 신라에 보낸 '신록'이라는 사슴은 흰색의 사슴이라고 해야 할 것 같다.

임금은 신라와의 평화가 깃들기를 바라는 소망에서 신라에 사신을 보내 화친을 청했으나 신라 측의 반응은 즉각 나타나지 않았다. 즉위 49년(125) 신라는 말갈의 침략을 받자 외교문서를 백제에 보내 군사를 파견해 줄 것을 요청했다. 임금은 즉각 장군 다섯 명을 보내 신라를 구하였다.

임금의 재위 시에 갑작스런 기상 재앙이 있었다. 즉위 13년(89) 지진이 일어나 백성들의 집이 무너지고 많은 사람이 죽거나 상처를 입었으며, 이듬해에는 가뭄으로 보리가 모두 말라 죽었으며 갑작스런 큰 바람으로 나무가 뽑히기도 했다. 즉위 23년(99)에 서리가 내려 콩싹이 죽는 일도 있었으며, 즉위 32년(108)에는 가뭄이 들어 백성들이 서로 잡아먹는 끔찍한 사태가 발생하고, 35년(111)에는 지진이 일어나기도 했다. 40년(116)에는 여름철 장마로 한강물이 넘쳐 백성들의 집이 떠내려가는 큰 수재 사건이 있었다. 수재 피해가 크다 보니 관리들을 동원하여 수해를 입은 밭과 논을 손보아 고쳐주었다.

임금의 재위 시에 있었던 갑작스런 기상 재앙은 인간의 행위가 아니고 자연이 주는 것이므로 임금의 치적에 해가 되지 않는다. 그러면 임금의 치적을 어디서 찾아야 할까. 임금은 신라와의 화평을 끌어내기 위해 먼저 신라에 사신을 보내거나 사신 편에 기이한 선물까지 보냈다. 신라가 임금의 화평 제의에 답을 보낸 것은 말갈의 침공을 받아 어려운 처지에 놓였을 때이다. 임금은 신라의 군사 요청 제의에 장군들을 보내 신라를 구했다. 이로써 신라와의 화평이 이루어졌다고 할 것이다.

임금의 시호 기루己婁에는 어떤 의미가 있을까. 기己자에는 '사욕'·'자기'·'자아'·'다스리다'의 의미가 있고, 루婁자에는 '자주'·'거두다'의 의미가 있다. 견문이 크고 넓어 작은 일에 마음을 두지 않는 성품의 소유자이므로, 사욕을 다스려 자주 신라에 평화를 제의했으나 신라가 응하지 않다가 말갈의 침공으로 위험해지자 군사를 청하므로 군사를 보내 신라와의 평화를 끌어내었다. 결국 신라와의 화평은 임금이 자신을 다스려 자주 신라를 끌어당김으로써 거두게 되었다. 이를 반영하여 시호가 기루왕으로 정해졌다.

신라의 반역자를 거두어들여 신라와의 평화를 해친
개루왕蓋婁王

┤ 제4대왕 ├

재위 기간 원년(128)~39년(166)
성   부여씨
아버지   기루왕

기루왕의 아들(개루왕)은 성품이 공손하고 온순하며 지조志操가 있었다. 하지만 재위 기간에 내세울만한 치적은 없다. 즉위 28년(155) 신라의 아찬 길선吉宣이 반역을 꾀하다가 발각되자 백제로 도망해왔다. 신라의 아달라왕阿達羅王은 글을 보내 도루 돌려보내줄 것을 요청했으나 돌려보내지 않았다. 신라 임금은 분을 참지 못해 군사를 일으켜 백제를 침공하였다. 백제의 모든 성들이 방어를 철저히 하고 나가서 싸우지 않는 바람에 신라군은 양식 부족으로 그냥 돌아갔다.

백제본기의 편찬자는 이 사건에 대한 논평에서 "길선은 간사하고 흉악하며 모진 도둑인데, 개루왕이 받아들여 숨겼으니 도적을 감추었다."고 했다. 길선의 도망과 송환 거부로 말미암아 간신히 이루어진 두 나라의 평화가 개루왕 때 깨졌다. 그 바람에 두 나라 간에 전쟁이 일어나 백제의 백성들이 괴로움을 당했다. 편찬자는 개루왕의 처사를 일러 사리에 어두웠다고 평하였다.

개루왕의 시호는 무엇을 근거로 정해졌을까 시호 개蓋자에는 '해치다'는 의미가 있고, 루婁자에는 '거두다'는 의미가 있다. 개루왕은 신라의 반역자를 거두어들여 평화를 해친 것이 시호를 정하는데 반영되었음에 틀림없다. 성품이 공손하고 온순하며 지조가 있었다는 것은 시호의 의미와 어울리지 않는다.

옛 개루왕을 닮아 신라와의
화목을 깨뜨리고 부질없는 위엄을 뽐낸
초고왕肖古王

┤ 제5대왕 ├

재위 기간　원년(166)~49년(214)
성　　　　부여씨
아버지　　개루왕
다른 시호　소고왕素古王

　　개루왕의 아들(초고왕)의 재위 기간에는 신라와의 공방전이 계속
되었다. 임금은 즉위 2년(167) 비밀히 군사를 이끌고 신라의 서쪽 변
방에 있는 성 2개를 습격하여 남녀 1천 명을 붙들어 왔다. 개루왕 때
무너진 신라와의 관계는 초고왕의 즉위로 더 악화되었다. 신라의 아
달라왕阿達羅王은 보복 차원에서 일길찬 흥선興宣으로 하여금 2만의
군사로 백제의 동쪽 여러 성을 치게 하고, 임금 자신도 기병 8천을 이
끌고 잇달아 한수漢水까지 이르렀다. 개루왕은 신라군에 맞서 겨룰
수 없다고 판단하여 약탈한 것을 신라에 돌려주었다.
　　백제의 신라 변경 침범은 즉위 5년(170)에도 있었다. 이후 백제의

신라 침공은 뜸하다가 즉위 23년(188), 24년(189), 25년(190)에 걸쳐 계속되었다. 특히 24년 신라와의 구양狗壤 싸움에서 백제군 5백 명이 전사하였다. 25년 백제군은 신라의 서쪽 변경인 원산향圓山鄕을 습격하고 부곡성缶谷城을 포위했다. 이때 신라의 장군 구도仇道가 잘 막아 백제군이 물러서자 와산蛙山까지 이르렀으나 백제군이 반격하여 크게 이겼다.

그 후 9년 뒤인 34년(199) 신라의 변경을 침범한 백제군은 39년(204) 신라의 요거성腰車城을 침략하여 성의 우두머리인 설부薛夫를 살해했다. 신라의 내해왕奈海王은 분노하여 이벌찬 이음利音이 6부의 날랜 군사를 이끌고 백제의 사현성沙峴城을 침공케 했다. 6부의 군사가 동원된 만큼 전쟁 규모는 컸으나 전쟁 결과에 대해서는 밝혀진 것이 없다.

그 후 두 나라의 맞붙는 싸움은 나타나지 않고 있다가 45년(210) 적현赤峴과 사도沙道 두 성을 쌓고 이곳으로 동부의 백성들 살림집을 옮겼다. 이 후 신라와의 맞붙는 싸움은 없으나 말갈이 사도성沙道城을 침공해 왔다. 말갈은 이기지 못하자 성문을 살라버리고 달아났다. 4년 뒤인 49년(214) 9월, 임금은 북부의 진과眞果에 명하여 군사 1천 명을 거느리고 말갈의 석문성石門城을 습격하여 점령하였다. 하지만 말갈은 다음 달 강한 기병으로 침략해와 술천述川까지 이르렀으나 알려진 전쟁 결과는 없다.

임금의 재위 시에 기상 변화로 43년(208) 재해가 들고 가물어서 곡식이 순조롭지 못해 도적이 마구 날뛰고, 46년(211)에는 메뚜기가 곡식을 해치므로 백성들이 굶주렸다. 이런 상황인데도 48년(213) 백성이 흰 사슴을 잡아 임금에게 바쳤다. 임금은 상서로운 물건이라 하여 곡식 1백 섬을 주었다. 흰 사슴이란이란 '신록'을 말하는 듯하다.

재위 기간에 신라와의 화평을 가장 나쁜 상태로 이끈 임금의 시호는 어떻게 정해졌을까. 시호의 초肖자에는 '닮다'·'본받다'는 의미가 있고, 고古자에는 '위엄'·'뽐내다'는 의미가 있다. 초고왕의 시호의미를 정리하면, 임금은 정치면에서 신라와의 평화를 깨뜨린 개루왕을 닮아 신라를 자주 침범하여 자신의 위엄을 뽐낸 것이 두드러지므로, 시호가 초고왕으로 정해진 걸로 본다. 초고왕을 일명 소고왕素古王이라고도 하는데, 소素자에는 '본디'·'부질없다'라는 의미가 있다. 결국 초고왕은 본디 신라와의 화목을 크게 깨뜨려 부질없는 위엄을 뽐냈다고 할 수 있다.

말갈과 신라를 으뜸가는 적으로 꼽은
구수왕仇首王

┤ 제6대왕 ├

재위 기간 원년(214)~21년(234)
성   부여씨
아버지   초고왕

초고왕의 맏아들(구수왕)은 키가 일곱 자나 되고 몸가짐과 차림새가 뛰어나 위엄이 있어 보였다. 임금의 재위 기간에 신라와의 공방전이 끊이지 않았음이 크게 눈에 띤다. 3년(216) 말갈이 적현성赤峴城을 포위했으나 위엄이 있어 보이는 임금은 친히 기병 8백 명을 이끌고 뒤쫓아 공격하여 사도성 밑에서 큰 승리를 거두었다.

2년 후 즉위 5년(218) 임금은 군사를 동원하여 신라의 장산성獐山城을 포위했는데, 신라의 내해왕이 친히 거느린 신라군에게 크게 패했다. 일차 크게 패한 말갈은 즉위 7년(220) 북쪽 변경을 침범하자 임금은 군사를 보내 막아냈다. 이듬해 임금은 군사력을 자랑하여 보이려는 차원에서 한수漢水의 서쪽에서 친히 크게 군사를 사열했다.

즉위 9년(222) 임금은 군사를 보내 신라의 우두진牛頭鎭으로 들어가 폭력을 써서 강제로 살림집을 빼앗았다. 2년 후 신라는 보복전으로 맞서 일길찬 연진連珍이 침략해옴으로 봉산烽山 밑에서 백제 군사가 거꾸로 급히 공격하였으나 이기지 못했다. 임금의 재위 기간에 있었던 말갈의 마지막 침공은, 16년(229) 우곡牛谷의 경계에서 벌어졌는데 재물과 사람을 빼앗았다. 임금은 우수하고 강한 군사 3백 명을 보내 막게 했으나 적의 숨긴 군사가 양쪽에서 공격하므로 백제군이 크게 패했다.

임금의 재위 시에 있었던 큰 사건은 말갈 또는 신라와의 공방전이었다. 임금의 국내 정치에서 살필 수 있는 것은, 9년(222) 관청에서 나랏일을 맡아보는 사람에게 명해 제방을 수리하고 농사일을 권하여 장려한 것이 전부이다. 14년(227)에 크게 가물어 동명왕의 사당에 빌었더니 비가 내렸다. 18년(231) 4월, 기상 이변으로 내린 우박이 밤톨만하여 새들이 맞아죽기도 했다.

임금의 치적이라고 뚜렷하게 내세울만한 것은 없다시피 하다. 그러면 구수왕이란 시호는 어떻게 정해졌을까. 시호 구仇자에는 '원수'·'적'·'상대'의 의미가 있고, 수首자에는 '우두머리'·'으뜸'·'나타내다'의 의미가 있다. 임금은 침략적인 말갈과 신라를 으뜸가는 원수 내지 적으로 꼽았다. 이를 반영하여 정해진 시호가 구수왕이다.

초고왕과 구수왕처럼 빈번히
신라를 침공하며 위엄을 뽐낸
고이왕 古爾王

┤ 제7대왕 ├

재위 기간	원년(234)~53년(286)
성	부여씨
이름	고이
아버지	개루왕
형	초고왕

구수왕의 사망으로 맏아들 사반이 임금의 자리를 이어받긴 했으나 나이가 어려 정치를 할 수 없어 초고왕의 친동생인 고이가 임금 자리에 올랐다.

고이왕은 백제본기에 제7대왕이라고 기록되어 있지만, 엄밀히 따지면 사반이 7대왕이며, 고이왕은 제8대왕이 된다. 고이왕은 자신이 어엿한 임금이라는 것을 자랑하려 하여 3년(236) 사슴 40마리를 잡았다. 잡은 사슴 중에 '신록'은 없었던 것 같다.

즉위 5년(238) 정월에, 임금은 하늘과 땅의 조화를 부리는 온갖 신령에게 제사를 올렸는데, 조용히 지내는 제사가 아니고 북을 치고 피리를 부는 요란한 제사였다. 2월에, 임금은 부산釜山(경기도 振威의 옛 지명)에서 50일에 걸쳐 사냥을 했다. 이번 사냥도 사슴을 잡는 그런 사냥인 듯하다.

임금의 재위 52년 동안에 있었던 가장 중요한 사건은 무력을 과시한 것이다. 7년(240) 신라를 침범하고, 4월 임금이 석천石川에서 군사를 사열할 때 쌍 기러기가 들판 위에서 일어나는 것을 임금이 화살을 쏘아 맞혔다. 임금은 활쏘기 등 무예가 남다르다 보니 대규모의 군사 사열, 기러기를 쏘아 맞히는 등 무인의 기질을 지녀 9년(242)에도 서문 밖으로 나가 활 쏘는 것을 직접 보았다. 임금은 나라의 번영을 천지신명에게 의존하는 버릇이 있어 14년(247) 천지신명에게 제사를 지냈으며, 이에 힘을 얻은 임금은 22년(255) 신라와 매곡梅谷 서쪽에서 싸워 승리했다. 잇달아 신라의 봉산성烽山城을 쳤으나 이번에는 이기지 못했다.

임금의 무인으로서의 기질은 13년(246) 국제간의 전쟁이 일어날 때 나타났다. 즉 지나의 위魏나라의 유주자사 관구검毌丘儉이 낙랑 태수 유무劉茂, 대방 태수 왕준王遵과 연합하여 고구리를 침공할 때 임금은 군사를 싸움터로 내보내는 낙랑의 허술한 틈을 타 군사를 동원하여 낙랑 변방의 백성들을 빼앗아들였다. 하지만 낙랑 태수의 강경한 태도를 확인한 임금은 붙들어 온 백성들을 돌려보냈다.

정치의 방향을 주로 신라를 침범하는 쪽으로 잡은 임금은 즉위 27년(260)에 국정이 순조롭게 되기를 마음속에 두어 임금의 명령을 내주거나 받아들이는 내신좌평內臣佐平을 비롯하여 나라의 행정을 담당하는 가장 높은 벼슬을 두고 벼슬아치 자리에 매기는 등급에 따라 벼슬아치의 정복 색깔을 정하였다. 그러면 임금은 어떤 옷을 입었을까.

28년(261) 임금은 자줏빛 소매가 넓은 도포와 푸른 비단 바지를 입고 금꽃으로 장식된 오라관烏羅冠[2]을 쓰고 흰 가죽띠를 허리에 두르며, 검은 가죽신을 신고 남당南堂에 앉아 국가행정에 관계되는 사무를 보았다. 임금의 겉으로 드러난 모양과 벼슬아치에게 매기는 등급이 갖추어지자, 사신을 신라에 보내 화친을 청했으나 신라가 응하지 않았다.

국가의 행정기관을 비롯하여 관리의 등급까지 정한 뒤에 일어날 수 있는 관리의 부정행위를 막기 위한 조치를 취했다. 즉 관리로서 재물을 받거나 도둑질한 자는 불법으로 취한 물건의 세 배를 내게 하며 한평생 벼슬에 쓰지 않았다. 관리의 부정행위를 막기 위한 조처가 매우 강화되었다고 할 수 있다. 이를 상징하듯, 즉위 36년(269) 성패星孛(혜성)가 대궐에 나타났다. 혜성은 두려움과 놀랍고 신기한 일로 알려져 있었다.

혜성은 신라의 박혁거세 9년(기원전 49)과 14년(기원전 44)에도 나타났다. 혜성이 나타난 이후 박혁거세는 6부를 돌아다니면서 백성의 마음을 위로하며, 농업과 길쌈을 감독하고 격려하여 땅의 이로움을 이용하게 했다. 백제의 경우 혜성이 대궐에 나타난 지 3년이 되는 39년(272)에 군사를 보내 신라를 침공했다. 45년(278)과 50년(283) 백제의 신라 침공은 신라로서는 두려움이 아닐 수 없다. 혜성의 출현과 백

---

2 검은 비단으로 장식한 관.

제의 신라 침범 이후 즉위 53년(286) 임금이 사망하였다.

사망하기 전에 임금은 신라에 사신을 보내 화친을 청했다. 하지만 신라는 응하지 않았다. 결국 임금은 신라와의 화친을 보지 못하고 사망했다. 임금의 재위 53년간 줄곧 신라를 침공하였다. 그러면 임금의 시호는 무엇을 근거로 했을까. 시호 고古자에는 '위엄'·'뽐내다' 의 의미가 있고, 이爾자에는 '같이'·'처럼' 의 의미가 있다.

임금은 초고왕과 구수왕처럼 빈번히 신라를 침공하고 가장 높은 벼슬을 두었으며, 자신의 옷치장을 화려하게 하는 등 위엄을 뽐냈다는 것을 반영한 것이 고이왕이란 시호로 나타났다.

대방왕의 딸을 왕비로 맞아들이고 대방과의 연합 문제를 논의한
책계왕責稽王

┤제8대왕├

재위 기간　원년(286)~13년(298)
성　　　　부여씨
아버지　　고이왕
왕비　　　보과寶菓(대방왕의 딸)

　고이왕의 아들(책계왕)은 키가 크고 패기와 믿음, 의리를 굽히지 않고 굳게 지키는 태도가 씩씩하고 뛰어났다. 고이왕의 사망으로 즉위한 임금은 장정들을 거두어 모아 위례성慰禮城의 지붕을 이었다. 고구리가 대방을 치자, 대방은 백제에 구원을 청했다. 이에 앞서 임금은 대방왕의 딸 보과寶菓에게 장가를 들어 부인으로 맞아들였다. 이로써 대방과 백제는 장인과 사위의 관계가 되어 백제는 그 청을 들어주지 않을 수 없어 군사를 내어 구해주었다. 고구리가 불평을 품고 미워하므로, 임금은 고구리의 침략을 두려워하여 아차성阿且城과 사성蛇城을 손질하여 방비했다.

즉위 2년(28) 임금은 고구리의 예상되는 침략을 대비하는 문제와 관련하여 동명왕의 사당을 참배했다. 13년(298) 한漢[3]과 맥인貊人이 침범해오므로 임금은 나가서 막다가 적병에게 해를 입어 사망했다.

임금의 재위 시에 중요한 사건은 대방왕의 딸을 부인으로 맞아들여 대방과 연합 관계가 이루어진 것이다. 책계왕이란 시호는 어떻게 정해졌을까. 시호의 책責자에는 '취取하다'의 의미가 있고, 계稽자에는 '헤아리다'·'논의하다'의 의미가 있다. 임금은 대방왕의 딸을 왕비로 맞아들이는 문제를 놓고 조정의 관료와 충분히 논의하고 헤아린 끝에 받아들였다고 할 수 있다. 임금이 대방왕의 딸을 왕비로 받아들인 것은, 고구리의 침공을 대방과 함께 막으려는 계획에 따른 것이다. 그러니 임금은 대방과의 연합 문제를 놓고 관료와 충분히 논의했을 것이라고 판단된다.

대방과의 관계를 우호적으로 이끌었다는 것이 반영되어 시호가 책계왕으로 정해졌다.

---

3 책계왕 13년(298)은 지나의 진晉나라 혜제惠帝 원강元康 8년이다. 백제를 와서 침범했다는 한漢은 한漢나라가 아니고 진晉나라이거나 지나인을 막연히 가리키는 듯하다. 함께 침범했다는 맥인貊人 역시 실체가 누구인지 가리기가 힘들다. 이들의 침범에 임금이 나가 막다가 적군에 해를 입었다는 걸로 보아 침범 규모가 컸다고 할 수 있다.

몰래 군사를 많이 내보내
낙랑의 서쪽 고을을 습격하여 빼앗은
분서왕汾西王

┤ 제9대왕 ├

재위 기간   원년(298)~7년(304)
성   부여씨
아버지   책계왕

책계왕의 맏아들인 임금은 어린데도 영리하고 슬기로우며, 매무새와 차린 모습이 뛰어나 책계왕은 아들을 사랑하여 옆을 떨어지지 않게 하였다. 임금은 즉위한 해(298)에 죄인들의 죄를 용서하여 형벌을 면제하고, 즉위 2년(299) 동명왕의 사당에 임금이 되었음을 아뢰었다. 5년(308) 4월에, 혜성彗星이 낮에 나타났다. 혜성의 출현은 무엇을 의미할까. 임금이 동명왕의 사당에 임금이 되었음을 아뢴 것에 대한 경이로움의 표현이며, 7년(304) 군사를 비밀리에 출동시켜 낙랑의 서쪽 고을을 습격하여 빼앗은 것에 대한 낙랑의 보복으로 임금이 낙랑태수가 보낸 자객에게 해를 입어 사망하리라는 것을 예고한 걸로 여겨진다. 이때의 혜성 출현은 임금과 백제에 두려움을 미리 알리는 사건으로 보면 좋을 것 같다.

그러면 분서왕이란 시호는 무엇을 근거로 정해졌을까. 시호 분汾자에는 '많다'의 의미가 있고, 서西자에는 '서쪽'이란 의미가 있다. 즉 임금이 군사를 많이 보내 낙랑의 서쪽 고을을 빼앗아 차지했다는 데서 분서왕汾西王이란 시호가 정해졌다.

임금이 될 수 없으나 뽑혀 임금이 되고
신라와 친해져 즐거웠으나 별이 떨어져
대궐을 태우는 불길이 번져 백성들의 집이
잇달아 타는 화재사건이 일어난

비류왕比流王

┤ 제10대왕 ├

재위 기간   원년(304)~41년(344)
성   부여씨
아버지   구수왕

구수왕의 둘째 아들(비류왕)은 성품이 너그럽고 인자하며 힘이 세고 활을 잘 쏘았다. 오랫동안 대궐에 머무르지 않고 일반 백성들 사이에서 생활하여 그에 대한 평가는 백성들 사이에서는 훌륭하다고 널리 알려져 있었다. 분서왕이 사망하자, 아들이 모두 어려서 임금으로 세울 수 없어 신하들과 백성들은 구수왕의 둘째 아들을 떠받들어 임금의 자리에 올랐다.

9년(312) 사자를 보내 백성들의 병으로 인한 고통을 돌아다니면서 묻고 홀아비와 과부, 부모 없는 어린애, 자식이 없는 노인, 제힘으로 생존할 수 없는 사람에게 곡식을 석 섬씩 내렸다. 10년(313) 남쪽 교외에서 천지신명에게 제사를 지냈는데, 제사에 쓸 가축을 친히 베었다. 이는 아마 전년에 어려운 백성들을 보살핀 것을 아뢰고 그런 어려운 상황이 일어나지 않도록 간절히 바라는 뜻에서 행한 걸로 보인다.

임금은 활 솜씨가 보통이 아니어서 17년(320) 활 쏘는 축대築臺를 대궐 서쪽에 쌓고 초하룻날과 보름날에 활 쏘는 것을 친히 구경하였다. 22년(325) 임금은 구원狗原의 북쪽에서 사냥하다가 사슴을 쏘아 잡았다. 사슴은 상서로운 동물이므로 임금이 사슴을 잡은 것이 기록에 올랐다.

임금의 재위 시에 있었던 일로 기상 변화를 꼽지 않을 수 없다. 18년(321) 나라 남쪽에 메뚜기 떼로 인해 곡식의 손실을 보았으며, 10년 뒤인 28년(331) 봄과 여름에는 가뭄으로 풀과 나무가 말라 죽고 강물이 말랐다. 7월이 되서야 비가 내렸지만 가뭄으로 사람들이 서로 잡아먹었다. 메뚜기 때의 출몰, 가뭄은 기상 이변이거니와 30년(333) 별이 떨어져 대궐을 태우는 불길이 번져 백성들이 사는 집이 탔다. 기상 이변은 이로 그치지 않고 33년(336) 혜성이 규성奎星 쪽에 나타났다. 규성은 어떤 별인가. 이십팔수의 열다섯 째 별자리에 있는 별들로 서쪽에 위치하며, 문화가 발전하는 기운을 맡아보아 규성이 나타나면 천하가 태평하다고 한다. 그래서인지 이듬해 2월에 신라에서 사신을 보내 예물을 가지고 왔다.

비류왕比流王이란 시호는 어떻게 정해졌을까. 시호의 비比자에는 '가려 뽑다'·'즐거워하다'·'친하게 지내다'의 의미가 있고, 류流자에는 '번져 퍼지다'의 의미가 있다. 비류왕은 원래 임금이 될 수 없는

데, 분서왕의 아들이 모두 어린 탓에 구수왕의 아들을 가려 뽑아 임금이 되었으니 즐거운 일이다. 즐거운 일은 더 있다. 선대 임금 이래 관계가 좋지 않은 신라의 사신이 예물을 가지고 옴으로써 백제는 신라와 친하게 지내는 계기가 마련되었으니, 또한 즐거운 일이다. 반면에 별이 떨어져 대궐에 불이 일어나 번져 백성들의 집이 잇달아 탔다. 임금의 재위 시에 겹친 즐거운 일과 대규모의 화재사건을 중요하게 여겨 시호가 비류왕으로 정해졌다.

임금이 되지 못해 근심하다가
소원대로 임금이 된
계왕契王

┤ 제11대왕 ├

재위 기간	원년(344)~3년(346)
성	부여씨
아버지	분서왕

　분서왕의 맏아들(계왕)은 타고난 품격이 고상하면서 강하고 용감하며 말타기와 활쏘기를 잘했다. 부왕인 분서왕이 사망했으나 어린 탓에 임금으로 세울 수가 없었다. 비류왕이 임금의 자리에 오른 지 41년 만에 사망하자 임금의 자리에 올랐다. 재위 기간은 3년 밖에 되지 않지만 임금의 자리에 있었으므로 시호가 정해졌다. 치적이 없으므로 임금이 되지 못해 처지가 딱하고 어렵게 되어 겪었을 마음고생이 시호를 정하는데 반영된 듯하다.

　계契자에는 '소원하다'・'괴로워하다'・'근심하다'・'애쓰다'・'잡다'의 의미가 있다. 분서왕이 사망했으나 임금이 되지못해 성장하면서 몹시 괴로워하고 근심했을 터이지만 언젠가는 임금이 되리라

고 소원하고 애를 썼을 것이다. 결국 임금이 될 때가 찾아와서 임금의
자리를 잡아 임금이 되었다는 것이 반영되어 정해진 것이 계왕契王이
라는 시호라고 보아야 할 것이다.

옛 비류왕을 닮아 친 신라 정책을 취한
근초고왕近肖古王

┤ 제12대왕 ├

재위 기간 원년(346)~30년(375)
성   부여씨
아버지   비류왕

비류왕의 둘째 아들(근초고왕)은 몸차림이나 몸가짐이 뛰어나게 훌륭하며 미래를 내다볼 만큼의 높은 능력이 있었다. 계왕이 사망하자 임금의 자리를 이어받았다.

재위 2년(347) 정월에 하늘의 신령과 땅을 다스리는 신령에게 제사를 지내 바라는 바를 청했다. 그 이후 20년까지 아무런 기록이 없다가 21년(366) 신라에 사신을 보내 안부를 물었다. 2년 후인 23년(368) 신라에 보낸 사신 편에 좋은 말 2필을 보냈다. 신라에 사신을 보내 안부를 묻고 좋은 말을 보낸 것은 신라와 우호관계를 맺기 위한 처사일 것이다.

이와 같이 백제가 신라와 우호 친선관계의 실마리를 찾고 있음에 반해 고구리와의 관계는 좋지 않았다. 재위 24년(369) 9월에, 고구리왕 사유斯由(고국원왕)가 보병과 기병 2만을 이끌고 치양雉壤(황해도 白川)에 이르러 진을 치고 군사를 나누어 일반 백성들이 사는 집을 침범하였다. 임금은 태자로 하여금 군사를 거느리고 질러가는 길로 치양에 당도하여 고구리군을 갑자기 공격하여 5천여 명을 사로잡아 장사壯士에게 나누어주었다. 11월에, 임금은 한수漢水 남쪽에서 친히 군사를 사열했는데 깃발은 모두 황색이었다. 그러면 고구리의 깃발은 무슨 색일까. 붉은색이었다. 깃발의 색깔로 저편과 이편의 구별이 용이했다.

고구리군이 치양에 이르러 백제의 민가를 약탈한 것은 어떤 의미가 있을까. 삼국 간의 영토는 확정되지 않아 상대국에 대한 침범과 약탈은 얼마든지 발생할 수 있다. 그러므로 침범은 상대국에 대한 약탈이 주목적이다.

흉노족匈奴族, 선비족鮮卑族 등 북방민족이 남쪽의 지나 정권을 침범하여 물자를 약탈한 것을 두고 일찍이 일본의 관련 학자들은 '약탈경제' 라는 용어를 처음 사용했다. 삼국 간의 침범은 약탈을 전제로 한 것이 거의 틀림없다.

침범하여 사로잡은 사람들을 장사에게 나누어주었는데, 이는 어떤 의미일까. 분배 받은 포로가 생산경제에 동원되었을 것은 당연하다. 그러므로 삼국 간의 침범은 자국의 생산경제를 강화하기 위한 손쉬운 방법이다. 이러한 약탈이 임금의 주도 하에 행해졌다는 것은, 약탈이 국가의 경제와 생산 규모를 크게 늘리는 국가의 중요한 목표였음이 분명하다.

26년(371) 고구리의 군사가 온다는 정보에 임금은 패하浿河(예성강) 상류에 군사를 몰래 숨겨두어 오기를 기다렸다가 갑자기 공격하여 고구리의 군사가 크게 패했다. 임금과 태자는 겨울에 3만의 군사를 거느리고 고구리의 평양성을 침공했다. 고국원왕은 힘을 다해 싸워 막다가 화살을 맞아 사망하고 임금은 군사를 이끌고 돌아왔다.

백제군이 고구리의 평양성까지 쳐들어갔으니 많은 포로가 생겼을 것이며, 이들 포로는 임금이 군사를 이끌고 돌아올 때 데리고 왔을 것이다. 만약 백제군이 고구리군의 남하를 막지 못했다면 백제의 민가가 침범과 약탈을 당했을 것이며, 고구리는 생산경제의 규모를 늘렸을 것이다. 그렇지 않고서야 백제와 고구리 간의 전쟁에 각국의 임금이 직접 참전했을 리가 없다.

이 전쟁으로 백제는 고구리에 많은 경제적 손실을 입혔을 것이며 고구리의 위협에서 벗어나게 되었다. 그리하여 백제는 나라 밖으로 눈을 돌려 28년(373) 사신을 동진東晉에 보내 조공을 했다. 조공은 다음 해에도 이어졌다.

고구리는 백제와의 싸움에서 패한지 4년 후인 30년(375) 백제의 수곡성水谷城(황해도 新溪縣)을 무너뜨렸다. 임금은 장수를 보내 막게 했으나 이기지 못했다. 임금은 보복하려 했으나 흉년이 든 데다 고구리의 수곡성 함락에 따른 약탈이 큰 경제적 손실로 이어지지 않아 백제의 보복은 중지된 듯하다.

평양성까지 대대적으로 침공하여 큰 손실을 입힌 임금은 30년 사망했다. 그런 임금에게 놀랄만한 문화적인 치적이 있는 듯하다. 백제군이 평양성을 침공하고 물러설 때 붙잡힌 고구리 사람들을 데리고 왔을 것이다. 그중에 고흥高興이란 인물이 있는 듯하다. 백제본기에는 고홍에 대해 '득박사고홍得博士高興 시유서기始有書記'라고 기록되어 있다. 지금까지는 '박사 고홍을 얻어 비로소 『서기』라는 역사책의 편찬이 있게 되었다.'고 풀이하고 있다. 헌데 득得자에는 '얻다' 외에 '만나다'·'사로잡다'는 의미가 있고, 서기書記란 문자에는 '기록' 외에 '기록을 맡아 보는 사람'이란 의미도 있다.

그러면 고홍과 서기란 기록을 어떻게 보는 것이 정확할까. 백제는 개국 이래 문자로 국가의 큰 사건을 기록한 바가 없었는데, 백제군이 고홍을 사로잡음으로써 비로소 기록을 맡아보는 사람이 있게 되었다고 풀이하는 것이 맞을 듯하다. 종전에는 서기를 박사 고홍이 편찬한 백제의 역사책이라고 풀이해왔다.

백제본기에 의하면, 고홍은 일찍이 다른 책에 드러나 있지 않아 어느 곳에 살았는지 또 어떤 사람인지 모른다고 했다. 고홍은 백제 사람이 아니고 원래 고구리 사람이므로, 그에 관해 상세한 것을 모를 수밖에 없다. 하지만 고홍을 고구리의 평양성 사람으로 짐작하는 근거가 있다. 고구리의 박사는 최고 교육기관인 태학太學에서 교육을 담당하였다. 고홍은 새로 설치하는 태학을 준비하는 인물로, 태학이 설치되기 1년 전에 평양성을 침공한 백제군에 사로잡힌 걸로 보인다. 태학은 예정대로 372년(소수림왕 2)에 설치되었으며, 백제가 박사 고홍을 만나게 된 것은 375년(근초고왕 30)이라고 되어 있지만 실제적으로는 371년(근초고왕 26)이라고 본다. 그러면 고홍은 백제에 잡히고 나서 4~5년간의 공백이 생긴다. 이 기간의 행적은 밝혀져 있지 않지만, 백제의 사람으로 살고 있다가 공식적으로 백제와 관계를 맺게 된 것이 375년이다. 고홍이 박사라는 것은 백제의 박사가 아니고 고구리의 박사를 말하는 걸로 본다. 고흥이 고구리에 남아 있었다면 고구리의 태학에서 교육을 담당했을 것이다. 고흥이 고구리 사람일 것이라는 근거는 백제본기에 고씨 성을 가진 인물이 보이지 않다는 것이다.

박사 고흥이 백제에 들어옴으로써 처음 국가의 큰 사건을 기록하기 시작했다. 따라서 고흥은 서기라는 역사책의 편찬자가 아니고, 처음 국가의 큰 사건을 맡아 기록하는 기록관인 것이다. 백제군이 평양성을 침공함으로써 얻은 최대의 성과는, 바로 박사 고흥을 백제로 데려온 것이라고 보아야 할 것이다.

이처럼 백제의 위력을 고구리에 크게 알린 임금이 30년(375) 사망했는데 시호가 근초고왕近肖古王이다. 시호에는 어떤 의미가 있을까. 근近자에는 '닮다'·'비슷하다'는 의미가 있고, 초肖자에는 역시 '닮다'·'본받다'는 의미가 있다. 고古자에는 '옛'·'예전'·'옛날'·'선조'의 의미가 있다. 근초고왕이란 시호의 의미를 정리하면, 임금은 옛 비류왕이 취한 친 신라정책을 본받아 신라에 사신을 보내 친선관계를 추진했으니 옛 비류왕을 닮았다고 할 수 있다. 이를 반영하여 정해진 시호가 근초고왕이다. 박사 고흥을 데려옴으로서 기록을 맡아보는 서기관이 국가의 큰 사건을 기록하기 시작한 것은 근초고왕 때의 획기적인 사건이 아닐 수 없다.

근초고왕을 닮아 고구리를
원수로 여긴 우두머리
근구수왕 近仇首王

┤ 제13대왕 ├

재위 기간   원년(375)~10년(384)
성   부여씨
이름   수須
아버지   근초고왕

근초고왕의 아들 수는 태자 때부터 근초고왕을 닮아 신라와 친선 관계를 유지했으나 고구리와의 관계는 그렇지 않았다. 고구리의 고국원왕이 친히 군사를 이끌고 침범하자, 근초고왕은 태자를 보내 막게 했다. 이번 전쟁에서 백제군은 큰 승리를 거두었다. 크게 승리하게 된 것은, 죄를 짓고 고구리로 달아난 백제의 사기斯紀라는 사람이 다시 본국으로 돌아와 고구리군에 대한 정보를 갖다 바쳤기 때문이다. 즉 고구리에는 군사가 많다고 하더라도 모두 적의 눈을 속이기 위해 거짓으로 꾸며진 가짜 군사이며, 붉은 깃발의 고구리군을 먼저 격파하면 나머지는 저절로 무너진다는 것이다. 태자는 정보대로 여세를 몰아 패배하여 도주하는 고구리군을 추격하여 수곡성 서북까지 이르렀다. 헌데 태자는 장군 막고해莫古解가 들려준 도가道家의 말대로 더 이상 추격을 하지 않았다.

도가의 말은 "크게 승리하여 이득이 많은데 더 많은 것을 구하지 말라."는 것이다. 백제가 거둔 많은 이득이란 무엇일까. 영토보다 고구리 군사를 포로로 많이 붙잡아들인 것일 게다. 이들 포로는 역시 백제의 산업경제에 크게 투입되었을 것이다.

근초고왕의 사망으로 태자가 임금의 자리에 올랐다. 즉위 2년(376) 11월에, 고구리군이 백제의 북쪽 변경을 침범하자, 임금은 이듬해 10월에 3만의 군사로 고구리의 평양성까지 침공했다. 임금의 평양성 침공은 전년에 고구리의 백제 북쪽 변경 침범에 대한 일종의 앙갚음으로 여겨진다.

전쟁은 사람의 힘으로 이루어질 수도 있고 안 할 수도 있다. 하지만 사람의 힘으로 막을 수 없는 것이 기상이변이다. 즉위 8년(382) 봄부터 6월까지 비가 내리지 않아 백성들이 생활 수단으로 자식을 팔기까지 했다. 임금이 즉각 취한 조치는, 관청의 곡식을 풀어 몸값을 대신 갚아준 것이었다. 그런 임금이 즉위 10년(384) 사망했다. 시호는 어떻게 정해졌을까. 시호의 근近자에는 '닮다'는 의미가 있고, 구仇자에는 '적'·'원수로 여기다'의 의미가 있다. 수首자에는 '군주'·'우두머리'의 의미가 있다. 시호의 의미를 정리하면, 임금은 태자 때부터 부왕인 근초고왕을 닮아 군사권을 쥐고 침범하는 고구리를 '적', '원수'로 여겨 싸워 평양성까지 침공한 군주이다. 침공으로 많은 소득이 있었다. 헌데 더 많은 것을 구하지 말라는 도가의 말에 따라 임금은 태자 시절 고구리와의 싸움을 크게 벌이는 것을 그만두었다.

임금의 결심으로 불교가 종교의 머리뼈가 되어 전국으로 번져 퍼지게 한 침류왕 枕流王

제14대왕

재위 기간	원년(384)~2년(385)
성	부여씨
아버지	근구수왕
어머니	아이부인阿爾夫人

근구수왕의 맏아들인 침류왕은 타고난 마음씨와 외모에 대한 기록이 남아있지 않다. 임금의 자리에 오른 원년(384) 7월에 사신을 동진東晉에 보내 조공했다. 동진에 대한 조공은 근초고왕과 근구수왕 때부터 있어온 일이다. 인도의 간다라 지역에서 지나에 들어온 마라난타摩羅難陀가 9월에 동진을 거쳐 백제에 들어왔다. 불교의 전파 승려인 마라난타는 한곳에 머무르지 않고 사방으로 불교를 전파하다 보니 백제까지 들어왔다. 마라난타가 백제에 들어올 때 동진이 많은 협조를 했을 것은 분명하다. 백제가 동진에 조공을 하여 두 나라 간에 신뢰가 축적되었기 때문이다.

임금은 궁궐 안으로 불러 예절을 갖추어 공경하였다. 불법佛法이

저항심을 뿌리 깊게 심은 백제 413

여기서 시작되어 즉위 2년(385) 한산漢山에 불교 사원을 처음 세우고 승려가 되기를 원하는 사람은 계율을 받아 10명이 승려 신분증을 얻었다.

불교의 공인으로 기존의 토속 신앙에 혼란이 있었을 것이다. 신라에서 불교 공인으로 토속 신앙과 불교 간에 종교적 불화가 있었듯이 백제에서도 그러했을 가능성을 부인하기 힘들다. 불교 사원이 처음 세워진지 9개월 만에 임금이 사망했다. 임금의 사망을 두고 불교를 반대하는 세력의 반항으로 빚어진 걸로 여겨질 수도 있다. 여하튼 백제의 불교 공인은 임금의 종교적 주도하에 이루어졌다.

침류왕이란 시호는 무엇을 근거로 정해졌을까. 시호 침枕자에는 '베게' · '말뚝' · '머리뼈' 의 의미가 있고, 류流자에는 '번져 퍼지다' · '흐르게 하다' 의 의미가 있다. 임금의 종교적 결단으로 불교가 종교의 머리뼈가 되어 널리 백제 전국으로 번져 퍼지게 했다는 데서 시호가 침류왕으로 정해진 것이다.

백제의 체면을 잠시 흔들리게 하거나 떨어지게 한
진사왕辰斯王

┤ 제15대왕 ├

재위 기간 원년(385)~8년(392)
아버지   근구수왕
형   침류왕

근구수왕의 둘째 아들(진사왕)은 침류왕의 아우이다. 사람 됨됨이가 용감하고 영리하며 슬기로운 계략이 많았다. 침류왕이 사망하자, 태자가 어려서 숙부인 진사가 임금의 자리에 올랐다.

임금이 즉위하여 먼저 착수한 것은, 2년(386) 봄에 나의 15세 이상되는 사람들을 강제로 모아 변방의 방비를 위해 요새를 설치하였는데 청목령靑木嶺에서 북쪽으로 팔곤성八坤城에 이르고 서쪽은 바다에 이르렀다. 변방에 요새를 광범위하게 설치한 것은, 선대왕 때부터 잦은 고구리의 남침에 대비하기 위한 국가적인 국방사업이다.

같은 해 8월에 고구리는 백제를 침범해왔다. 3년(387) 9월에, 백제군은 동예東濊로 표현되는 말갈과 관미령關彌嶺(개성 근방의 산마루 언덕)

에서 세차게 부딪쳤으나 패했다. 임금은 5년(389) 군사를 파견하여 고구리의 남쪽 변경을 침략했다. 고구리의 부축임을 받은 말갈의 침공에 대한 앙갚음일 가능성이 짙다. 6년(390) 임금은 달솔達率 진가모眞嘉謨로 하여금 고구리의 도곤성都坤城을 함락시켜 2백 명을 사로잡았다. 이들 포로는 백제의 생산경제에 투입되었을 것이다. 이듬해(391) 4월에는 말갈이 백제의 북쪽 변경인 적현성赤峴城을 함락시켰다.

임금의 즉위 7년까지 치렀던 고구리 또는 말갈과의 싸움은 대규모 전쟁의 예고편으로 여겨진다. 8년(392) 7월, 담덕談德(광개토왕)이 거느린 4만의 고구리 군사가 북쪽 변경으로 쳐들어와 석현성石峴城 등 10여 성을 함락시켰다. 임금의 재위 시에 고구리와의 싸움에서 크게 패한 것은 이번이 처음이다. 광개토왕이 군사를 부리는데 능하다는 것이 백제에까지 크게 알려져 있다 보니 임금이 대항하지 못해 한수 북쪽의 여러 부락이 많이 함락되었다. 임금의 소극적인 임전 태세로 인해 10월에 고구리는 관미성을 또한 함락시켰다.

그해 11월에 임금이 사망했는데, 시호는 진사왕辰斯王이다. 시호에는 어떤 의미가 있을까. 진辰자에는 '흔들리다'의 의미가 있고, 사斯자에는 '잠시'·'떨어지다'의 의미가 있다. 진사왕은 광개토왕이 군사를 부리는 기술에 눌려 많은 땅을 빼앗겨 백제의 국가적 체면을 잠시 흔들리게 하거나 떨어지게 했다. 임금의 시호는 좋은 치적만을 골라서 정하는 것이 아니다. 진사왕이란 시호는 임금의 국정운영이 성공적이지 않았음을 사실대로 잘 나타내고 있다.

고구리에 패하자 왜국을 의지하고 백성들이 고구리와의 싸움을 피해 신라로 많이 달아나게 한 아신왕阿莘王

제16대왕

재위 기간 원년(392)~14년(405)
아버지   침류왕

침류왕의 맏아들인 아신왕은 한성의 별궁에서 태어났는데 신비스런 빛이 밤에 빛났다. 자라서 어른이 되자 의지와 씩씩한 기상, 꿋꿋한 절개, 시원시원한 성품이 뛰어나고 매사냥과 말타기를 좋아했다. 아버지 침류왕이 사망할 때 나이가 적어 숙부인 진사辰斯가 임금의 자리를 이어받았다가 8년에 사망하자 임금이 되었다.

선대왕이 그랬듯이 2년(393) 정월에 동명왕의 사당을 찾아가 뵙고 또 남쪽 기슭의 제단에서 하늘과 땅에 제사를 지냈다. 8월에 임금은 친삼촌인 진무眞武에게 관미성의 군사적 중요성에 대해 설명했다. 즉 "관미성은 우리 북쪽 변방의 중요한 옷깃인데, 지금 고구리에게 점령되었으니 과인이 몹시 애석하게 여기는 바이다. 경은 마음을 써서 부끄러움을 씻어야 할 것이다."

마침내 의논하여 군사 1만을 거느리고 고구리의 남쪽 변방을 친 진무는 몸소 사졸보다 앞에 서서 화살과 돌을 무릅쓰고 나아가 대체로 석현石峴 등 다섯 성을 되찾기로 생각하고 먼저 관미성을 포위했으나 고구리인들이 성문을 굳게 닫고 성을 지키고 있는 데다 먹을 양식이 계속되지 않아 진무는 군사를 이끌고 돌아왔다.

이듬해(394) 백제는 고구리와 수곡성 밑에서 싸웠으나 패하고 말았다. 그 이듬해에도 임금은 진무로 하여금 고구리를 치게 했는데, 고구리의 광개토왕이 친히 군사 7천을 이끌고 패수의 상류에 진을 쳐놓고 싸우므로 백제의 군사 8천 명이 전사했다.

임금은 패수의 패전을 앙갚음하려 하여 군사 7천을 이끌고 한수를 거쳐 청목령靑木嶺 밑에 머물렀다. 하지만 큰 눈을 만나 얼어 죽은 군사가 많아 군사를 한성으로 돌리고 위로했다.

백제는 고구리의 강력한 힘을 물리칠 계책이 없게 되자 왜국과 서로 사귀어 친해졌다. 친한 정의 표시로 태자 전지腆支를 인질로 왜국에 보냈다. 임금은 고구리와의 전쟁을 대비하여 한수 남쪽에서 친히 군사를 사열했다.

7년(398) 임금은 다시 고구리를 치려 하여 군사를 거느리고 한산 북쪽의 성에 둘러친 울타리에 당도했다. 헌데 그날 밤 큰 별이 진을 치고 있는 곳에 떨어져 소리가 나자 임금은 심히 불길하게 여겨 싸움을 접었다. 그러면서 임금은 9월에 사람이 많이 살고 상공업이 발달하고 번잡한 지역에 거주하는 사람을 모아 서대西臺에서 활쏘기를 연습시켰다. 임금은 그뿐 아니라 8년(399) 고구리를 침공하려 하여 크게 군사와 말을 불러 모았다. 그 규모가 크다 보니 백성들은 싸움을 싫어하여 때 마쳐 신라로 달아나 집과 사람의 수가 많이 줄어들었다. 대규모로 불러 모아 집과 인구가 줄었다는 것은 임금의 고구리에 대한 앙갚음이 격렬했음을 말해준다.

임금은 고구리와의 전쟁에서 이길 수 있는 가능성이 없음을 사무치게 느껴 11년(402) 사신을 왜국에 보내 큰 진주를 청했다. 12년(403) 왜국의 사신이 이르자, 임금이 직접 마중하여 위로하고 정성스레 대하였다. 그러했던 것은 임금이 청한 큰 진주를 왜국의 사신이 가지고 왔기 때문이 아닐까 한다. 왜국의 사신이 온 지 다섯 달 후에 백제는 신라의 변두리 땅을 덮쳤다. 이유가 무엇인지 설명이 없어 정확히 알 수 없으나 고구리와의 전쟁을 싫어하여 신라로 도주한 자국인을 신라가 돌려보내지 않은 것과 관련이 있지 않을까 한다.

14년(405) 임금이 사망했다. 시호가 아신왕阿莘王으로 정해졌다. 무엇을 근거로 했을까. 시호의 아阿자에는 '의지하다'의 의미가 있고, 신莘자에는 '많다'는 의미가 있다. 임금은 고구리에게 빼앗긴 관미성을 되찾기 위하여 군사를 동원하여 고구리군과 싸웠으나 이기지 못하고 패하기만 하자, 왜국에 사신을 보내 왜국을 의지하였으나 고구리와의 싸움을 싫어하는 백제 사람들이 많이 신라로 달아나게 했다는 데서 시호가 아신왕으로 정해졌다.

오래 왜국의 볼모였으나 버텨낸
전지왕腆支王

┌ 제17대왕 ├
| |
| 재위 기간 원년(405)~16년(420) |
| 이름   영映 |
| 아버지   아신왕 |

아신왕의 맏아들인 영은 아신왕 6년(397) 태자로 왜국에 인질로 갔다. 백제가 왜국과 친하게 지내기로 했으나 약속 이행을 보증하기 위해 태자가 볼모[4]의 몸이 되었다.

아신왕이 재위 14년(405)에 사망하자, 임금의 바로 밑의 아우 훈해訓解가 임금을 대리하여 통치권을 받아 나라를 다스리면서 태자가 돌아오기만을 기다렸다. 헌데 임금의 막내아우 설례磔禮가 훈해를 죽이고 스스로 임금이 되었다. 영은 왜국에서 부왕의 사망 소식을 듣고 소리 내어 슬프게 울면서 돌아가기를 왜국에 부탁했다. 왜왕은 군사

─────

4 서로 우호관계를 맺기 위하여 왕족이나 왕자를 상대국에 보낸다. 우호관계를 보증하는 뜻에서 볼모를 서로 교환하는 경우도 있으나, 볼모는 상대국을 불신하는데서 출발한다.

100명으로 신변을 보호하여 보냈다. 태자가 나라의 경계에 이르자, 한성漢城 사람 해충解忠이라는 사람이 와서 안부를 묻고 말하기를, "대왕이 사망하자, 임금의 아우 설례가 형을 죽이고 스스로 임금이 되었으니 태자는 가벼이 들어가지 말라."고 했다.

영은 왜인들이 섬에 머물러 자신을 지키게 하면서 때가 오기를 기다렸다. 나랏사람들이 설례를 죽이고 영을 맞이하여 임금의 자리에 오르게 되었다. 임금은 즉위 2년(406) 임금이 되었음을 고하려고 동명왕의 사당을 찾아가 뵙고 남쪽 제단에서 하늘과 땅에 제사를 지내고 죄인들을 크게 풀어주었다. 영은 자신이 임금이 되었음을 알리려는 목적에서 사신을 동진에 보내 조공했다.

3년(407) 배다른 아우 여신餘信을 내신좌평內臣佐平, 해수解須를 내법좌평內法佐平, 해구解丘를 병관좌평兵官佐平으로 삼았는데, 이들은 모두 임금의 친척이다. 특히 4년(408) 여신을 상좌좌평上佐佐平으로 삼아 국가의 중요한 정치를 맡겼다. 5년(409) 왜국은 사신을 보내 야명주夜明珠[5]를 보내오자 임금은 특별히 예를 차려 대접했다. 임금이 즉위하고 정권을 잡음으로써 어두웠던 암흑의 정치가 물러나고 새로운 광명의 시대가 왔음을 축하하는 뜻으로 야명주를 보낸 것 같다. 임금은 받은 예를 도로 갚기 위하여 14년(418) 왜국에 사신을 보내 품질이 아주 좋은 흰 종이 10필을 선물로 보냈다.

12년(416) 동진의 안제安帝는 백제에 사신을 보내 임금을 '사지절 도독백제제군사진동장군백제왕使持節都督百濟諸軍事鎭東將軍百濟王'

---

5 어둠 속에서 빛을 내는 구슬.

으로 삼았다. 이로써 동진은 영이 임금이 되어 정권을 잡은 것을 승인했다.

임금의 시호는 무엇을 근거로 정해졌을까. 시호의 전腆자에는 '오래다'·'부끄럽게 하다'의 의미가 있고, 지支자에는 '버티다'의 의미가 있다. 임금은 태자 시절 8~9년이란 오랜 기간 왜국의 인질로 부끄럽게 오래 버티면서 기다린 끝에 임금이 되었다는 데서 시호가 전지왕腆支王으로 정해진 것이다.

전지왕을 일명 직지왕直支王이라고도 하는데, 직直자에는 '온순하다'·'억울함을 씻다'는 의미가 있고, 지支자에는 '버티다'는 의미가 있다. 전지왕은 왜국의 볼모가 되었으나 억울함을 씻어내 임금이 되어 시호가 직지왕으로도 불린 듯하다.

이처럼 오랫동안 치적이 없어
슬프고 괴로운
구이신왕久爾辛王

┤제18대왕├

재위 기간 원년(420)~8년(427)
아버지   전지왕

전지왕이 사망하자, 맏아들이 임금의 자리에 올랐다. 헌데 임금의 국정 기사는 없고 있다는 것은 즉위 8년(427) 사망했다는 것이다. 그래도 시호는 정해졌는데, 무엇이 근거였을까. 시호의 구久자에는 '오래다'·'오랫동안'의 의미가 있고, 이爾자에는 '같이'·'처럼'·'이此'란 의미가 있다. 신辛자에는 '괴롭다'·'슬프다'는 의미가 있다. 이 임금은 이처럼 오랫동안 치적이 없으니, 괴롭고 슬프다는 것을 나타낸 것이 구이신왕久爾辛王이란 시호이다.

백성들에게 곡식을 내려 도와주고
분명히 신라와 친하게 지낸
비유왕毗有王

┤ 제19대왕 ├

재위 기간   원년(427)~29년(455)
아버지   구이신왕 또는 전지왕

　구이신왕의 맏아들은 얼굴 모습이 아름답고 말을 잘하는 재주가 있으며 사람들이 높이 받들어 귀하게 여김을 받았다. 임금이 된 2년(428) 임금은 4부를 두루 돌아다니면서 백성들의 마음을 위로하고 달랬으며 가난하여 가진 것이 없는 사람들에게 곡식을 차등 있게 내렸다. 왜국倭國의 사신이 왔는데 따라온 사람이 50명이다. 왜국의 사신 규모는 보통 이 정도였음을 짐작하게 한다.

　즉위 3년(429) 사신을 지나의 남북조시대 남조인 송나라에 파견하여 조공했다. 송나라에 대한 첫 번째 사신이므로 임금이 되었음을 공식적으로 알렸을 것이다. 이듬해(430) 송나라의 문황제文皇帝는 임금이 특산물을 꾸렸기 때문에 사신을 중히 여기고, 전지왕 12년(416) 동진에서 전지왕을 책봉한 작위를 그대로 따랐다.

즉위 7년(433) 사신을 신라에 보내 화친을 청하고, 이듬해 2월에는 신라에 좋은 말 2필을, 9월에는 흰 매를 보냈다. 10월에 신라는 답례로 금과 고운 빛이 나는 아름다운 구슬(진주)을 보내왔다. 14년(440) 사신을 송나라에 보내 조공을 했다. 조공은 백제와 송나라 간의 외교관계를 상징하는 것으로 별다른 것이 아니다. 남다른 것은 백제가 신라에 흰 매를 보낸 것이다. 삼국시대에는 흰색의 동물을 상서롭게 여겨 백성들은 임금에게 자주 바치곤 하였다. 백제가 흰 매를 신라에 보낸 것은, 두 나라의 관계를 더욱 도탑고 성실하게 하려는 의사를 나타내 보인 것이다.

즉위 21년(447) 가을에 곡식이 여물지 않아 백성들이 굶주려 신라로 많이 흘러들어왔다. 하지만 임금은 이를 문제 삼지 않았다. 28년(454) 가을에, 백성들은 메뚜기 떼로 인한 곡식 피해로 괴로움과 어려움을 겪었다.

신라와의 관계를 우호적으로 이룬 임금은 29년(455) 사망했다. 정해진 시호는 비유왕毗有王이다. 그 의미는 무엇일까. 시호의 비毗자에는 '돕다'·'분명하다'의 의미가 있고, 유有자에는 '친하게 지내다'의 의미가 있다. 임금은 가난한 백성들에게 곡식을 내려 도와주고, 신라와 친하게 지냈다는 것을 분명히 나타낸 것이 비유왕이란 시호이다.

북위에 고구리를 칠 죄목을 덮어 씌어 군사를 청했으나 허위로 드러나 출병이 거부당하고 도림道琳의 간사한 꾀에 속은 어리석은

개로왕蓋鹵王

┤제20대왕├

재위 기간 원년(455)~21년(475)
성   부여씨
이름   경사慶司
아버지   비유왕

비유왕의 맏아들인 경사는 비유왕이 즉위 29년에 사망하자 대를 이었다. 임금의 재위 시에 있었던 굵직한 사건은 고구리와의 공방전이다. 즉위 15년(469, 장수왕 57) 8월에, 장수를 보내 고구리의 남쪽 마을을 침범했다. 10월에, 쌍현성雙峴城을 수리하고 청목령에 큰 울타리를 설치하여 북한산성의 병사를 이곳으로 보내 지키게 했다.

즉위 18년(472) 사신을 북위北魏에 보내 긴 글월을 올렸다. 문장이 길어 추리면 개로왕은 고구리의 백제 침략을 꺼내 북위가 백제와 고구리 간의 불화를 바로잡아주기를 간절히 청하였다. 북위의 반응은 어떠했을까. 고구리는 선조 때부터 왕실을 지키는 중요한 신하라 하고 우리나라의 명령을 위반한 과실이 없으며, 백제의 간절한 요청과 관련하여 따져보았는데 이치가 갖추어지지 않다 하여 백제의 군사 지원 요청을 받아들이지 않았다. 이에 임금은 북위에 대한 조공을 끊어버렸다.

즉위 21년(475) 9월에, 고구리왕 거련巨璉(장수왕)은 3만의 군사로 한성을 포위했다. 하지만 임금은 나가서 싸우지 않았다. 고구리의 되풀이 되는 공격에 부딪치게 되자 항복하자는 사람도 있었다.

이보다 먼저 고구리의 장수왕은 백제를 치려고 남이 모르게 계략을 꾸미고 백제에 들어가 간첩으로 활동할 사람을 구했다. 그때 승려 도림道琳이 간첩으로 나서기를 스스로 청하였다. 장수왕의 허락을 받은 도림은 백제에 들어와 죄를 진 도망자라고 하였다. 장기와 바둑을 좋아하는 임금은 바둑에 능한 도림과 마주하여 두었다. 도림의 바둑 실력이 으뜸임을 확인한 임금은 도림을 지위가 높은 귀빈으로 삼는 등 친해졌다. 도림은 백제가 처해 있는 암담하고 침울한 상황을 들추면서 산성을 쌓고 제방을 만들 것을 권했다. 임금은 이를 받아들여 공사를 대대적으로 벌이는 바람에 창고가 텅 비고 백성은 곤궁해져 나라가 매우 위태해졌다.

도림은 고구리로 돌아와 백제의 어려운 상황을 장수왕에게 보고했다. 그러자 장수왕은 백제를 치려 하여 장수에게 군사를 주었다. 개루왕은 장수왕의 백제 침공이 있으리라는 정보를 듣고, 자신이 어리석어 간사한 자의 속임수에 빠져 사태가 이 지경에 이르렀음을 안타깝게 여겨 아들 문주가 나라를 이끌도록 단단히 부탁했다.

문주는 부왕의 말대로 남쪽으로 옮겨갔다. 앞서 죄를 짓고 고구리로 달아난 재증걸루再曾桀婁와 고이만년古爾萬年이 고구리의 백제 침공에 제일 앞에 진을 치는 부대를 지휘하는 장수로 나섰다. 한성은 침공 이레 만에 함락되고, 임금은 수십 명의 기병을 거느리고 성을 빠져나와 서문 서쪽으로 달아났으나 걸루와 만년이 붙잡았다. 이들은 임금의 얼굴에 세 번 침을 뱉었다. 움직이지 못하도록 동이어 묶인 임금은 아차성阿且城 밑에서 걸루와 만년에 의해 살해되었다.

슬픈 운명의 개로왕이라는 시호는 무엇을 근거로 정해졌을까. 시호의 개蓋자에는 '덮어씌우다' 는 의미가 있고, 로鹵자에는 '어리석음' · '우둔하다' 는 의미가 있다. 백제의 임금(개로왕)이 북위에 사신을 보내 고구리를 칠 죄목을 덮어 씌워 군사를 청했으나 진실이 아닌 것을 진실인 것처럼 꾸민 것으로 밝혀져 북위는 백제의 군사지원 요청을 거부했다. 임금은 거짓으로 북위에 군사지원을 요청하고 우둔하여 도림의 간사한 꾀에 속기만 했다는 것을 나타낸 것이 개로왕이라는 시호이다.

성품이 억세지 않고 착하며 더할 나위 없이
백성을 가까이하였으나 치욕을 당한
문주왕 文周王

┌ **제21대왕** ┤
재위 기간	원년(475)~4년(478)
성	부여씨
아버지	개로왕

경사가 임금 자리를 이어받자, 문주는 부왕(개로왕)을 도왔다. 개로왕의 즉위 21년(475) 고구리가 한성을 포위하자, 개로왕은 성을 굳게 지키고 문주를 신라에 보내 구원병을 청해 군사 1만을 얻어가지고 돌아왔으나 성은 이미 파괴되고 개로왕은 살해되었다.

임금은 성품이 억세지 않고 매우 여러 일을 잘 결단하지는 못했으나 백성을 사랑하므로 백성들은 임금을 사랑했다. 10월에, 부왕의 유언대로 도읍을 웅진熊津으로 옮겼다.

즉위 2년(476) 사신을 지나의 남조인 송나라에 보내 조공케 했는데 고구리가 가는 길을 막는 바람에 되돌아왔다. 그 후 다시 시도조차 하지 않았다. 4년(478) 2년 전에 병관좌평兵官佐平에 임명을 받은 해구

解仇가 권력을 제멋대로 하여 나라의 법률을 어지럽히고 임금을 업신여기는 마음을 먹었으나 임금은 바로잡을 수 없었다. 9월에, 임금은 사냥을 나가 궁궐 밖에서 묵었는데 해구가 도적을 시켜 임금을 해치게 하여 사망하고 말았다.

임금의 내세울만한 치적은 도읍을 웅진으로 옮겨 백제를 다시 일으킨 것이다. 이를 제외하면 내세울만한 것이 없다. 그러면 시호는 무엇을 근거로 정해졌을까. 시호의 문文자에는 '억세지 않고 착하다'는 의미가 있고, 주周자에는 '더할 나위가 없다'·'친하다'·'가까이하다'의 의미가 있다. 문주왕이란 시호는 성품이 억세지 않고 착하며 백성과 더할 나위 없이 가까이했다는 것이 반영되어 정해졌다.

일명 시호를 문주왕汶洲王이라고 하는데, 어떤 의미가 있을까. 문汶자에는 '분명하지 않은 모양'·'치욕'이라는 의미가 있고, 주洲자에는 '모래톱(모래사장)'이라는 의미가 있다. 즉 임금은 모래톱 같은 임금이라는 것이다. 결론적으로 임금은 시해되어 치욕을 당했으나 백성을 사랑하는 것이 마치 큰 모래사장 같았다는 것이다.

해구解仇의 반란을 억눌러 진정시키는데 거듭 군사력을 동원하여 그의 목을 벤 삼근왕三斤王

┤제22대왕├

재위 기간   원년(477)~3년(479)
성   부여씨
아버지   문주왕

문주왕이 사망할 때 맏아들(삼근왕)은 나이가 열세 살이므로, 백제의 중요한 정치에 관계되는 일을 좌평 해구解仇에게 맡겼다. 해구는 이를 이용하여 2년(478) 봄, 은솔恩率 연신燕信과 함께 무리를 모아 대두성大豆城을 차지하고 반란을 일으켰다. 임금은 좌평 진남眞男에게 명해 군사 2천으로 이를 치게 했으나 이기지 못했다. 임금은 다시 덕솔德率 진노眞老에게 명해 정예병 5백 명으로 해구를 쳐 죽였다. 연신은 죽음을 면해 고구리로 달아나자, 그 처와 자식을 거두어 웅진의 상점이 죽 늘어서 있는 저잣거리에서 목을 베어 죽였다.

즉위 3년(479) 임금이 사망했다. 시호는 삼근왕三斤王이다. 이 시호의 의미를 어디서 찾아야 할까. 임금의 재위 기간이 3년 밖에 되지 않아 특별히 기록할 만한 치적은 적다. 있다고 한다면, 부왕인 문주왕을 시해한 해구를 군사력으로 쳐 죽인 것밖에 없다. 임금은 해구를 제거하는데 군사력을 두 번 동원했다.

임금의 시호는 해구 일당의 반란 세력 진압과 관련이 있다. 시호의 삼三자에는 '거듭' · '재삼' 이라는 의미가 있고, 근斤자에는 '베다' 는 의미가 있다. 임금은 해구의 반란을 진압하는데 거듭 군사력을 동원하여 마침내 해구의 목을 베었다. 이를 시호로 나타낸 것이 삼근왕三斤王이다.

삼근왕을 일명 임걸왕壬乞王이라고 하는데, 이의 유래를 찾아보자. 임壬자에는 '맡기다' · '공을 세우다' · '책임을 지다' · '견디다' · '당해내다' 의 의미가 있고, 걸乞자에는 '소원' · '구하다' · '취하다' 의 의미가 있다. 임금은 해구의 반란을 진압하기 위해 덕솔 진노에게 토벌을 맡겼으며, 진노는 결국 책임을 지고 해구를 당해내어 공을 세워 임금이 바라던 소원이 이루어졌다는 것을 타낸 것이 임걸왕이란 시호이다.

굶주린 백성들이 동쪽의 신라로
달아나게 하고 세 차례 축성 공사를 한
동성왕東城王

┤ 제23대왕 ├

재위 기간	원년(479)~23년(501)
성	부여씨
이름	모대牟大 · 마모摩牟
아버지	곤지昆支(문주왕의 아우)

문주왕의 아우 곤지의 아들인 모대牟大(동성왕)는 겁이 없고 용감한 기운이 보통 사람보다 뛰어나며 활을 잘 쏘아 백발이면 백중했다. 삼근왕이 사망하자, 모대가 임금의 자리에 올랐다. 임금의 재위 시에 대외관계의 상대는 말갈 · 고구리 · 신라이었다.

4년(482) 9월, 말갈이 한산성漢山城을 뜻하지 않게 습격하여 3백여 호戶의 사람을 잡아갔다. 이듬해(483) 봄, 임금은 사냥을 나가 한산성에 이르러 군사와 백성을 위로하고 열흘 동안 묵었다가 돌아왔다. 말갈의 침범에 대한 무마책으로 판단된다. 4월에, 임금은 웅진 북쪽에서 '신록'을 잡았다.

6년(484) 임금은 지나의 남제南齊의 태조 소도성蕭道成이 고구리왕 거련巨璉(장수왕)을 표기대장군驃騎大將軍으로 삼았다는 정보를 입수하자, 사신을 보내 글을 통해 속국이 되기를 청하자 허락했다. 7월에, 내법좌평內法佐平 사약사沙若思를 남제에 보내 예물을 바치려 했는데, 서쪽 바다 가운데서 고구리의 군사를 만나 더 항해하지 못했다. 8년(486) 남제에 사신을 보내 예물을 바쳤다.

10년(488) 지나의 북위가 군사를 파견해와서 쳤으나 백제군에게 패배를 당했다. 북위의 침공은 백제와 남제의 친근 관계에 대한 반발로 빚어진 듯하다.

신라와의 관계는 어떻게 전개되었을까. 7년(485) 5월, 사신을 신라에 보내 안부를 물었다. 13년(491) 7월, 백성들이 굶주려 신라로 도망쳐 들어간 사람이 6백여 호나 되었다. 하지만 이들의 송환을 요구하지 않았다. 15년(493) 임금은 사신을 신라에 보내 혼인을 청하자, 신라왕(소지왕)은 이찬 비지比智의 딸을 시집가게 했다. 16년(494) 7월, 고구리와 신라가 살수 언덕에서 싸웠는데, 신라가 이기지 못하고 물러나 견아성犬牙城을 지켰으나 고구리가 포위하자 임금은 군사 3천을 보내 막아 포위를 풀어주었다.

17년(495) 8월, 고구리가 치양성雉壤城을 포위하자, 임금은 사신을 신라에 보내 구원을 청하자, 신라왕(소지왕)은 장군 덕지德智에 명해 군사를 거느리고 가서 구하자 고구리 군사가 물러나 돌아갔다. 21년(499) 여름, 가물어 백성들이 서로 잡아먹고 도둑이 많이 일어났다. 신하들은 창고를 열어 백성들을 구제할 것을 청했으나 임금이 듣지 않아 고구리로 도망간 사람이 2천 명이나 되었다. 백제는 고구리와 친선 관계를 맺고 있지 않아 고구리로 도망간 이들의 송환을 요구하지 않았다.

임금은 활 솜씨가 뛰어나 사냥하기를 즐겼다. 5년(483) 웅진 북쪽의 사냥에서 귀한 '신록'을 잡았으며, 12년(490)에는 사비泗沘 언덕에서 사냥을 했고, 14년(492)에는 우곡명牛鳴谷에서 사냥을 하여 친히 사슴을 쏘아 잡았다. 23년(501) 10월에 사비 언덕에서, 11월에는 웅천熊川의 북쪽 언덕과 사비의 서쪽 언덕에서 사냥을 했다.

임금의 재위 시에 축성 공사가 큰 규모로 이루어졌다. 12년(490) 7월, 북부의 15세 이상 되는 사람을 동원하여 사현沙峴과 이산耳山 두 성을 쌓았다. 20년(498) 7월, 사정성沙井城을 쌓고 한솔扞率 비타毘陀가 이를 지키게 했다. 23년(501) 8월, 가림성加林城을 쌓고 위사좌평衛士佐平 백가苩加가 이를 지키게 했다.

굶주린 백성들이 동쪽의 신라로 도망해 들어갔으나 임금은 신라와의 관계에서는 어느 정도 성공을 거두었다. 임금은 사냥하기를 좋아하여 굶주린 백성을 구제하는 문제에 대해서는 별로 관심을 두지 않았음이 또렷하다. 그러면 동성왕이란 시호는 무엇을 근거로 정해졌을까. 시호의 동東자에는 '동쪽으로 가다'의 의미가 있고, 성城자에는 '높은 고개'·'언덕'·'성을 쌓다'의 의미가 있다. 임금이 굶주린 백성을 구제하는데 관심이 없어 동쪽의 신라로 도망해 들어간 사람이 무려 6백여 호(3천여 명)이고, 또한 21년(499) 고구리로 들어간 사람은 2천 명이나 되었다. 세 차례 있었던 축성 공사가 큰 사건이므로 이 또한 시호를 정하는데 반영되어 시호가 동성왕東城王으로 정해졌다.

백가䔲加의 난과 고구리의 잦은 침범에 대해 용맹스럽게 지휘하고 양梁나라와 우정을 맺어 나라를 편안하게 한

무령왕武寧王

제24대왕	
재위 기간	원년(501)~23년(523)
성	부여씨
이름	사마斯摩 · 융隆
아버지	동성왕

동성왕의 둘째 아들인 사마(융)는 키가 여덟 자나 되고, 눈썹과 눈이 그림 같고, 마음이 자애로우며 행실이 너그러워 백성들이 그를 따르고 의지했다. 동성왕이 재위 23년 만에 사망하자, 사마가 예식을 치르고 임금의 자리에 올랐다.

봄 정월에, 좌평 백가䔲加가 가림성加林城에 웅거하여 반란을 일으키자, 임금은 군사와 말을 거느리고 우두성에 이르러 한솔 해명解明에게 명해 치게 하자, 백가가 나와서 항복하므로 목을 베어 백강白江(금강의 본류)에 던졌다.

임금의 재위 시에 말갈과 고구리의 침공을 여러 차례 받았으나 잘 대처하였다. 원년(501) 11월에 달솔 우영優永을 보내 군사 5천으로 고구리의 수곡성水谷城을 습격하고, 2년(502) 11월에 군사를 보내 고구리의 변경을 침범했다. 3년(503) 9월에, 말갈이 마수성책馬首城柵을 불사르고 나와 고목성高木城을 치자, 임금은 군사 5천을 보내 쳐서 물리쳤다. 6년(506) 11월에, 말갈이 고곡성高木城을 부수고 6백여 명을 죽이거나 사로잡아 갔다. 7년(507) 5월에, 말뚝을 박아 만든 울타리 두 개를 고목성 남쪽에 세우고 또 장령성長嶺城을 쌓아 말갈에 대비했다. 10월에, 고구리 장수 고노高老가 말갈과 꾀하고 의논하여 한성을 치려고 횡악橫岳 밑으로 나아가 주둔하므로 임금은 군사를 내어 싸워 물리쳤다. 12년(512) 9월에, 고구리가 가불성加弗城을 습격하여 차지하고 군사를 옮겨 원산성圓山城을 파괴하고 사람을 마구 죽이며 약탈이 매우 많으므로 임금은 날랜 기병 3천을 거느리고 위천葦川의 북쪽에서 싸웠다. 고구리 사람은 임금의 군사가 적음을 보고 이를 가벼이 여겨 진鎭을 설치하지 않으므로 임금은 속임수를 내어 급히 쳐서 크게 격파했다.

선대에도 백제와 고구리의 관계는 나빴지만 무령왕 때에도 역시 마찬가지였다. 임금은 고구리군 격파와 관련하여 지나의 남조인 양梁나라에 마음에 품은 생각을 글로 적어 보냈다. 여러 차례 고구리를 격파하여 비로소 고구리와 우정을 맺게 되어 강한 나라가 되었다는 것이다.

백제와 신라의 관계는 어떠했을까. 21년(521) 8월, 메뚜기 떼가 곡식을 해치므로 굶주려 신라로 도망쳐 들어간 사람이 9백 호(4,500명)

가 되었다. 곡식이 부족하므로 도망간 사람들을 도로 본국으로 돌려보내라고 요구하지 않았다.

그러면 무령왕이란 시호는 무엇을 근거로 정해졌을까. 무武자에는 '용맹스럽다'·'지휘하다'의 의미가 있고, 령靈자에는 '편안하다'의 의미가 있다. 임금은 백가의 반란을 진압하는데 병사를 동원하고 재치 있는 전술작전을 사용하는 등 용맹스럽게 지휘하여 정국이 틀림없이 편안해졌을 것이다.

병사를 부리는 기술은 말갈 또는 고구리와의 싸움에서도 그대로 나타났을 것이다. 특히 12년(512) 고구리군을 격파하는데 속임수를 썼다는 것은 임금의 재치가 남달리 뛰어났음을 말해준다. 임금은 대외적으로 말갈과 고구리의 침범을 자주 받았으나 이겨냈고, 양나라와의 대외관계도 원만하게 이끌었다. 임금은 나라 전체의 어려움을 군사적으로 슬기롭게 잘 대처하여 나라를 편안하게 하였음을 시호로 나타낸 것이 무령왕이다.

임금은 나라를 편안하게 했으므로, 죽음에 임할 때 편안하게 죽음을 맞이했을 것이다.

슬기롭고 총명하여 백제의 동북 변경을 뺏은
신라에 왕녀를 시집보내고 도읍을 사비로 옮긴
성왕聖王

┤제25대왕├

재위 기간	원년(523)~32년(554)
성	부여씨
이름	명농明穠
아버지	무령왕

　무령왕의 맏아들인 명농은 지혜와 보고 들어 깨달은 지식이 매우 뛰어나고, 일을 결정적으로 판단하거나 단정을 내리는데 능했다. 무령왕의 사망으로 임금의 자리를 이어받았는데, 나랏사람들은 성왕聖王이라고 했다.

　임금이 재위 기간에 주력한 것은 무엇일까. 고구리의 잦은 침공에 대한 대처와 신라에 사신을 보낸 것이다. 원년(523) 8월에 고구리 군사가 패수에 이르자, 임금은 지충志忠에게 명해 보병과 기병 1만을 거느리고 나가 싸우게 하여 이를 물리쳤다.

　7년(529) 10월에, 고구리의 흥안興安(安臧王)이 친히 군사를 거느리고 침범하여 북쪽 변방의 혈성穴城을 쳐서 빼앗았다. 임금은 좌평 연모燕謨에게 명해 보병과 기병 1만을 거느리고 오곡五谷 언덕에서 맞아 싸웠으나 이기지 못해 죽은 사람이 2천여 명이나 되었다.

18년(540) 9월, 임금은 장군 연회燕會에게 명해 고구리의 우산성牛山城을 치게 했으나 이기지 못했다. 26년(548) 정월, 고구리의 임금 평성平成(陽原王)이 예濊와 꾀하고 의논하여 한수 북쪽의 독산성獨山城을 치자 임금은 사신을 신라에 보내 구원을 청했다. 신라의 임금(진흥왕)은 장군 주진朱珍에게 명해 갑옷으로 무장한 군사 3천을 거느리고 떠나게 하여 주진은 밤낮으로 달려 이틀거리를 빠르게 재촉하여 하루에 도달, 독산성 아래에 이르러 고구리군과 한 번 싸워 크게 격파했다.

28년(550) 정월, 임금은 장군 달기達己를 보내 군사 1만을 거느리고 고구리의 도살성道薩城을 쳐서 빼앗았는데, 3월, 고구리 군사가 금현성錦峴城을 포위했다. 31년(553) 7월, 신라가 동북 변경을 빼앗아 신주新州를 설치했는데, 10월에 왕녀가 신라에 시집을 갔다.

성왕이란 시호는 어떻게 해서 정해졌을까. 명농이 임금의 자리에 오르자 나랏사람들은 성왕이라고 불렀다. 임금은 32년(554) 신라를 치려고 친히 보병과 기병 5천을 거느리고 밤에 구천狗川에 이르렀는데, 길목에 숨겨둔 신라의 군사가 일어나 이들과 싸우다가 난병亂兵[6]에게 해를 입어 사망했는데, 시호를 성왕으로 정했다. 그런데 임금이 즉위할 때부터 나랏사람들은 그를 일컬어 성왕이라고 했다. 즉위할

---

6 규율이 잡히지 않은 군대.

때 불리었던 성왕이라는 호칭이 사후에 그대로 답습되어 시호가 되었다.

시호의 성聖자에는 '뛰어나다'·'걸출하다'·'슬기롭다'·'총명하다'·'약삭빠르다' 는 의미가 있다. 표현만 다르지 의미는 같다. 이 의미에 해당하는 것은 무엇일까. 즉위 시에 불린 성왕이라는 호칭은 임금이 타고난 천성이 슬기롭고 총명하다는 것을 말한다. 이런 성품은 임금의 재위 시에 그대로 잘 나타났다. 이를 잘 보여주는 것은 31년(553) 7월에, 신라가 백제의 동북 변경을 빼앗아 신주新州를 설치했는데, 10월에 왕녀를 신라에 시집을 보낸 것이다. 이는 임금의 슬기로운 결단력에 따른 것이다.

임금의 뛰어난 큰 치적으로 들 수 있는 것은 16년(538) 봄에 도읍을 웅진에서 사비泗沘로 옮긴 것이다. 이로써 나라 이름이 남부여南扶餘로 불리었다. 개로왕의 피살로 백제는 도읍을 웅진으로 옮겼다. 자세하고 꼼꼼한 천도론에 따른 것이 아니므로 웅진은 임시 수도나 다름이 없었다. 사비로 도읍을 옮긴 것은, 임시 수도 시대를 마감하고 국가의 체면을 새롭게 하기 위함이었다. 결론적으로 사비천도는 성왕의 총명한 결단력에 따른 대표적인 치적이다. 천도로 122년간(538~660)의 사비 시대가 쭉 이어졌다.

지나와의 좋은 관계는 성왕 시대에도 계속되었다. 19년(541) 임금이 사신을 양梁나라에 보내 조공하고 겸하여 글을 올려 『모시毛詩』[7] 박사와 『열반涅槃』[8] 등 불경의 해설서와 공장工匠,[9] 화사畵師[10] 등을

---

7 한나라 사람 모형毛亨과 모장毛萇이 『시경』을 주해했으므로 『모시』라 한다.
8 석가모니가 세상을 떠날 때 설법한 경전이다.

청했더니 양나라에서 들어주었다. 성왕의 이러한 요청은 큰 의미를 부여할만하다.

끝으로 성왕의 이름 명농明穠의 의미를 보면, 명明자에는 '지혜', 농穠자에는 '깊다'는 의미가 있다. 사비 천도는 성왕의 깊은 지혜와 식견으로 이루어졌던 것이다.

---

9 공방에서 물품을 전문적으로 만드는 사람.
10 그림 그리는 것을 업으로 삼는 사람.

지나의 여러 나라를 배경으로 위엄과 세력을 떨치고 표류하는 수나라의 배가 본국으로 돌아가도록 보살펴 고맙다는 말을 들은
위덕왕威德王

제26대왕
재위 기간   원년(554)~45년(598)
성   부여씨
이름   창昌
아버지   성왕

성왕의 맏아들인 창은 성왕을 이어 임금의 자리에 올랐다. 임금이 재위 기간에 온 힘을 기울인 것은 국내문제보다 대외관계이었다. 먼저 국내문제로는 원년 10월에 고구리가 크게 군사를 일으켜 웅천성熊川城으로 쳐들어왔으나 패해 돌아갔으며, 8년(561)에는 백제의 군사가 신라의 변경을 침략했으나 신라의 군사가 격퇴시켜 죽은 사람이 1천여 명이나 되었다.

임금의 재위 시에 지나는 역시 남북조시대이다. 임금은 남조와 북조의 여러 나라와 자주 외교관계를 맺었다. 14년(567) 9월에, 사신을 남조의 진陳나라에 보내 조공을 하고, 17년(570)에는 북제北齊의 후주後主가 임금을 '사지절시중거기대장군대방군백제왕使持節侍中車騎大將軍帶方郡百濟王'으로 삼고, 18년(571)에는 '사지절도독동청주제군사동청주자사使指節都督東青州諸軍事東青州刺史'로 삼았다.

19년(572)에는 북제에 사신을 보내고, 24년(577) 가을에는 진陳나라에 사신을 보내 조공을 하고, 11월에는 사신을 북조의 북주北周에 보내 조공했다. 28년(581) 임금은 사신을 수隋나라에 보내 조공을 했다. 수나라의 고조高祖는 조서로 임금을 '상개부의동삼사대방군공上開府儀同三司帶方郡公'으로 삼았다. 29년(582) 정월에도 사신을 수나라에 보내 조공을 하고, 31년(584) 11월에는 진나라에 사신을 보내 조공을 하였다.

36년(589) 진나라를 평정한 수나라의 한 전투 선박이 정처 없이 흐르다가 탐모라국耽毛羅國[11]에 이르렀다가 돌아가는 길에 백제의 국경을 지나가자, 임금은 온갖 물건을 넉넉하게 장만하여 보내주고 아울러 사신을 보내 표문을 올려 진나라를 평온하게 진정시킨 것을 축하했다. 수나라의 고조는 이를 고맙게 생각하여 조서를 내렸다.

"백제왕은 짐이 진나라를 평정했다는 말을 듣고 먼 곳에서 표문을 바치게 했구려. 왕복하기가 매우 어려우며 만약 풍랑이라도 만나면 곧 손상을 입게 될 것인데, 백제왕의 마음씨가 지극히 순박함을 짐이 이미 자세히 알고 있소이다. 비록 서로 멀리 떨어졌더라도 일을 눈앞에서 말하는 것과 같으니, 어찌 반드시 사신을 보내야 하겠소. 지금 이후

---

11 제주도에 있었던 나라.

반드시 따로 들어와 조공할 필요가 없을 것이며, 짐 또한 사신을 보내 지 않을 것이니 임금은 마땅히 이를 알 것이오."

45년(598) 9월, 임금은 장사長史 왕변나王辯那를 수나라에 보내 조 공을 하였다. 임금은 수나라가 요동전쟁을 일으킨다는 말을 듣고 사 신을 보내 표문을 올려 수나라 군사의 길을 인도하겠다고 스스로 청 했으나 수나라 황제는 조서를 내려 이르기를,

"지난해에 고구리가 공물을 받들지 않고 신하의 예가 없어 장수에게 명해 이를 치게 했더니, 고구리의 임금과 신하가 두려워서 사죄하므로 이를 용서했으니 치는 것이 옳지 않소이다."

그리고는 우리 사신을 후하게 대접하여 돌려보냈다. 고구려는 이 일을 알고 군사로 국경을 침략했다. 12월에 임금이 사망하자, 여러 신하들이 의논하여 시호를 위덕威德이라고 했다. 임금은 남북조시대 지나와의 외교문제에 힘을 기울였다. 그러면 외교를 통해 무엇을 얻 으려고 했을까. 시호의 위威자에는 '위엄'·'권위'·'세력'·'떨치 다'의 의미가 있고, 덕德자에는 '고맙게 생각하다'·'선행'·'덕을 베 풀다'는 의미가 있다. 임금은 지나의 여러 나라의 세력을 배경으로 자신의 위엄과 권위, 세력을 떨치고 정처 없이 떠도는 수나라의 전투 선박이 본국으로 돌아갈 수 있도록 온갖 편의를 제공한 선행에 대해 수나라는 고맙게 생각했다. 이를 반영한 것이 위덕왕이란 시호이다.

사랑이 넘치고 자애로운
혜왕惠王

```
┤제27대왕├

재위 기간   원년(598)~2년(599)
성          부여씨
이름        계季
아버지      성왕
형          위덕왕
```

성왕의 둘째 아들인 계는 형인 위덕왕이 사망하자 임금의 자리에 올랐다. 2년(599) 임금이 사망하자, 시호를 혜왕이라고 했다. 재위 기간이 1년여 밖에 되지 않아 남긴 치적이 없다. 하지만 시호는 정해졌다. 시호의 혜惠자에는 '은혜'·'사랑'·'자애'·'은혜 베풀다'·'인자하다'·'사랑하다'의 의미가 있다. 혜왕이 어떤 인물인지는 시호의 의미를 통해 짐작할 수 있겠지만 아들 법왕法王의 치적을 통해 성품과 치적을 짐작하는 것이 가장 정확할 것이다. 혜왕이 불교의 진리를 실천한 법왕의 아버지인데다가 혜惠자의 의미에서도 밝혀졌지만 사랑이 넘치고 자애로웠을 것이다. 따라서 치적은 아들 법왕의 치적과 크게 다를 바가 없다고 보아야 할 것이다.

아버지 혜왕을 본받아 불교의 진리를 실천한
법왕法王

┤ 제28대왕 ├

재위 기간   원년(599~2년(600)
성   부여씨
이름   선宣 · 효순孝順
아버지   혜왕

혜왕이 사망하자, 선(효순)이 임금의 자리를 이어받았다. 원년(599) 12월에 영슯을 내려 사람이나 짐승 따위의 생물을 죽이는 것을 금하고, 백성의 집에서 기르는 매를 거두어서 날려보내게 하고, 고기잡이와 사냥하는 도구를 불에 태워 없앴다. 2년(600) 정월에, 왕흥사王興寺를 세운 임금은 크게 가물자 칠악사漆岳寺에 행차하여 비를 빌었다.

여름 5월에 임금이 사망하자, 시호를 법왕法王이라 했다. 법法자에는 불교의 '진리' · '본받다'의 의미가 있다. 임금이 매를 날려보내게 하고, 사냥하고 고기 잡는 도구를 불에 태웠다는 것은 살생을 금지하기 위함이었다. 임금의 이러한 살생 금지 조치는 석가모니의 살생 금지를 본받은 것으로 불교의 진리를 직접 몸으로 실천한 것이다.

재위 기간은 짧지만 임금의 치적은 온통 불교의 진리를 실제로 행한 것으로, 부처가 말한 진리를 본받아 백성들에게 널리 폈다는 데서 법왕이라는 시호가 쉽사리 정해졌던 것이다.

　　이름 선宣자에는 '은혜를 베풀다'의 의미가 있다. 혜왕은 아들이 백성들에게 은혜를 베풀기를 마음에 간절히 생각하고 희망하여 이름을 선宣이라고 했다고 본다. 또 다른 이름 효순孝順자에는 '효행이 있고 유순하다'의 의미가 있다. 혜왕은 아들이 부모를 잘 섬기고 온화하고 부드럽기를 바랐을 것이다. 법왕은 부모를 본받아 백성들을 불교의 진리로 이끌고 부모를 극진히 섬겼을 것으로 본다.

무인다운 병법과 전술로 신라와의
영토 싸움을 용맹스럽게 지휘한
무왕武王

┤제29대왕├

재위 기간	원년(600)~42년(641)
성	부여씨
이름	장璋
아버지	법왕

법왕의 아들 장은 드러나 보이는 모습이 영특하고 뜻과 정신이 굳세고 진취적이며 타고난 마음씨가 넓고 높은 데다 용기가 뛰어났다. 임금은 신라에 대해 공세적이었으나 수나라와 당나라에 대해서는 외교관계를 유리하게 이끌어 나가려고 하였다.

즉위 3년(602) 8월, 임금은 군사를 내어 신라의 아막산성阿莫山城을 포위했다. 신라의 진평왕은 날쌔고 용감한 기병 수천 명을 보내 싸우므로 백제군은 패했다. 신라는 소타성小陀城 등 네 성을 쌓고 백제 땅을 침범하므로, 임금은 해수解讎에게 명해 보병과 기병 4만으로 치게 했으나 크게 패해 해수는 죽음을 면해 혼자 말을 타고 돌아왔다. 6

년(605) 신라가 동쪽 변경을 침범하고, 12년(611) 10월에는 신라의 가
잠성椵岑城을 포위하여 성주 찬덕讚德을 죽이고 그 성을 완전히 없애
버렸으나 19년(618) 신라가 가잠성을 도루 빼앗았다.

24년(623) 군사를 보내 신라의 늑노현勒努縣을 침범했다. 27년
(626) 신라의 왕재성王在城을 쳐서 성의 우두머리인 동소東所를 잡아
죽였다. 28년(627) 임금은 장군 사걸沙乞에게 명해 신라의 서쪽 변방
의 두 성을 함락시키고 남녀 3백여 명을 사로잡았다. 임금은 신라가
뺏은 땅을 회복하려고 크게 군사를 일으켜 웅진으로 나가 주둔했다.
신라의 진평왕은 이를 듣고 사신을 당나라에 보내 급한 일을 알리자,
임금은 이를 듣고 곧 그만두었다.

29년(628) 2월, 군사를 보내 신라의 가잠성을 쳤으나 이기지 못하
고, 33년(632) 7월에도 신라를 쳤으나 이기질 못했다. 34년(633) 8월,
장수를 보내 신라의 서곡성西谷城을 쳐 13일 만에 함락시켰다. 37년
(636) 5월, 임금은 장군 우소于召에게 명해 갑옷으로 무장한 군사 5백
명으로 신라의 독산성獨山城을 습격하게 했다. 우소는 옥문곡玉門谷
에 이르러 날이 저물어 안장을 풀고 군사를 쉬게 했더니 신라의 장군
알천閼川이 군사를 거느리고 몰래 와서 무찌르므로 우소는 큰 돌 위
에 올라 활을 쏘며 싸웠으나 화살이 다 떨어져 사로잡혔다.

임금은 신라와 15차례나 공방전을 치렀으나 고구리와의 맞붙는 싸
움은 한 차례밖에 없었다. 8년(607) 5월, 고구리가 쳐들어와 송산성松
山城을 공격했으나 함락시키지 못하고 석두성石頭城을 습격하여 남녀
3천 명을 잡아갔다. 하지만 임금은 고구리에 대한 앙갚음을 하지 않
았다. 임금이 크게 관심을 둔 것은 수나라와 당나라이다.

8년 3월, 한솔扦率 연문진燕文進을 수나라에 보내 조공했다. 또 좌평 왕효린王孝隣을 보내 조공하고 겸해서 고구리를 치기를 간절히 청했더니 수나라 양제는 이를 허락하고 고구리의 낌새를 엿보게 했다. 9년(608) 3월, 사신이 수나라에 조공을 하고, 12년(611) 2월, 사신을 수나라에 보내 조공했다. 수나라 양제가 고구리를 치려 하므로 임금은 국지모國知牟를 보내 군사를 동원할 날짜를 물으니, 양제는 기뻐하며 상을 후하게 주고 사서기부랑尙書起部郞 석율席律을 보내 임금과 함께 고구리 침공을 꾀하고 의논하였다. 이것이 수나라와의 마지막 침공 의논이었다.

13년(612) 수나라 육군이 요수遼水를 건너오므로 임금은 군사로 국경을 빈틈없이 하고 수나라를 돕겠다고 공개적으로 발표했으나 실제로 두 가지 마음을 가지고 있었다.

22년(621) 10월, 사신을 당나라에 보내 과하마果下馬를 바쳤다. 25년(624) 정월, 가장 높은 직의 사신을 당나라에 보내 조공했다. 당나라 고조는 그 정성을 착하고 기특하게 여겨 사신을 보내 임금을 대방군왕帶方郡王 백제왕百濟王으로 책봉했다. 가을 7월에 사신을 당나라에 보내 조공했다. 27년(626) 사신을 당나라에 보내 명광개明光鎧[12]를 바치고 고구리는 백제가 상국上國(당나라)에 오는 것을 바라지 않아 길을 막는다고 호소하였다. 당나라 고조는 산기상시散騎常侍 주자사朱子奢에게 임무를 주어서 보내왔는데, 우리와 고구리가 화해하고 화목하게 지내라고 했다. 28년(627) 8월, 임금의 조카 복신福信을 당

---

12 백제 시대의 갑옷. 황칠을 하여 그 광채가 상대방의 눈을 부시게 했다고 한다.

나라에 보내 조공했다. 당나라 태종은 백제가 신라와 대대로 원수가 되어 침범한다고 생각하여 임금에게 칙서를 내려 말하기를,

"…… 신라왕 김진평金眞平은 짐을 지키는 중요한 신하이고, 신라는 임금의 이웃 나라인데 때마다 군사를 보내 정벌을 그치지 아니하고 싸운다는 소식을 들을 때마다 소망하는 바가 어그러졌소. 짐은 이미 임금의 조카 복신과 고구리, 신라의 사신들에게 서로 화친할 것을 단단히 타일렀소. 임금은 모름지기 앞날의 원한을 잊고 짐의 본심을 알아 이웃의 정을 함께 두터이 하여 곧 전쟁을 멈춰야 할 것이오."

임금은 사신을 보내 표문을 받들어 사과했다. 겉으로는 명령에 순종한다고 했으나 속으로는 예전처럼 서로 원수가 되었다. 30년(629), 32년(631), 33년(632), 37년(636)에 사신을 당나라에 보내 조공했다. 38년(637)에는 사신을 당나라에 보내 철갑鐵甲[13]과 조부雕斧[14]를 바쳤더니 태종은 후하게 위로하고 바단 도포와 비단 3천 필을 주었다.

40년(639) 사신을 당나라에 보내 금갑金甲[15]과 조각하여 만든 도끼를 바쳤다. 41년(640) 2월, 자제를 당나라에 보내 국학國學에 입학하기를 청했다.

42년(641) 3월에 임금이 사망하자, 시호를 무왕武王이라고 했다. 사신이 당나라에 들어가 하얗게 차려 입은 상복을 입고 표문을 만들어 이르기를, 당나라의 외신外臣 부여장扶餘璋(武王)이 사망했다고 하

---

13 철로 만든 갑옷.
14 조각하여 만든 도끼.
15 금으로 만든 도끼.

였다. 태종은 현무문玄武門에서 슬픔을 나타내고 광록대부光祿大夫[16]를 주고 상가에 보내는 물품을 매우 후하게 내렸다.

무왕의 시호는 무엇을 근거로 정해졌을까. 무武자에는 '무인'·'병법'·'전술'·'굳세다'·'용맹스럽다'·'지휘하다'의 의미가 있다. 임금은 무인다운 병법과 전술로 신라와의 영토 싸움을 용맹스럽게 지휘하고, 대외적으로는 남북조시대를 통일한 수나라와 이를 계승한 당나라와의 외교를 역시 굳세게 지휘하여 지나와의 관계를 원만하게 이끌어 나감으로써 백제와 자신의 존재를 섭섭한 마음이 없이 흡족하게 나타냈다.

---

16 전한前漢 때부터 국정을 의논하는 것이 임무이다.

부모를 잘 섬기며 형제간에 우애가 많은
의자왕義慈王

┤제30대왕├

재위 기간 원년(641)~20년(660)
성   부여씨
이름   의자義慈
아버지   무왕

　무왕의 맏아들인 의자는 빼어나게 용맹하여 겁이 없고 일을 딱 잘라서 결정하였다. 무왕의 즉위 33년(632)에 태자가 되었다. 부모를 잘 섬기며 형제간에 우애가 있어 당시 해동海東의 증자曾子[17]라고 일컬어졌다. 무왕이 사망하자, 태자로 임금의 자리를 이어받았다. 당나라의 태종은 사부낭중祠部郎中 정문표鄭文表를 보내 임금을 책봉하여 주국대방군왕백제왕柱國帶方郡王百濟王으로 삼았다. 이에 사신을 보내 고마운 뜻을 나타내고 특산물을 바쳤다.

　2년(642) 정월, 당나라에 사신을 보내 조공을 하고, 2월에 임금은 주군州郡을 돌아다니면서 백성들의 마음을 위로하고 달랬으며 죄인들을

----

　17 지나의 춘추시대 노魯나라 사람. 공자의 제자로 효성이 지극한 걸로 유명했다.

걱정하여 죽을죄를 제외하고 모두 용서했다. 7월에, 임금은 친히 군사를 거느리고 신라를 침공하여 미후獼猴 등 40여 성의 항복을 받았다.

임금이 되면서 용맹스런 모습이 처음 나타났다. 8월, 장군 윤충允忠을 보내 군사 1만으로 대야성大耶城을 침공하여 성의 우두머리인 품석品釋과 처자가 나와 항복했으나 윤충은 이들을 모두 죽여 그 머리를 베어 수도로 보내고 남녀 1만 명을 사로잡아 나라의 서쪽 주현에 나누어 살게 하고 군사를 남겨 그 성을 지키게 했다. 임금은 윤충의 공을 칭찬하여 말 20필과 곡식 1천 섬을 주었다.

3년(643) 11월, 임금이 고구리와 화친하여 신라의 당항성黨項城을 빼앗아 신라의 사신이 당나라에 들어가는 길을 막으려고 군사를 동원하여 침공하자, 신라의 선덕(여)왕이 사신을 당나라에 파견하여 구원을 청했음을 듣고 싸움을 그만두었다. 4년(644) 정월, 당나라의 태종이 사농승司農丞 상리현장相里玄獎을 보내 신라와 백제를 타이르므로 임금은 표문을 올려 이유를 말하고 용서를 빌었다.

5년(645) 5월, 당나라의 태종이 몸소 고구리를 치려 하여 신라의 군사를 불러 모은다는 말을 듣고 그 틈을 타 신라의 일곱 성을 습격하여 취하자, 신라는 장군 김유신을 보내어 침범하였다. 11년(651) 당나라에 보낸 사신이 돌아올 때 고종은 옥새가 찍혀있는 문서를 내려 임금이 깨닫도록 일러주었다.

"해동의 세 나라가 나라를 세운지 오래되어 나란히 나라의 경계를 벌렸는데, 땅이 실로 개의 어금니처럼 들쑥날쑥했소. 요즘 드디어 틈이 생겨 서로 전쟁을 일으켜 가을걷이가 많은 해가 없게 되었소. 드디어 삼한의 백성으로 하여금 목숨을 칼도마에 걸어 놓게 하고 창을 세워 분노를 늘어놓게 함이 아침저녁으로 거듭되었소. 짐은 하늘을 대신하여 만물을 다스리니 거듭 불쌍하게 여기오. 지난해에 고구리, 신라 등의 사신이 와서 조정에 참여하므로, 짐은 원한을 풀고 다시 화목할 것을 명했는데 신라의 김법민金法敏이 아뢰어 말하기를, '고구리와 백제가 서로 입술과 이가 기대듯이 마침내 방패와 창을 들어 침범함이 동시에 나타나 큰 성과 큰 진鎭이 모두 백제에 합쳐져 국토가 날로 줄어들어 강력한 힘이 모두 시들었습니다. 백제에 말하여 침략한 성을 돌려보내도록 하고, 만약 명령을 받들지 않으면 즉시 군사를 일으켜 쳐멸망시키세요. 다만 옛 땅을 얻으면 즉시 사귀어 화해를 청하겠나이다.' 짐은 그 말이 도리에 따랐으므로 허락하지 않을 수 없었소. …… 짐은 모든 나라의 임금으로서 위태로운 제후의 나라를 어찌 돌보지 않을 수 있겠소. 임금은 얻은 신라의 성을 모두 돌려보내야 하며, 신라가 붙잡아간 포로를 역시 임금에게 돌려보내게 할 것이오. ……임금이 만약 지휘를 따르지 않는다면, 짐은 이미 법민이 청한 대로 그들이 임금과 승부를 결정짓는 싸움을 하도록 맡길 것이오. 역시 고구리인도 멀리서 서로 구조하는 것을 허락하지 않을 것이며, 고구리가 만약 명령을 따르지 않는다면, 즉시 거란契丹과 여러 제후의 나라에 명해 요하遼河를 건너 깊이 들어가 폭력으로 빼앗을 것이니, 임금은 짐의 말을 깊이 생각하여 스스로 많은 복을 구하고 좋은 계책을 헤아려 후회를 후세에 물려주지 마시오."

15년(655) 8월, 임금이 고구리, 말갈과 함께 신라의 30여 성을 쳐부수자 김춘추는 사신을 당나라에 보내 조공하고 드러내 이르기를, "백제가 고구리, 말갈과 더불어 우리의 북쪽 경계를 침범하여 30여 성을 빼앗았다."고 했다. 17년(657) 정월, 임금은 첩의 아들 41명을 좌평으로 삼았다. 20년(660) 6월, 당나라 고종은 좌위대장군左衛大將軍 소정방蘇定方 등 여러 장군이 함께 군사 13만 명을 거느리고 가서 백제를 치게 했다. 그 결과 백제 군사 1만여 명이 패해 죽었다.

소정방은 임금과 태자, 왕자, 대신, 장병 88명과 백성 1만 2,807명을 당나라 수도로 끌고 갔다. 소정방이 포로를 이끌고 당나라 황제(고종)를 찾아가 만나자, 황제는 이들을 꾸짖고 죄를 용서했다. 임금이 그곳에서 사망하자, '금자광록대부위위경金紫光祿大夫衛尉卿'을 내리고 옛 신하들이 죽음을 슬퍼하고 상주를 위문하도록 허용했다.

당나라는 신라를 어려운 처지에서 구해야 한다는 명분으로 백제에 대해 무력을 동원했으나 당나라로서는 신라의 구원 요청을 한반도에 간섭할 수 있는 기회로 받아들였던 것이다. 고구리의 멸망 후 당나라가 신라마저 식민지로 만들려고 하는 더러운 욕심을 숨김없이 드러낸 것이 이를 입증해 준다.

의자왕의 지나친 영토 욕심은 결과적으로 당나라가 한반도를 지배하려는 더러운 욕심을 부추기는 기회를 제공했다. 백제의 멸망으로 의자왕을 비롯한 조정의 중신들이 대거 당나라로 끌려감으로써 의자왕에게는 시호가 없다. 그러니 의자왕의 시호를 역사적인 입장에서 한 번쯤 생각한다면 무엇이라고 해야 할까. 부왕을 빼닮아 용감했으나 이미 망하여 없어진 나라의 군주로서 당나라에 끌려가 수모를 당했으므로 '수치왕羞恥王'이라고 하는 것이 어떨까. 수치羞恥자에는 '다른 사람을 볼 낯이 없거나 스스로 떳떳하지 못하다'는 의미가 있다. 의자왕은 '백제를 멸망케 하여 사람을 볼 낯이 없어 떳떳하지 못한 왕'이라고 할 수 있다.

　김부식은 의자왕이 땅 욕심을 부려 당나라 고종의 평화 명령을 따르지 않아 백제의 멸망은 당연한 걸로 결론을 냈다. 김부식은 의자왕의 통치가 그릇되었다고 말만 할 것이 아니고, 시호 문제를 논제로 쳐들었어야 하는데 아쉽게도 그러하지 않았다. 고구리의 마지막 임금의 시호를 보장왕寶藏王이라고 하였는데, 보장寶藏은 이름이다. 그렇듯이 의자義慈도 본이름이다.

　시호로 여겨지는 의義자에는 '착하다'·'선량하다'의 의미가 있고, 자慈에는 '사랑하다'·'인정'·'동정'이란 의미가 있다. 임금은 천성적으로 선량하고 인정이 많아 부모를 잘 섬기고 형제간에 우애가 있었던 인물로 좋은 평이 있다.

　고구리와 백제의 경우 마지막 임금의 시호는 나라의 멸망으로 정해질 수 있는 방법이 없다. 헌데 『삼국사기』에는 보자왕, 의자왕이라는 시호가 기록되어 있다. 이는 정식 시호가 아니고 할 수 없이 편의상 정해진 것에 불과하다. 누가 이런 시호를 쳐들었을까. 『삼국사기』의 편찬자일 것이다.

　의자왕의 신라에 대한 적극적인 군사 활동은 결국 당나라에 알려져 당나라의 군사 개입으로 백제가 역사에서 사라져 삼국이 통일되는 기회가 마련되었다. 백제의 멸망이 더 늦어졌다면 삼국 통일은 그만큼 더 늦어졌을 것이다. 삼국의 통일은 자주적으로 이루어지지 않고 땅 욕심이 많은 당이라는 외부 세력을 불러들여 수동적으로 이루어졌다는 것이 두고두고 아쉬움으로 남는다.

　당나라는 동방에 전하여 내려오는 내력이 깊은 백제를 힘들여 멸망시켰으므로, 백제 유민들이 벌인 반당反唐 투쟁을 대처하는데 적극적이었다. 허나 예상치 않은 문제가 일어났다. 동맹세력이었던 신라가 당나라를 반대하는 국가로 변한 것이다. 당나라는 대응 방법으로 백제 유민의 일부 지도적 인물을 마음대로 부려 신라와 대결하도록 부추겼다.

신라는 왜 반당 국가로 변했을까. 당나라가 백제의 옛 땅 전체를 숨김없이 직접 통치하려 했기 때문이다. 신라의 반당 투쟁은 당나라의 땅 욕심이 빚은 결과이며, 이로 인해 당나라의 더러운 욕심은 완전히 분쇄되었다.

왕정국가 시대 국왕의 항복은 국가의 멸망으로 이어진다. 하지만 지방에 저항세력이 남아 있다면 물리적으로 반항하기 마련이다. 백제의 경우는 어떠했을까. 백제의 옛 땅이 신라의 통치를 받게 된 것에 대해 유민들은 저항하지 않았다. 그러면 백제의 정신은 완전히 사라졌을까.

삼한시대 백제의 전신인 마한은 신라의 전신인 진한을 식민지로 다스렸다. 삼한시대가 삼국시대로 바뀌면서 결국 신라가 백제의 옛 땅을 통치하게 되었다. 신라에 대해 나타났어야 할 저항 정신은 안쪽으로 가라앉았다. 민족의 성질이 서로 비슷해서 잘 맞는 느낌이 이유이다. 하지만 신라의 말기적 상황이 나타나게 되면 가라앉아 있던 백제의 정신은 폭발하게 된다. 견훤의 등장에 따른 후백제의 건국은 바로 백제의 정신이 빚어낸 결과이다.

백제의 정신은 신라 이후 고리 · 조선 · 일제 강점기를 거쳐 현재에도 나타나고 있다. 외세에 대한 저항정신은 큰 칭찬을 받을 가치가 있으나 그렇지 않은 경우에는 엄청난 혼란을 불러일으킨다. 지금이 그러하다. 백제의 정신은 시대 상황에 따라 본질적으로 발전해야 할 것이다.

삼국시대 국왕의 시호 의미 찾아내다

초판 인쇄 2023년 4월 24일
초판 발행 2023년 4월 28일

지은이 | 서병국
발행자 | 김동구
디자인 | 이명숙·양철민
발행처 | 명문당(1923. 10. 1 창립)
주   소 | 서울시 종로구 윤보선길 61(안국동)
　　　　우체국 010579-01-000682
전   화 | 02)733-3039, 734-4798, 733-4748(영)
팩   스 | 02)734-9209
Homepage | www.myungmundang.net
E-mail | mmdbook1@hanmail.net
등   록 | 1977. 11. 19. 제1~148호

ISBN 979-11-91757-55-2 (03910)
25,000원